本书受教育部中外语言交流合作中心国际中文教育协作机制项目"贵州优秀地域文化资源与国际中文教育的融通机制与应用实践"（项目批准号：23YHXZ1018）资助

贵州地域文化与国际中文教育

刘杨 夏江义 著

中国社会科学出版社

图书在版编目（CIP）数据

贵州地域文化与国际中文教育/刘杨，夏江义著.—北京：中国社会科学出版社，2024.3

ISBN 978-7-5227-3217-6

Ⅰ.①贵… Ⅱ.①刘…②夏… Ⅲ.①汉语—对外汉语教学—教学研究 Ⅳ.①H195.3

中国国家版本馆CIP数据核字（2024）第049758号

出 版 人	赵剑英
责任编辑	安　芳
责任校对	张爱华
责任印制	李寡寡

出　　版	中国社会科学出版社
社　　址	北京鼓楼西大街甲158号
邮　　编	100720
网　　址	http://www.csspw.cn
发 行 部	010-84083685
门 市 部	010-84029450
经　　销	新华书店及其他书店

印　　刷	北京君升印刷有限公司
装　　订	廊坊市广阳区广增装订厂
版　　次	2024年3月第1版
印　　次	2024年3月第1次印刷

开　　本	710×1000　1/16
印　　张	16
字　　数	220千字
定　　价	89.00元

凡购买中国社会科学出版社图书，如有质量问题请与本社营销中心联系调换
电话：010-84083683
版权所有　侵权必究

目　录

绪　论 …………………………………………………………（1）
　第一节　选题背景 …………………………………………（1）
　第二节　研究意义 …………………………………………（4）
　第三节　研究综述 …………………………………………（5）
　　一　国际中文教育视域下语言与文化关系的研究 ………（7）
　　二　国际中文教育视域下的文化传播研究 ………………（9）
　　三　国际中文教育视域下的文化教学研究 ………………（11）
　　四　国际中文教育视域下的文化教材建设与研究 ………（15）
　　五　国际中文教育视域下数字文化资源的建设与研究 …（17）
　　六　国际中文教育视域下的跨文化交际研究 ……………（20）
　　七　国际中文教育视域下的地域文化研究 ………………（22）
　　八　研究评价与总结 ………………………………………（25）
　第四节　相关理论 …………………………………………（29）
　　一　可供性理论 ……………………………………………（29）
　　二　魅力质量理论 …………………………………………（31）
　第五节　研究方法 …………………………………………（34）
　第六节　研究框架 …………………………………………（36）

第一章　国际中文教育与贵州地域文化资源 …………………（38）
　第一节　相关概念 …………………………………………（38）

一　汉语国际推广与国际中文教育 …………………………（38）
　　二　地域文化与中华文化 ……………………………………（43）
　　三　贵州地域文化资源 ………………………………………（47）
第二节　贵州地域文化资源在国际中文教育中的
　　　　应用价值 …………………………………………………（54）
　　一　打造"留学贵州"品牌 …………………………………（55）
　　二　促进来黔留学生的中文学习 ……………………………（56）
　　三　推动贵州地域文化的国际传播 …………………………（58）
　　四　提升贵州文化软实力 ……………………………………（61）
　　五　培育"知华友华"的文化交流使者 ……………………（63）

第二章　国际中文教育中贵州地域文化资源应用现状
　　　　调查 ………………………………………………………（66）
第一节　调查方案设计 …………………………………………（66）
　　一　调查对象的选择 …………………………………………（66）
　　二　调查方法 …………………………………………………（67）
　　三　问卷设计 …………………………………………………（68）
　　四　访谈问题 …………………………………………………（69）
第二节　问卷调查结果的分析和讨论 …………………………（70）
　　一　个人情况 …………………………………………………（70）
　　二　国际中文教师对贵州地域文化的认知状况 ……………（73）
　　三　贵州地域文化资源在中文教学中的应用情况 …………（77）
　　四　贵州地域文化资源在中华文化国际交流活动
　　　　中的应用情况 ……………………………………………（81）
　　五　国际中文教育中应用贵州地域文化资源的
　　　　必要性和可行性 …………………………………………（84）
　　六　国际中文教育中应用贵州地域文化资源
　　　　面临的困难 ………………………………………………（89）

第三节　访谈结果的分析和讨论 …………………………（91）
　　　一　贵州高校国际中文教师的看法 …………………………（92）
　　　二　孔子学院（海外汉语中心）教师的看法 ………………（100）
　　　三　海外高校国际中文教师的看法 …………………………（105）

第三章　来黔留学生对贵州地域文化的学习需求调查 ………（113）
　　第一节　调查方案设计 ………………………………………（113）
　　　一　调查对象的选择 …………………………………………（113）
　　　二　问卷设计 …………………………………………………（114）
　　　三　访谈设计 …………………………………………………（116）
　　第二节　问卷调查结果的分析和讨论 ………………………（116）
　　　一　个人情况 …………………………………………………（117）
　　　二　来黔留学生对贵州地域文化的认知情况 ………………（119）
　　　三　贵州地域文化学习需求分析 ……………………………（125）
　　第三节　访谈结果的分析和讨论 ……………………………（144）
　　　一　对贵州地域文化的认识 …………………………………（144）
　　　二　了解贵州地域文化的方式 ………………………………（148）
　　　三　应用贵州地域文化资源面临的困难 ……………………（152）
　　　四　应用贵州地域文化资源的建议和看法 …………………（156）

第四章　国际中文教育中应用贵州地域文化资源存在的
　　　　问题及对策 ……………………………………………（159）
　　第一节　贵州地域文化认识方面存在的问题 ………………（159）
　　　一　对贵州地域文化整体认知度不高 ………………………（159）
　　　二　关于贵州地域文化的认识误区 …………………………（161）
　　第二节　从贵州地域文化资源应用方式看存在的问题 ……（163）
　　　一　应用方式比较单一 ………………………………………（164）
　　　二　较难满足学习者的基本需求 ……………………………（165）

第三节　从贵州地域文化应用内容看存在的问题…………（166）
　　　　一　应用内容不够丰富………………………………（167）
　　　　二　贵州地域文化教学资源相当匮乏………………（168）
　　　　三　贵州地域文化知识储备不够……………………（170）
　　第四节　国际中文教育中应用贵州地域文化资源的
　　　　　　对策建议………………………………………（170）
　　　　一　增强文化自信谋发展的意识……………………（171）
　　　　二　选择契合文化内容的应用方式…………………（173）
　　　　三　应用优质丰富的贵州地域文化资源……………（176）
　　　　四　开发贵州地域文化教学资源……………………（179）
　　　　五　加强教师队伍建设………………………………（181）
　　　　六　设立贵州地域文化研究所………………………（182）

第五章　研究结论……………………………………………（184）
　　第一节　主要研究结论……………………………………（184）
　　第二节　研究启示…………………………………………（187）
　　第三节　研究不足…………………………………………（190）
　　第四节　研究展望…………………………………………（191）

附录一　汉语国际推广中贵州地域文化资源应用现状
　　　　调查问卷……………………………………………（193）
附录二　国际中文教师访谈材料……………………………（200）
附录三　关于来黔留学生对贵州地域文化学习需求的
　　　　调查问卷……………………………………………（210）
附录四　来黔留学生访谈材料………………………………（227）

参考文献………………………………………………………（234）

绪　　论

第一节　选题背景

随着我国在世界政治、经济地位的不断提高，在全球掀起了一股学习和研究中国语言文化的热潮，中文学习者的人数与日俱增。面对全球急速增加的中文学习需求，海外孔子学院如雨后春笋般迅速生根发芽，国际中文教育[①]事业得到了较快发展。党的十八大以来，我国同181个建交国普遍开展了教育合作与交流，与159个国家和地区合作举办了孔子学院（孔子课堂）。中国200多所、海外500多所高等教育机构参与建设孔子学院，可谓之为全球规模最大的国际高等教育合作办学项目（赵灵山，2023）。除了孔子学院的引领示范和带动影响，中外经贸往来、区域合作及人文领域交流的持续扩大，以及"一带一路"建设的迅速推进，极大地促进了中文使用价值的日益凸显和中华文化国际影响力的显著提升。在中外各界的共同努力下，目前全球共有180多个国家开展中文教育，8万多所大中小学及各级各类教育机构开设中文课程，全球除中国外正在学习中文的人数超过3000万，累计学习和使用中文的人数接近2亿。蓬勃发展的国际中文教育，有力促进了中外人文交流、文化交

[①] 本书将"国际中文教育"视为"对外汉语教学""国际汉语教学""汉语国际教育""汉语国际推广"等各种术语的总名称，对于"国际中文教育"与这些在文献中经常出现的术语的内涵及联系，将随着本书的进展作出相关的阐释。

融、民心相通，彰显了语言交流合作在推动构建人类命运共同体中发挥的重要作用（马箭飞，2023）。

随着国际中文教育事业进入"黄金机遇期"，国际中文教育有了更加强劲的发展动力和更为广阔的提升空间，研究者们就如何积极促进国际中文教育，大力推动中华优秀文化走向世界做出了更进一步的思考：在全球文化竞争背景下，国家军事和经济实力固然是语言传播的重要因素，但是，汉语在东北亚传播的历史辉煌和衰败告诉我们，一个强国的文化对语言传播的影响力是最为久远的（王建勤等，2015）；尽管我国语言文化国际传播渠道大都运行向好，但也面临着一些难题和阻力，这可由孔子学院遭政治排斥、舆论曲解、历史偏见、语言误解的境遇略见一斑。因此，在推广什么时，要较多想到别人需要什么，语言传播要避免轻视文化（赵世举，2016）；要想在国际上更好地推广汉语，应当坚持文化自信，勇于创新，把握汉语与中国文化的鲜明特征，充分发挥全球汉语教育市场竞争优势，开创新时代中国特色的语言文化产业道路（蔡武、郑通涛，2018）。可以这样说，国际中文教育与中华文化之间存在动态互构的关系，国际中文教育作为推动中华文化走向世界各地的重要纽带，而中华文化影响力也是制约国际中文教育的重要因素。诚如我们所知，汉语汉字与中华文化有着非常密切的联系。汉语汉字是中华文化的重要文化事象，是中华文化的有机组成部分。同时，它们也是中华文化的代码和传播的媒介，对中华文化的发展起到了重要推动作用。中华文化对汉语汉字的发展演变也产生了十分显著的影响。例如，把北京语音作为普通话的标准语音，是与北京作为中华人民共和国的首都、作为中国政治文化中心的地位分不开的，这是中国文化对汉语语音的影响；而汉字的每一次重大变革都是在一定文化背景下产生的，1949年后，为了解决繁体汉字难学、难记、难认、难读的问题，国家推行了《简化汉字方案》，对汉字进行了一次全面的改革和调整（张岱年、方克立，2004）。由此出发，也就不难理解国际中文教育与中华文化传播之间为何存在着共生共存、密不可分的关系。

语言的社会职能分为"工具职能"和"文化职能"。从我国百余年的语言规划来看，主要是对语言的工具职能的规划。在社会普遍关注文化大发展大繁荣的今天，语言规划在继续关注语言工具职能的同时，要更多关注语言的文化职能（李宇明，2014）。这是因为在开展国际中文教育时，如果我们多一层对文化的关注，可以把很多问题看得更为清楚，从而有助于国际中文教育事业的深入发展。为此，有许多研究者都提到，国际中文教育是我国提升文化软实力的重大战略之一，在国际中文教育的发展历程中必须重视中华文化的传播。虽然地域文化是中华文化的重要构成，但在有关国际中文教育与中华文化国际传播的诸多研究成果中，从地域文化视角进行的研究还比较薄弱。通过 CNKI 检索，自 2000 年以来，以"地域文化"为关键词的中文论文达 20146 篇（2023 年 12 月 31 日检索），其中文化学、建筑学、设计学等学科处于该研究领域的主流。国内的相关研究尚缺乏对国际中文教育中地域文化传承、传播、发展等问题展开深入探讨，与建筑设计、景观设计、文学创作等主题相比，国际中文教育中的地域文化研究长期处于研究者视野的边缘。这方面研究的不足，亟须予以弥补。

贵州是一个地域文化资源非常丰富的多民族共居省份，在海外也有一定影响。侗族大歌以其多声部、无指挥、无伴奏、自然和声的民间合唱亮相巴黎；贵州雷山苗族文化宣传片《千户苗寨 悠然雷山》，曾在美国纽约时代广场广告屏上以每天 18 次的频率滚动播放，吸引了众多美国市民驻足观看贵州原生态的民族文化和清新脱俗的山水田园风光。此外，贵州还有诸多"惊世之美"都与地域文化资源紧密相关，例如，素有亚洲最大瀑布之称的黄果树瀑布、让世人惊艳不已的"梵天净土"梵净山、被誉为"地球腰带上的绿宝石"的荔波小七孔、堪称世界最大单口径射电望远镜的"中国天眼"、三叠纪古海洋留下的世界最大平塘天坑群……不得不说，这些独具特色的"软"实力在贵州改革发展中贡献了文化力量。但遗憾的是，国内关注贵州地域文化资源在国际中文教育中应用的专题研究成果屈指可数，相关研究主要散见于贵州地域文化资源应用于国际中文教育的学术论文中，例如，吴秀菊（2016）《贵州地域文化背景下的对外汉语教学探究》和梁吉平、杨艺（2018）《贵州地域文化在对外汉语教学中的应用研究》。有鉴于此，本书以贵州地域文化资源为例，专门围绕国际中文教育中地域文化资源的应用问题作全面深入的研究，以期为探讨国际中文教育促进世界各国民众了解贵州地域文化乃至中华文化的有效途径做出理论思考，为实现贵州地域文化资源在国际中文教育中的高效应用提供决策参考。

第二节 研究意义

国际中文教育与中华文化传播之间存在着双向互动的关系，提高国际中文教育开展的力度，大力加强中华文化的传播，可以形成相互支撑、相互促进的良好格局，将更好发挥国际中文教育在文化传承、发展、创新中的独特优势，彰显中华优秀文化的生机活力。学界理应给予中华文化资源应用于国际中文教育的高度重视和深入研究，以学术研究带动国际中文教育事业的建设，为推动国际中文教育内涵发展铺平理论研究与实践推进的道路。

地域文化是中华文化的重要组成部分，传承和弘扬中华优秀传统文化需要加强地域优秀文化的传播。从学术方面而言，探讨国际中文教育中地域文化资源的应用问题，将有利于推动地域文化学、国际中文教育及相关学科交叉研究的深度融合，进一步丰富地域文化研究的内涵，完善国际中文教育研究的体系。尽管贵州地域文化五彩斑斓、丰富多彩，但贵州省的国际中文教育工作与其他许多省市所取得的成就相比尚处于待发展的阶段，因此，深入分析国际中文教育中应当选择应用的贵州地域文化资源以及实现贵州地域文化国际传播的有效方式,将有助于构建贵州省国际中文教育的理论和学术话语体系,进而为贵州地域文化的国际传播模式、贵州省国际中文教育策略等研究提出新的研究范畴,形成新的学术生长点。此外,在地域文化视域下调查贵州省国际中文教育的开展现状与发展战略,揭示贵州省地域文化资源与国际中文教育的共生关系,有助于推动贵州省乃至国家文化软实力、教育政策、教育资源配置以及语言政策与规划等方面的深入研究。

党的二十大报告明确提出"增强中华文明传播力影响力,坚守中华文化立场,讲好中国故事、传播好中国声音,展现可信、可爱、可敬的中国形象,推动中华文化更好走向世界"[①]。从应用方面而言,本书及其成果对于地域文化资源丰富的贵州省在推动国际中文教育事业发展中更好地深入贯彻这一重要精神,能够产生一定的积极促进作用。同时,通过本书,不仅可以较为全面地了解国际中文教育进程中贵州地域文化资源的应用现状,深化对贵州地域文化在国际中文教育中具有重要潜在价值的认识,也可以了解来黔留学生、海外中文学习者对贵州地域文化的学习需求状况,为国际中文教育中贵州地域文化资源应用内容和应用方式的选择提供事实依据。此外,通过调查贵州地域文化资源在国际中文教育中的应用现状,有助于进一步地优化和完善国际中文教学资源建设,也有助于更好地传承和弘扬贵州地域优秀文化,为贵州省乃至全国其他省市把地域文化资源优势融入国际中文教育过程中,进而更好地发挥中华优秀传统文化在国际中文教育事业中的重要作用提供决策参考。

第三节 研究综述

1982年4月,为筹备成立全国性对外国人中文教学的学术团

[①] 习近平:《高举中国特色社会主义伟大旗帜 为全面建设社会主义现代化国家而团结奋斗——在中国共产党第二十次全国代表大会上的报告》,人民出版社2022年版,第45—46页。

体,"对外汉语教学"这一术语得以首次提出并正式启用,用以指称汉语作为第二语言/外语教学(李盛兵、吴坚,2013)。1985年,在北京香山饭店举行"第一届国际汉语教学讨论会"时,"国际汉语教学"这一术语就已开始使用,用以泛指海内外的中文教学。在2007年我国设立"汉语国际教育"专业后,特别是2012年《普通高等学校本科专业目录》中也出现了"汉语国际教育"这个专业名称后,"汉语国际教育"逐步成为学界广泛使用的一个术语,用以指称海内外特别是海外的中文教学。2005年7月,在北京召开的首届世界汉语大会将"汉语国际推广"正式纳入我国战略发展框架,我国汉语国际推广工作开始进入全面发展的战略阶段(吴慧,2012)。此后,汉语国际推广成为学界广泛使用的术语。汉语的推广不只是语言推广和文化传播,更重要的是"为推动中外人文交流的大路越走越宽,为构建人类命运共同体、共创人类社会美好未来贡献智慧和力量"[①]。在孔子学院创办15年并连续成功举办13届全球孔子学院大会基础上,国际中文教育大会于2019年12月在湖南省长沙市召开,这标志着国际中文教育进入全新发展阶段。大会围绕国际中文教育政策、标准、师资、教材、教学方法、考试、品牌项目建设以及深化中外合作等议题展开,期间还举办了中文教学资源展、世界中文教学学会理事会换届选举和专题研讨等。在这次大会之后,学界开始用"国际中文教育"来替代或将其等同于"对外汉语教学""国际汉语教学""汉语国际教育""汉语国际推广"等术语。有鉴于此,本书使用"国际中文教育"这个术语,并视其为以上相关术语的总名称。

结合本书的研究主题,下面首先对国际中文教育视域下文化研究所取得的进展和成果进行回顾,然后对这些相关研究进行评价与总结,最后提出这些研究对国际中文教育中应用地域文化资源的启

[①] http://www.hanban.org/article/2019-12/11/content_795884.htm.

示，特别是对国际中文教育中应用贵州地域文化资源的启示。经梳理发现，自20世纪80年代以来，国际中文教育视域下文化研究所取得的进展和成果主要表现为：第一，关于国际中文教育视域下语言与文化关系的深入探讨；第二，国际中文教育视域下文化传播研究逐渐加强；第三，国际中文教育视域下文化教学研究取得可喜进展；第四，关于国际中文教育视域下文化教材建设的讨论意见纷呈；第五，国际中文教育视域下数字文化资源的建设与研究急速扩展；第六，国际中文教育视域下的跨文化交际研究成果丰硕；第七，触及国际中文教育视域下地域文化的应用问题。

一　国际中文教育视域下语言与文化关系的研究

"语言是文化的载体，文化是语言的管轨。"（邢福义，2000）以中文推广为主要任务的国际中文教育势必需要体现文化传播的特色，这就要求我们对国际中文教育视域下文化的内容和特质有深刻的认识和正确的理解，进而才能更好地探索将国际中文教育与文化传播密切结合在一起的路径。

20世纪80年代，吕必松（1983）、徐志韬（1985）、毕继万（1985）、熊文华（1986）、赵贤州（1987）等就蕴含在对外中文教学中的文化因素进行了分析，强调语言教学与文化教学存在着密切的联系，因此，在对外中文教学的过程中要处理好语言和文化的结合问题。在此基础上，后续研究者进一步明确了国际中文教育中文化的内涵及其本质。张占一（1990）表示，对外中文教学可视为双文化（目的语文化、母语文化）的交叉交际，而交际文化与知识文化的概念则立足于这种双文化交际之上。具体而言，就是以参与交际的文化因素在交际过程中所起的作用为划分文化属性的标准，其中直接影响交际的是交际文化因素，反之则是知识文化因素。周思源（1992）对"交际文化"和"知识文化"的分类表示质疑，提出对外中文教学中文化坐标及坐标点的移动，归根结底都取决于学习主体对于文化的不同需要（如，交际需要、兴趣需要、专门需要、入门需要和知识结构需要），因此，在对外中文教学中宜建立一种比较宽泛的文化观念，以适应不同学习主体对文化的多方面需求。许嘉璐（2000）也不赞同"交际文化"和"知识文化"的分类，一是在实际教学中两者无法科学地分开，只能由教学者主观地决定；二是两者都是围绕着语言交际而展开的，所谓直接影响和间接影响也是难以区分和预料的。陈申（2001）认为，"交际文化"和"知识文化"关系到对文化本质的认识，对其的解释不应当限制在知识、行为的两分对立，而应鼓励多样化的提议。此外，亓华（2003）表示，对外汉语文化研究固然应重视语言本身的交际文化因素的研究，但不应局限于此，而应根据教学对象的实际需要拓展研究的范围和视野。陆俭明（2019）则强调要摆正中文教学中语言教学与文化教育的关系——以语言教学为主、文化教育为辅，且需采用"润物细无声"，潜移默化、耳濡目染的方式。

近年来，也有不少学者从文化意识的角度来分析国际中文教育中语言与文化的关系。张淑贤（1999）认为语言和文化的关系是一个不可分割的整体。在对外中文教学中，应首先让语言习得者建立一种文化意识，使他们认识到语言习得与文化习得具有同步性、不可分割性。通过对对外中文教学价值目标的分析，高立平（2002）提出文化意识是对外中文教学形态的灵魂和核心。对于教师而言，文化意识体现为文化自觉；对于国家而言，则体现为国家的语言文化政策。朱瑞平（2006）强调"汉语国际推广不仅是一个语言的问题，更是一个文化的问题。许多人要通过学习汉语来了解中国，很大程度上也是要了解中国的文化。这些学习者，无论他是在自己国家学习，还是不远万里来到中国学习，其基本目的都是一样的"。亓华（2007）表示，汉语国际推广更重要的应当是以汉语为载体，以教学为媒介，以中华文化为主要内容，把汉语与中华文化一起推向世界。为此，对外汉语文化教学与研究需要进行文化观念的转型：一是突破狭隘的"交际文化"观念，建立国际文化的大视野；二是突破"文化定型"观念，以克服跨文化理解的障碍；三是变"文化依附"为"文化交融"。汉语的国际推广不能仅靠语言的单纯传播，只有当我们自觉地用文化的魅力带动汉语的推广，才能真正实现语言和文化的强盛，在世界上赢得更为广阔的发展空间（唐智芳，2013）。王熙（2012）从建构主义的理论视角出发，提出只有充分理解文化传播的内在协商性，以及协商过程中的权力运行特点，对外汉语教师才能获得文化自觉与文化自信。赵明（2016）基于对《全球外语学习标准》中文化教学观的分析，阐释国际汉语教育中的文化不是语言本体研究的对立物，而是学科的组成部分之一，此外，也可视其为一种语境，对其的再认识不应停留在表层文化上，而应与深层文化沟通，或应在传统与当代之间找到恒定的文化因子。刘筱杉（2018）表示，在汉语国际推广的过程中，"一带一路"倡议的实施不仅需要推广主体以高度的文化自信作为精神支柱，推广内容及推广方式也要体现文化自信，才能确保推广工作顺利进行。

二 国际中文教育视域下的文化传播研究

国际中文教育视域下文化传播研究的理论观点大致可归为以下两个方面：

一是明确文化传播在国际中文教育中的重要性。陈永莉（2008）认为，汉语国际推广是中国国际战略中的一部分。它不仅可以弘扬中华优秀文化，而且可以促进世界了解中国，加强文化交流，将为中国"和平崛起创造有利的国际环境"。宁继鸣和王海兰（2009）提出汉语国际推广具有国家公共产品属性和全球公共产品属性，是国际社会维护人类语言文化多样性、构建和谐世界的重要组成部分，因此，在汉语国际传播中必须尊重他国的语言和文化。阮静（2012）探讨了文化因素在对外中文教学体系中的价值，明确文化因素在对外中文教学中的应用，有利于科学准确地传播中国文化、扩大中华文化的辐射力和影响力。崔希亮（2012）在《汉语国际教育与中国文化走出去》中提出，汉语国际教育是一个大题目，它与中国文化"走出去"战略密切相关。陆俭明（2015）提出"中华文化国际传播"已逐渐成为当今实现"中国梦"的一个组成部分，汉语国际教育也必然要承担起"中华文化国际传播"的责任。张德瑞和孔雪梅（2017）在梳理汉语文化海外传播历史脉络与横向对比中外语言文化传播经验的基础上，提出国际中文教育中的中国文化传播，有利于将我国传统与现代中的优秀思想文化融入到国际实践互动中，促进汉语文化圈的精神家园、身份认同和情感纽带的建立。文化传播在国际中文教育中的重要性是不言而喻的，但需注意的是"仅仅提倡中国文化'走出去'，如果没有语言基础，恐怕是要失败的。最根本的问题是如何传播中国的语言，如何制定语言和文化并行'走出去'的规划，否则'中国梦'很难顺利实现"（柯彼德，2020）。

二是探索国际中文教育中文化传播的有效途径。张幼冬（2010）指出，汉语国际推广背景下的文化传播存在对文化教学的内容把握不够准确、文化传播方式的落后和海外文化传播亟待规范等问题，因此，在汉语国际推广背景下有待改进文化传播的方法和途径。李现乐（2010）综述了语言资源的保护、开发利用及由此产生的语言经济，并提出应该以语言经济和语言产业的视角审视汉语国际传播，加强海外孔子学院和国内汉语作为第二语言教学和培训的语言经济研究。樊荣（2012）从宏观社会语言学的角度，对汉语言文化的传播历程以及世界主要国家的语言推广政策进行阐述，从中提取出文化融合是语言文化传播取得成功的重要前提和主要成果。聂学慧（2013）提出，美国舆论媒体的误导及美国民众对中国、中国社会、中国文化缺乏深入全面的了解，应借鉴国内外文化界的最新研究成果，促使美国社会理解中国文化的核心价值与理念，从而推动中国文化真正走向世界。宋海燕（2015）表示，中华文化传播应以赢得文化认同为基本目标和制定传播策略的基础，即致力于培养受众对中华文化的肯定的价值判断，注重在观念、内容、方式、产品等方面培育多方位多层次的受众认同。由郑通涛、方环海和陈荣岚（2016）编写的系列图书《汉语国际传播热点透视》（第1辑—第5辑），从汉语和中华文化国际传播的战略需求出发，呈现了汉语和中华文化海外传播中的若干热门话题，从中不难发现汉语国际传播中所存在的共性及特殊性的问题，对促进汉语及中华文化国际传播具有重要的参考价值。张利满（2017）认为，汉语国际推广与中华文化传播事业要继续深入发展，必须与各地外语教学标准进行对接，由此方能落地生根、持续发展。郑通涛（2017）在思考分析世界对中国的阐释和中国道路对世界的意义之基础上，就如何推进汉语和中华文化国际传播的创新发展，向国际社会讲好中国故事、阐释好中国道路、展示好中国形象等问题提出相关的建议。基于对"一带一路"沿线65个国家投建项目的调研，郑通涛、方环海和陈荣岚（2017）推出《"一带一路"视角下的语言战略研究》《"一带一路"视角下的文化交流与传播》《"一带一路"视角下的教育发展研究》《"一带一路"视角下的人才培养研究》等一系列专著和研究报告，以智力支持"一带一路"倡议，有针对性地探索促进语言文化传播、中外教育合作、人才培养培训合作等的发展战略。张会和陈晨（2019）介绍了"互联网+"背景下移动通信、人工智能、区块链等技术在汉语国际教育中的应用现状和潜力，从学习方式、学习环境、教育评价和管理方面分析了新的教育技术和智能教学软件对汉语国际教育和文化传播的影响。

三 国际中文教育视域下的文化教学研究

近年来，随着国际中文教育与中华文化"走出去"进程的深入发展，国际中文教育视域下的文化教学研究成果也不断涌现，主要体现在以下三个方面：

第一，"文化大纲"作为研究对象被提出、发展和充实，形成了一大批兼具理论意义与实践价值的研究成果（赵炜，2020）。自张占一在《试议交际文化和知识文化》（1990）中提出应给对外汉语的文化因素作一个语法和词汇大纲以来，国内学者进一步围绕文化大纲展开了研究。王学松（1993）认为，文化教学是对外中文教学中不可或缺的组成部分。然而，就教什么、怎样教等问题，教师本人有很大的随意性，因此，有必要做一个文化教学的大纲。陈光磊（1994）基于汉语水平考试样题的分析，提出"文化大纲"的拟制，需要认识和确定语言教学中所应当包含的"文化因素"，同时，要认识和应用语言教学中进行"文化教学"的原则和方法。林国立（1997）在《构建对外汉语教学的文化因素体系——研制文化大纲之我见》中表示，文化大纲要解决的是"中国人为什么这么说""这么说的含义是什么"的问题，因此，中国人的思想观念、民族心理特征以及生活方式、风俗习惯构成文化因素和文化大纲的基本内容。张英（2009）提出，无论是从对外中文教学学科，还是从对外中文教学事业发展的角度来看，制定"对外汉语文化大纲"已是当务之急，并表示第二语言文化教学的理论与实践成果为讨论和研究文化大纲的性质、任务和基本框架等起到了引领作用。刘军（2013）基于《国际汉语教学通用课程大纲》概括出文化教学的等级大纲以及制定该类大纲应具备的基本原则，以促进文化教学的任务更为科学化、规范化和系统化。毋庸置疑，国内学者围绕文化大纲研制工作展开的研讨，为框范国际中文教育中的文化教学、编写文化教材等提供了有益参考及借鉴。教学资源建设是国际中文教育事业发展和学科建设的重要内容。自我国正式颁布第一部国际中文教育标准——《汉语水平等级标准和等级大纲（试行）》（1988年）以来，教育部、国际语言文字工作委员会进一步审视教学资源建设与国际中文教育事业发展的关系，并于2021年发布首个面向外国中文学习者的中国国家语言文字规范标准——《国家中文教育中文水平等级标准》。当我国加快国际中文教育标准建设步伐时，由海外各国教育管理部门或权威机构研发的国际中文教育标准也在陆续发布，这不仅为推进教学资源的研发和建设提供科学依据，也为全球语言文化教学朝着科学化、规范化和标准化方向发展做出应有的积极贡献。

第二，如何使"文化"进入国际中文教育课堂促成了不少有关"文化导入"的研究。1989 年，赵贤州在《文化差异与文化导入论略》中提出了"文化导入说"，明确文化导入要渗透于语言教学之中，二者不能分道而行。邓时忠（1992）表示，语言不可能脱离特定的文化背景而存在，因此，在对外中文教学中，对中华民族文化的介绍不可缺少，并应把文化因素的导入作为一项重要的教学内容。虽然学者们对基础中文教学阶段应导入文化已达成共识，但对于所要导入的文化的范围、具体内容等实质性问题还存在着不一致的意见（魏春木、卞觉非，1992），这也为后续研究预留了提升的空间。胡明扬（1993）提出，在对外中文教学中导入文化内容有两种方法：一是开设国情概况或文化课；二是在语言教学过程中注入和语言密切相关的文化内容。为避免在华外国人学习中文的 TIC 现象（在华外国人常把他们在中国遇到的百思不得其解的问题归结为"This is China."，简称"TIC"），杨怡（1996）强调对外中文教学应与文化知识教育相结合，并有针对性地、多途径地进行文化导入。李春梅和宋珉映（2009）从国外市场需求的角度来出发，提出在对外中文教学中导入中国文化应坚持循序渐进、纵横适度、善作对比以及弘扬精华等原则。刘学蔚（2016）在文化间性的视角下，反思对外中文教学文化内容的导入和教学方法，以更好地处理语言教学和文化教学的关系，例如，在基础中文教学阶段，教学者需根据语言教学的特点循序渐进地导入文化，并引导和鼓励学习者在课堂操练中领悟文化、在课后体验文化。显而易见，文化导入是国际中文教育视域下文化教学的焦点。

第三,随着中华文化"走出去"进程的深入发展,有关国际中文教育视域下文化教学模式、文化教学策略、词汇的文化内涵、汉字的文化底蕴等的研究急速扩展。(1)在文化教学模式方面,王钟华(1991)基于对外中文教学中语言与文化关系问题的思考,提出建立以语言与文化相结合的教学模式;谢玲玲(2012)提出构建以中国文化传承为核心的中文教学模式,以促进汉字教学,并加大中国文化在教材编写中的融入力度;司书景(2013)基于多模态话语分析理论,构建国际汉语教育中多模态民俗文化教学模式,以多种形式刺激学生的不同感官而达到最优的教学效果。值得一提的是,世界各地孔子学院/课堂充分发挥各自优势,因国、因地、因校制宜,形成了各具特色的办学模式,成为各国人民学习汉语言文化、了解当代中国的重要场所,受到了当地社会各界人士的欢迎。刘雯(2016)有关"美国堪萨斯大学孔子学院远程互动式教学模式研究"表明,由孔子学院总部、华中师范大学和美国堪萨斯大学联合成立的堪萨斯大学孔子学院,基于所在区域地广人稀的地理特征以及汉语教师紧缺的状况,从创办之初就与堪萨斯州内一所远程教学服务中心合作,借助互动性电视会议技术向本地及偏远地区的学习者提供汉语课程。显而易见,堪萨斯大学孔子学院积极推行的交互式远程教学模式,紧密地结合了当地的实际情况和发展需要,实现了"语言文化+远程教学"的特色发展。(2)在文化教学策略方面,黎亮(2009)从对全球语境下的中华"和合文化"的精神阐释入手,探讨在对外中文教学中如何运用"和合"策略,以平等对话的文化心态解决中文教学中遇到的实际问题;李枫(2010)基于对外中文教学中文化因素的处理,阐释了对文化因素进行阶段性划分的依据、必要性及其相应的分类原则、划分办法,并提出了文化因素教学的阶段性策略;此外,一些学者通过在对外教学中应用交际文化(孟子敏,1992;李丹青,2012)、中国的"世界文化遗产"（阮静，2011）、中国文化教学资源库（侯磊，2013）、中国少数民族文化（李宏亮，2014）、文化教学游戏（林任风、彭晓媛，2015）等策略以提升学习者的汉语学习热情以及对中华文化的热爱之情。(3) 在词汇的文化内涵、汉字的文化底蕴方面，阎军和史艳岚（1995）、卢华岩（2002）、陈绂（2009）、赵明（2012）、刘畅和孟庆国（2019）等学者就如何剖析词汇的文化内涵、文化词语的讲授方法等进行了热烈的讨论，旨在改善汉语词汇教学的效果，同时，也提升学习者了解中国文化的积极性；张德鑫（1999）、孟斌斌（2015）、林欣薇（2018）、万业馨（2019）等学者认为，通过阐释汉字蕴含的文化知识，易于留学生在更好地理解和掌握汉字的同时，使汉字教学和文化教学相互融通。

四 国际中文教育视域下的文化教材建设与研究

国际中文教材建设是国际中文教育工作的重中之重，也是一个重大的基础性系统工程，必须深入研究、系统谋划、科学设计、精心开发。应特别注重汉语国际推广的实际需要，充分利用现代科技手段，凸显"实用性""国际性""现代化"，以保证有效地服务于汉语国际推广教学工作（黄晓春，2008）。多年来，国际中文教材建设与研究的成果相当丰硕，下面将呈现来自这个方面能够较好凸显文化特色的教材建设与研究成果。

有关国际中文教材建设方面的成果数不胜数，仅从孔子学院总部/国家汉办（现为教育部中外语言交流合作中心）官网上搜索到的就有该机构的主干教材《快乐汉语》和《跟我学汉语》，前者的使用对象是海外11—16岁中小学生，重点培养学生在自然环境中学习汉语及中华文化的兴趣，同时能够为以后的学习和提高打下坚实的基础；而后者专为海外15—18岁青少年汉语学习者编写，以培养海外学生学习汉语及中华文化的兴趣为主导思想，吸收当前汉语作为第二语言习得研究的最新成果。此外，该教材在内容的安排上自然、有趣，语法点的出现顺序以表达功能的需要为基础，并用话题为线索来编排语言素材，从而带动交际能力的培养。除了主干教材外，还涉及《汉语乐园》《轻松学汉语》《汉语教学直通车》《新实用汉语课本》《新概念汉语》《汉语900句》《当代中文》《常用汉字581》《体验中国茶文化》《汉语800字》《汉语图解词典》《发现中国》《中英谚语对照手册（漫画版）》《中国文化常识》《中国地理常识》《中国历史常识》等多种教材。这些教材内容丰富、实用性强，以《汉语教学直通车》为例，该教材分为中级版和高级版：中级版含有丰富的课堂练习、测试，以及与HSK考试要求相对应的测试评估练习，同时，推出iPad版本和iPhone版本；高级版包括教师用书、学生用书、练习册、单元测试，以及与之配套的DVD光盘。教材内容以北美高中学生的家居、校园和社区生活为主，采用"以学生为中心的项目教学法"，适用于AP/北美高中12年级学生。

随着教材建设的不断深入，国际中文教育视域下的文化教材研究也取得可喜进展。国际中文教育的发展呼唤着新一代教材的出现，这需要总结已有的教材编写的理论和实践，充分考虑国际中文教育发展的趋向以及中外文化交流的需求等。张英（2004）从文化和文化教材的界定不清、对外中文教学中的文化教学和对外汉语文化教学相混淆、文化教材的内容和体例缺乏共识等问题入手，以期通过制定对外汉语文化教学等级大纲、确立对外汉语文化教材的等级标准以及创建文化教材独特的体例和教学形式来加强对外汉语文化教材的编写。赵宏勃（2005）提出，应加强对文化教材的研究与编写，并从文化教材的基础性和学术性、文化差异、趣味性三个方面探讨了文化教材编写的思路。王建勤（2008）呼吁尽快研制面向全球的汉语学习教材，以缓解推广面临的缺少适合海外的所谓"精品"教材。赵金铭（2009）从分析海外不同教学环境对汉语教材的反映入手，从理论上全面阐释教学环境的基本内涵及其对教材编写的影响，进而深入探讨汉语作为外语的教材如何适应海外纷繁复杂的教学环境。何芳（2014）提出，要编写出适合不同国家使用的汉语教材，需要特别尊重对方的文化，而了解他国国情、重视中外合作与尊重他国语言习俗和文化是国别化教材编写的有效途径。吕蔚和杨燕燕（2014）通过对《发展汉语·高级综合Ⅱ》中语义、语构和语用文化因素的整理与解读，提出融合文化内容与语言结构于一体的对外中文教学要求我们在教学过程中加大对教材中文化因素的挖掘和研究。田鑫（2016）基于海外汉语教育对于文化教学的要求与目标，探讨如何有效提升汉语教材的文化含量，助力中华文化"走出去"的战略。林许洋（2016）通过对体育词语呈现方式的考察，提出学习体育词语将有助于留学生更好地学习汉语、了解中国文化和融入中国生活，因此，通过适度增加普通教材中体育词语的数量和广泛度，特别是融入具有中国特色的体育词语，将更有助于发挥对外中文教学在传播中华文化中所起的作用。刘香君（2018）表示，面向海外读者的基础汉语教材，承担着传授语言知识和传播中华文化的双重使命，因此，将中华文化元素充分融入基础汉语教材是十分必要和紧迫的。樊小玲（2019）认为，汉语教科书则可作为中国形象传播的突破口，对其进行研究也许可拓展中国形象传播的载体，为中国形象国际传播研究开辟新的可能。梁宇（2022）表示，中文教材以所在国师生更容易接受的方式，"润物细无声"地教授并传播中华民族的语言与文化，是中国语言与文化"柔性传播"的典型样态，是提升我国国际传播能力的创新形式。

五 国际中文教育视域下数字文化资源的建设与研究

随着现代信息技术、多媒体网络教学的深入实施，国际中文教育如何与现代信息技术深度融合，中华优秀文化资源如何借助信息技术提质增效已引起了学界广泛的关注。孔子学院总部集合国内外专家完成了"国际汉语教材编写指南"与"孔子学院数字图书馆"

两个平台的对接工作，使用者只需要用一套用户名和密码进入www.cltguides.com 即可实现讲义/教材自行编写、评估、各类电子书及实用资源浏览查询等功能。其中，"国际汉语教材编写指南"是集最新科研成果、最丰富语素语料、最权威课程标准、最智能化开发工具、最量化教材评估体系于一体的大型实用网络应用平台，用户只需选定教学对象、等级、话题等指标，系统即自动生成用户所需讲义、教材和教辅资料。同时，平台依据《国际汉语教学通用课程大纲》和《汉语水平考试大纲》首次建立了16项教材评价参数和指标，既可对用户自编讲义、教材作随机分析、评价，也可对已出版教材进行分析评估。而"孔子学院数字图书馆"面向全球孔子学院（课堂）师生和愿意了解中国语言文化的各国青少年及各界人士，特别是研究中国学的专家学者，提供丰富的语言文化、人文社科类数字资源。它包括大众频道、儿童频道和学习者频道，涉及阅读体验、信息检索、即时翻译、语音朗诵、高清显示等功能。

在国际中文教育资源实务蓬勃兴起的同时，有关国际中文教育资源的学术研究也在急速增长，其中不乏涉及数字文化资源研究的成果。崔晓霞（2012）提出构建中国—东盟对外汉语网络平台的发展战略构想以及发展思路和策略，以拓宽中国文化在东盟的传播渠道，使网络教育成为国际中文教育规模最大、效果最佳、运作成本最低、覆盖面最广的平台，为提升中国文化软实力和中国文化在东盟的影响力发挥作用。应学凤（2012）表示，应该加强数字教材和纸质教材的衔接，充分发挥两类教材的优势，使对外汉语数字教材更好地服务于海外中文教学，助推汉语及中华文化的国际传播与推广。张宝林和崔希亮（2013）提出的"全球汉语中介语语料库"建设方案是在新时代利用已有的技术平台和可能的资源获取手段，克服已有中介语语料库局限的一项大型研究。卢达威和洪炜（2013）详述了国际汉语信息化从无到有、从小到大、从内到外的发展过程，并阐述了信息化在汉语国际教育学科建设和汉语国际教育事业传播中的作用。陈曦和梁芷铭（2014）表示，在新媒体兴起的背景下，数字化的道路是克服传统汉语教材使用局限、推动中华文化国际传播的有效途径。王宇（2015）以中文教学资源、教师发展资源和教与学共用资源为基础，探讨了国际中文教学资源整合的具体方法，并指出了国际中文教学资源在整合过程中应注意依托不同平台、深度和广度结合、知识与技术结合及远程教育与证书结合等问题。郑通涛和曾小燕（2016）基于大数据时代语料数据具有的特点，考察国别化教材的研发理据和研发原则，并对国别化教材实时修订功能进行分析，以此为全球中文教学及相关研究服务。万筱铭（2017）的研究表示，在"一带一路"进程中，要构建开放型的中国语言文化资源共享平台，调整汉语国际推广格局，实现对资源的充分利用，构建全面、精准的市场调研与评估体系，从而保证海外中文教学与推广的稳定发展。郭薇和于萌（2018）认为，在"互联网＋"时代，以数字媒介为核心依托的虚拟空间正在加速形成，并成为汉语国际传播与中华文化"走出去"的重要场所。蔡武和郑通涛（2018）在《加强汉语国际推广工作的若干思考》中指出，依托大数据技术，打造汉语国际推广网络品牌，持续推进"互联网＋汉语国际推广"，对于促进中华文化国际传播具有重要的现实意义。郑艳群（2018）认为，可充分利用大数据技术进行教学资源的研发，应借鉴中文信息处理技术，解决资源研究中的共性和个性问题，建议语言文化教学资源研究应补足和及时了解中文信息处理已取得的研究成果。张利满（2018）的调查表明，来华留学生对利用微信公众平台学习语言文化具有较高的潜在需求，但目前业界所提供的微信小程序却无法满足他们的学习需求，为此，国际中文教育领域与移动互联网领域的从业人员有必要通力合作，充分发挥移动互联网在国际中文教育中的应用优势。邵亦鹏（2023）提出，国际中文教学资源建设体现了国际中文教育学科发展水平，蕴含其中的教学目标、教学理念、教学内容、教学顺序、教学方法、评估方式，以及与数字技术的融合，都是学科发展的直接反映。

六　国际中文教育视域下的跨文化交际研究

德国著名语言学家洪堡特说："语言仿佛是民族精神的外在表现，民族语言即民族精神，民族精神即民族语言，二者的统一程度超过了人们的任何想象（转引自胡明扬，1988）。"洪堡特所说的"民族精神"，包括一个民族的思想观念、思维模式、一般心理状态等因素在内。已经掌握了本民族语言，带着本民族文化观念的外国人学习汉语，必然会发生跨文化的问题（王魁京，1994）。近年来，国际中文教育视域下的跨文化交际研究取得了可喜的进展，主要体现在以下三个方面：

一是跨文化交际适应方面。跨文化交际是一种极为复杂的现象。在对外中文教学中，应该注重当代中国交际文化，尤其是语言交际文化。正确对待中外文化的碰撞和交融，对中华文化进行有筛选的介绍，是对外中文教学中的重要课题（周小兵，1996）。高剑华（2007）认为，对外中文教学不仅仅是语言能力的训练，还肩负着揭示汉语言的文化意义及跨文化传播的重大使命，这种跨文化意识是实现对外中文教学价值"应然"与"实然"统一的途径。赵金铭（2014）表示，在国际汉语教育中，对汉语和中国文化之基本认识是跨文化交际的前提、相宜的话语体系是跨文化交际的保障、对自己文化的自信是跨文化交际的动力等。亓华（2016）对汉语国际教育中跨文化交流的各种问题进行了系统地梳理和归纳，以缓解外国学生对中国社会文化的解读与误解，力求取得共识。李连伟和邢欣（2016）以汉语跨文化语用变体为例，提出定型的跨文化语用变体不仅是避免跨文化语用失误的重要方式，也丰富了汉语本身的语用选择，并为汉语国际教育提供了有益启示和参考。

二是跨文化交际能力方面。就国际中文教师的跨文化交际能力而言，蔡绿（2006）认为，跨文化交际能力强的对外汉语教师容易得到留学生的肯定和信任，也有助于个人形成健康的文化依附。从此意义上说，跨文化交际能力是衡量对外汉语教师是否具有良好专业素质的重要指标。也有学者认为，跨文化交际能力是汉语国际推广形势下教师跨文化教学能力的一个重要组成部分（聂学慧，2012），汉语国际传播的成功有赖于教师自身具备跨文化交际能力并培养出具备此能力的学生（李昊，2012），"传播学及跨文化传播学基础""语言及文化国际传播的历史与现状"以及"汉语及中国文化传播的模式与策略"等是国际中文教师传播能力构成的三大部分（范慧琴，2013）。值得提出的是，汉语国际教育发展繁荣，世界各国对本土汉语教师的需求尤为迫切。例如，上海大学和宋卡王子大学融合各自的优势学科，以汉语国际教育专业和中国研究专业为基础，采用"1+1"模式和双导师制，培养具有扎实的汉语言文化基础、熟练的跨文化中文教学能力的国际化专门人才。[①] 就学习者跨文化交际能力的培养来说，常峻（2002）表示，对外中文教学是跨文化的语言教学活动，而民俗文化是影响跨文化交际的重要因素，因此，在语言教学的过程中向留学生传播民俗文化知识是很有必要的。张英（2006）提出，文化因素教学和文化知识教学是两种不同的文化教学。尽管两者所承担的具体任务、教学内容以及与之相适应的教学方式都是不同的，但其最终目标都是培养学习者的跨文化交际能力。张淑贤（2015）以韩国影视剧中的文化传播为例，提出在强调文化教学重要性的同时，应将文化知识与文化技能的传播上升到文化的价值观念层面，以促进留学生跨文化交际能力的培养。

三是除了学术期刊论文外，不少围绕着国际中文教育中跨文化交际问题所开展的系统性研究也得到了加强，这可详见周思源和林国立（1997）、毕继万（2009）、杨恬（2015）、李钧和王曰美

[①] http：//www.hanban.org/article/2019-09/27/content_786406.htm.

(2015)、亓华（2016）、孙宜学（2017）、李晓琪（2019）等学者的相关著作。从这些著作中，我们不难发现学界对汉语语音教学、词汇教学、句法教学中跨文化交际问题的认识和理解已逐步达成共识，逐步认识到国际中文教育中应体现出来的文化内涵是多方面的，而最应体现出来的是蕴含在语言中的中华文化特色，这也是国际中文教育区别于本族语言教育的主要特征之一。为此，如何在国际中文教育中选择、整合文化资源并实现其创造性的转化是仍需进一步深化研究的问题。

七　国际中文教育视域下的地域文化研究

在我们这样一个幅员辽阔、民族众多、方言丰富多彩的国家里，国际中文教育工作的开展必然会涉及异彩纷呈的地域文化。近年来，一些省市在开展国际中文教育工作的过程中，在保证总体一致的前提下，也在尝试引入体现当地特色的文化教学内容、文化传播方式等。就如何在国际中文教育中既体现地域文化特色，又促进国际中文教育与地域文化协同发展，这无疑让地域文化资源的开发及应用受到了社会各界共同的关注。

"汉语桥—中学生夏令营"项目是由国家汉办（现为教育部中外语言交流合作中心）/孔子学院总部与各孔子学院合作，每年暑期举办的面向海外在读中学生的中国语言文化体验品牌项目，旨在增进中外青少年学生交流，加深各国中学生对中国语言文化的了解和亲身体验，从而激发其学习汉语的热情。"汉语桥—中学生夏令营"不仅在中文及中华文化国际传播方面发挥了重要的桥梁作用，也逐渐发展为海外中学生了解中国各省市地域文化的窗口。例如，与英方合作的"汉语桥—英国培优项目来华夏令营"项目是英国教育部于2016年宣布并斥资开发的"中文培优"项目的核心组成部分之一，伦敦大学学院教育学院孔子学院承担了此项目的大量组织工作和教学支持工作，孔子学院总部和英国文化教育协会共同负责夏令营的在华安排。2019年是该项目实施的第二年，有近850名来自英国公立学校的初中生在中国七座城市（北京、上海、成都、济南、西安、沈阳和昆明）的十所高校，顺利完成了为期两周的"2019年汉语桥—英国培优项目来华夏令营"（Intensive Study in China）。通过这个项目，有助于增进这些英国初中生对所赴省市地域文化的了解，为今后选择理想的中国留学城市去学习语言文化奠定良好的基础。

在推进中华文化"走出去"的过程中，北京、福建、四川、江苏、湖北等省市也在致力于开发地域文化资源，积极促进中外文化的交流与合作，仅以2019年的情况而言：为了庆祝北京市与华盛顿特区结成友好城市三十五周年，华盛顿特区政府与北京市人民政府在华盛顿特区罗纳德·里根大厦举办"北京日"文化庙会和"魅力北京"图片展；"匠之道——泉州非遗文化体验工作坊"到南非开普敦大学孔子学院，展示陶瓷拉坯、陶瓷彩绘、金苍绣、刻纸、花灯和提线木偶等非遗项目；在中国驻秘鲁大使馆、秘鲁阿雷基帕市政府、当地华人华侨及中资企业的多方协助下，由中国四川省经济文化协会会展部主办，圣玛利亚天主教大学孔子学院协办的首届"中国成都熊猫文化美食节"系列活动在此次活动中正式亮相；为庆祝美国俄勒冈州波特兰市与苏州结为姐妹城市30周年，苏州民族管弦乐团应邀在波特兰州立大学林肯音乐厅举办了两场主题为"华乐苏韵"的民族音乐会；由国家汉办/孔子学院总部主办、湖北大学和伯南布哥大学孔子学院承办的"龙腾狮跃南美行"巡演在伯南布哥州贝尔贝里剧院举办。湖北大学龙狮艺术团为逾400名孔院师生及当地民众带来了一场精彩纷呈的荆楚文化表演。

地域文化资源在国际中文教育中的应用促进一些学者开始关注与探讨国际中文教育领域中地域文化问题，相关研究主要涉及以下三个方面：第一，地域文化在国际中文教育中的地位和影响研究。

沈荭和袁继锋（2009）从"地域性"的角度出发，结合国内外教学面临的问题，就汉语国际推广中教学形式、教材建设等进行了分析和讨论，表明"地域性"在汉语国际推广研究中所具有的独特价值。李晓鹏、沈铁和刘爽（2017）认为，在对外中文教学中渗透地域文化，不仅可以广泛传播地域文化所具有的基本内涵、艺术价值，也可以推动对外中文教学形成社会文化层面的实质性发展，进而构建对外中文教学发展的新局面。第二，方言在国际中文教育中的应用研究。对外中文教学虽以普通话的语言技能培训为主，但普通话与汉语方言之间密切相关，学习和掌握一定的汉语方言知识，不仅可以扩大学习者的交际范围，也可以提高他们的跨文化交际能力。特别是到了高级阶段的中文教学实践中，会出现方言词语及方言现象，因此，在对外中文教学中引入汉语方言方面的内容是十分有必要的（张振兴，1999；丁启阵，2003）。程书秋（2008）认为，在对外中文教学中应用具有地域文化特色的语境将有助于留学生较为成功地习得汉语，为此，教学者需要树立方言意识和地方文化意识，并努力构建"课内 + 课外"的互补式语言文化教学模式。王曦（2017）以闽南方言为例，提出在"一带一路"背景下挖掘潜藏在方言资源中的社会经济文化价值，需要处理好方言与经贸交流、方言与地区文化、语言学习与商用规则、方言流播与中文教学等的关系。第三，各地地域文化纳入国际中文教育的研究。张艳萍（2005）在《云南对外汉语教学的地域特色》中提出，云南是一个民族文化氛围浓厚、民族文化特点鲜明、民族语言和地方方言众多的省份，对外中文教学也呈现出鲜明的地域特色，有鉴于此，可以基于云南省对外中文教学的实际需要，构建突出云南地域文化特色的教学总体设计。李春雨和陈婕（2007）表示，作为中国首善之区的北京，在建构文化交往平台、弘扬传统文化、展示当今中国文化风貌等方面有着不可替代的作用，为此，他们就北京文化建设如何适应汉语国际推广的需要，在充分发掘教育资源、努力提升市民素质、加强历史文化名城的保护与开发等方面做了详细的论述。卜海艳（2010）在《河南省汉语国际推广应根植中原文化》中指出，中原文化是中华文化的缩影和精华，因此，河南省在汉语国际推广事业中应依托中原文化进行中文教学，并做好中原文化的对外宣传工作，结合河南省文化亮点创建汉语国际推广特色项目，助推中原文化的国际传播。王悦欣和张彤（2011）基于对河北地域文化特色和资源禀赋的分析，提出通过编写蕴含河北文化和语言特色的实用教材、建设一支专兼职结合的高水平师资队伍、筹备河北特色的汉语教育基地等，加强河北地域文化资源在对外中文教学中的运用，进而提升对外中文教学水平。苏翔（2014）以江苏徐州地方文化为例，提出地方在推广汉语、进行对外中文教学时，有必要融入地方文化特有的优势，就具体的推行形式而言，在对外汉语文化教学中采用专题形式更为合适。鲁六（2018）表示，河南地处中原，是中华民族主要发祥地之一，也是华夏文明的摇篮，有"中国历史文化的缩影"和"中国历史博物馆"之美誉，为此，河南省应建设开放性、创新性的文化体系，多层次挖掘河南省的教育文化资源，提升河南省的国际形象，实现河南省汉推工作的跨越式发展。

八　研究评价与总结

从国际中文教育视域下的文化研究概述来看，国际中文教育是一门综合交叉学科，受到文化学、教育学、传播学、语言学等多种学科理论的影响，因而，学界对国际中文教育的学科定位一直存在着不同的看法和争议，也就不可避免地存在着"对外汉语教学""国际汉语教学""汉语国际教育""汉语国际推广"等术语或概念。然而，对于国际中文教育不仅涉及中文（教学）推广，也涉及文化（教学）推广，国内学者已基本达成共识，并结合各自所在学科背景就语言文化推广中所涉及的现实问题进行了深入分析，这为本书研究地域文化资源在国际中文教育中的应用提供了一个良好的借鉴。

显而易见，随着学科与专业建设的不断进展，国际中文教育视域下的文化研究已取得丰硕的成果，这些涉及文化传播、文化教学、文化教材、数字文化资源、跨文化交际、地域文化等的著述，不仅介绍国际中文教育理论研究方面的进展，也呈现国际中文教育实践方面的丰富经验，例如，围绕"国际中文教育视域下语言与文化的关系"这一根本问题展开的讨论，有助于我们对"交际文化""知识文化"乃至文化本质的认识和理解；有关国际中文教育视域下文化传播的研究不仅明确文化传播在国际中文教育中的重要性，也揭示国际中文教育中文化传播的有效途径；在探讨国际中文教育中文化教学的问题时，形成大量与文化大纲、文化导入、文化教学模式及文化教学策略等相关的研究成果；在介绍和评析文化教材建设成果的过程中，探讨国际中文教育视域下文化教材存在的问题及编写思路等；重视移动互联网技术在国际中文教育资源中的积极应用、关注国际中文教育中的跨文化交际问题；等等。纵观国际中文教育视域下文化的研究，我们不难发现，学界从文化作为国家资源的战略高度对中华文化国际传播的内容、策略、作用、影响等展开较为深入、细致地探讨和分析，其中引人注意的是，有一些学者开始关注并参与国际中文教育视域下地域文化资源的研究。

对应国际中文教育视域下的文化研究，如果国际中文教育理论研究要为实践发展提供有科学依据的建议或有必要的帮助及指导，还需紧跟国际中文教育实践的步伐。一是国际中文教育事业的建设和发展是一项需要长期坚持和逐步推进的系统工程，涉及中华文化传播、国际中文教学、国际中文教育资源、跨文化交际等各个方面，因此，我国各省（市）在国际中文教育工作中如何做好政策资源、人力资源、教学资源等系统性力量建设资源的汇聚，需要依据当下我国乃至所在区域的发展处境与态势有正确的发展理念。二是国际中文教育、中华文化国际传播不仅应是国际中文教育事业参与者和建设者的使命和担当，也应是国际中文教育研究者的职责和任务，不少孔子学院的中方院长、国际中文教师及中文教师志愿者在做好国际中文教育工作的同时，也在学术研究领域里发声，这便是一个很好的明证。只有加强调查研究，清楚地了解到国际中文教育事业中每一个具体环节的具体情况，包括不同环节之间的相互关系，才能做好顶层设计，更好发挥顶层设计的实践指导意义。三是在国际中文教育的过程中，我们借助中文教学推广中华文化，如何提供更高质量的文化产品，这既需要考虑"需求侧"，又要强化"供给侧"。从"汉语桥—中学生夏令营"、一些省市地域文化"走出去"的实施情况来看，要加快中文、中华文化"走出去"的步伐，需要了解我们能给予世界各国民众的是什么，而世界各国民众需要的又是什么，这是极为重要的。

总体上说，学术界已有的成果和实践发展方面的成绩为本书提供了理论基础和资料积累，具有重要的参考价值和实践指导意义。但对于地域文化资源在国际中文教育中的应用研究还具有很大的提升空间，主要表现在：从研究视角来看，以往研究主要围绕国际中文教育视域下中华文化的国际传播进行，缺少从国际中文教育视角下探讨地域文化的成果。从研究内容看，以往主要为中华文化国际传播层面所涉及的文化教学、文化教材、数字文化资源、跨文化交际研究，而从理论维度界定地域文化国际传播的内涵和外延、综合考虑国内各省份地域文化资源的特点、地域文化在国际中文教育中的供需现状及其影响作用方面的成果非常匮乏。从研究对象看，虽然有一些研究成果以少数省市的地域文化资源为研究对象，但这些成果主要研究国际中文教育工作成效显著的北京、上海、福建、云南等省市，以国际中文教育工作相对滞后省市的地域文化资源为对象的研究还处于学界的视野边缘。从研究方法来看，以往成果主要运用的是文献研究，以及在此基础上的分析与综合、演绎与推理，调查研究与个案研究成果尚不多见。

为此，这启发我们应将研究视角从中华文化国际传播层面拓展到地域文化国际传播层面，并提升到全球命运共同体高度，认识促进地域文化资源在国际中文教育中的应用，不仅是传承和发展地域文化、丰富国际中文教育中文化教学内容的重要保证之一，而且也是与世界其他国家民族和地区加强交流合作的基本条件之一。位于西南边陲的贵州省具有多民族、生态美的特点，存在众多民族长期交融的社会结构和良好的生态环境。虽然国际中文教育在贵州省得到当地政府、高校等的积极支持和大力提倡，然而，无论是贵州省在海外承办的孔子学院数量以及来黔留学生的人数并未达到一种与贵州省地域文化特色协同共生的有效发展，尤其是在当前贵州省"贯彻新发展理念，守好发展和生态两条底线，深入实施'乡村振兴、大数据、大生态'三大战略行动"的情况下。因此，贵州省如何充分发挥"大数据"的优势，将"大生态"、少数民族文化等地域文化特色在国际交流发展中融合发展起来，无疑将更好地推进贵州地域文化资源在国际中文教育中的应用，进而有效发挥贵州地域文化在提升贵州软实力、打造"留学贵州"品牌、促进来黔留学生的中文学习等方面所起的作用和影响。例如，茶是贵州特色优势产业和传统支柱产业，为贵州的乡村振兴提供了强有力的产业支撑。如果将贵州茶产业考察、生态产业资源介绍、乡村振兴感受等融入国际中文教育中，既可以增进学习者对贵州持续推动生态优势转化为发展优势，深入践行"绿水青山就是金山银山"理念的认识和了解，也可以充分发挥贵州地域文化在国际中文教育中的助力和支持作用。类似这样的调查研究结果无疑能更好地为贵州省乃至其他省市应用地域文化资源制定国际中文教育政策提供依据，同时，也为贵州地域文化资源在国际中文教育中找准位置，并为我们从贵州省发展大局的高度思考和谋划工作提供有益参考。有鉴于此，本书以贵州为例，探讨地域文化资源在国际中文教育中的应用问题。

第四节 相关理论

尽管贵州地域文化丰富多彩，但由于历史原因，贵州各类地域文化资源的开发情况是不一样的，在国际中文教育中所发挥的作用或影响也会各有所异。有鉴于此，我们应当慎重面对贵州地域文化的构成因子，明确哪些地域文化资源可以在国际中文教育中更能发挥积极作用，进而结合来黔留学生、海外中文学习者的学习需求进行合理的规划，让贵州地域文化资源适应中华文化国际传播的趋势和需要，为开展国际中文教育做出应有的贡献。出于这样的考虑，本书重点考虑两个问题：一是在国际中文教育事业中，可以应用的贵州地域文化资源有哪些？二是哪些贵州地域文化资源能够在国际中文教育中有着良好的应用前景，或者说能够助推中华文化展现出更强魅力？由此，在本书中采用的两个相关指导理论分别是可供性理论和魅力质量理论。

一 可供性理论

所谓的"可供性理论"并不是一个完全成熟的理论，而是一个具有跨学科特点的概念（Aronin & Singleton，2008：313）。这一概念是由美国心理学家吉布森（Gibson）在"The Theory of Affordance"一文中首先提出的，用来表示自然环境所提供的资源与人或动物的行为之间存在着某种对应的关系，而这种关系可以让人或动物依据本能的知觉去判断自然环境能否提供给他们（它们）所需要的资源。为了展示人或动物如何感知自然环境所提供的资源，Gibson 做了很多有关可供性的描述。其中，最广为人们所熟知的是：

> 如果一个由四点支撑的水平平面具有超过膝盖的高度，它

就可以提供"座位"的功能。一般情况下，我们会称呼这个平面为座位，但也可以称呼它为凳子、长椅、椅子等。这个平面或许就是一个露天的平台，或许就像一个人造的躺椅。尽管这个平面一旦具有"座位"的功能，就可能存在各种各样的形状，但是，它的可供性会因个体感知的差异而有所不同。好比说，在成人眼中视为"座位"的水平平面，却在幼儿看来可视为"桌子"。因此，这个平面的可供性与个体竖直的姿势有关。倘若这个平面本身就是水平、平整、延伸和坚硬的，且个体能够感知到它具有超过膝盖的高度，那么它实际上就具有"座位"的可供性。可以说，这个平面所具有的可供性主要取决于个体的视觉感知。（Gibson，1979/1986：128）

Gibson 所提出的"可供性理论"不仅应用于心理学、人类学中，也广泛应用于物理学、光学、解剖学、生理学、设计学、语言学等诸多学科的研究中。后续者们在 Gibson 研究的基础上，进一步深化和拓展了可供性概念的内涵和实质。McGrenere & Ho（2000：179 -186）认为，可供性具有以下三个基本特征：一是可供性客观地存在于自然环境中，对于它的感知和察觉取决于个体的能力、先前经验；二是可供性可以独立于个体的感知能力而存在，这是因为对于动物而言，可供性取决于它们对自然环境即刻的视觉感知；三是可供性不会随着个体的行为目的、需求的变化而改变。鉴于个体视觉感知的差异而具有多样化的可供性。Kytta（2002）提出潜在可供性、可察觉可供性、可利用可供性和固化可供性四种主要表现形式。其中，潜在可供性一直存在，但不一定能被个体所察觉得到；可察觉可供性是个体可以感知到的，却不一定能被利用的可供性；可利用可供性不仅可以被个体所感知和利用，而且能够引导个体的具体行为；固化可供性是通过个体积极的行为而使他们（它们）身边的自然环境产生出可供性。从可供性的产生条件出发，Singleton

& Aronin（2010，2012，2014）在一系列的研究中明确了可供性具有确定性、概率性、目标性和意外性的实质内涵。"确定可供性"是指可供性的产生伴随着一些确定的引发条件，比如，夏天的草原（可供奶牛茂盛的青草）、在美国和英国生活（可供说英语成为人们必备的生存技能）；"概率可供性"是指可供性的发生存在着可能性度量或大小，例如，在双语学习的早期，如果学习者只专注于其中一门语言的学习可以有效地确保学习的效果，但如果学习者在早上和晚上分别学习不同的语言，那学习效果的有效性就存在着很大的概率性；"目标可供性"是指把实践行为变成一种目标任务的可供性；而"意外可供性"是特定自然环境中所出现的可供性，如在华沙学波兰语就是一种意外的可供性，任务是由目标选择而引发的事件，而意外事件并不会被引发出，而是偶然地无法预料地出现的，因此，相比意外可供性，目标可供性更加耗时耗力，而且难以掌控。

通过以上分析，不难发现自然环境与个体之间存在着交互性，而这种交互关系可以帮助个体从自然环境中拾取各种可供性。贵州地域文化是多种文化资源的有机混杂，表现形式多种多样。如果在国际中文教育中应用贵州地域文化资源，贵州地域文化资源势必会对国际中文教师、来黔留学生、海外中文学习者等产生牵引力，因为他们会依据个人的感受和判断来选取贵州地域文化资源的各种可供性。为此，本书会结合国际中文教师应用贵州地域文化资源的现状和来黔留学生对贵州地域文化的学习需求，呈现国际中文教育与贵州地域文化资源的共生互促关系，揭示贵州地域文化资源的可供性内容、可供性形式，进而推动其应用内容和应用方式的选取与学习者的需求、国际中文教育事业的发展充分融合，并由此带动地域文化教育资源需求的显著增长。

二　魅力质量理论

基于可供性理论，不难理解贵州地域文化资源具有多样化的可供性，因此，在推动国际中文教育发展的过程中，如何更准确地把握国际中文教师、来黔留学生、海外中文学习者等对贵州地域文化的多样化需求及其与可供性之间的契合度，这无疑是本书的关注点。为了更好地探讨国际中文教育中贵州地域文化供需之间的匹配和需求的满足问题，本书除了借鉴可供性理论外，还将涉及魅力质量理论（The Theory of Attractive Quality）及其理论分析模型——Kano 模型。

魅力质量理论的产生与消费者满意度密不可分。在市场竞争日趋激烈的背景下，消费者满意度是衡量企业营销工作的重要标准，满意度的不断提升将会保证消费者忠诚度的稳定性。因此，如何确定消费者的满意度及其影响因素是提高企业质量管理的前提条件。自 Noriaki Kano 等学者（1984）提出魅力质量理论及其 Kano 模型以来，受到了诸多学者的关注和重视，被广泛应用于探讨消费者对产品（服务）满意度的认知感受和评价中，极大地促进了根据质量要素满足度与用户满意度之间的关系来指导设计活动，这可详见 Lilien，Kotler & Moorthy（1992）、Chu（2002）、Grigoroudis & Spyridaki（2003）、Južnik Rotar & Kozar（2012）、Coleman（2014）等的研究。魅力质量理论根据消费者满意度与产品质量特性之间的相关性，区分了不同需求的满足与消费者满意度之间的紧密联系。这里所指的产品质量特性是指消费者认为产品理应具备的质量特性，只不过，即使这类质量特性提供充分也不一定使消费者满意度得到提升，甚至还有可能引起消费者满意度的下降，这是因为并非所有消费者的需求都会处于同步的满意状态，或得到同等水平的满足。因此，魅力质量理论根据消费者的感受和质量特性的呈现程度，将产品质量特性划分为五类要素：魅力质量要素（Attractive Quality Elements，A）、期望质量要素（One-Dimensional Quality Elements，O）、基本质量要素（Must-Be Quality Elements，M）、无差别质量要素（Indifferent Quality Elements，I）和逆向质量要素（Reverse

Quality Elements，R）。各质量要素满足度与消费者满意度之间的关系如下：

第一，魅力质量要素（A）是最具吸引力的质量要素。它通过满足消费者潜在的、未意识到的需求，使新产品或服务超出消费者的预期，甚至能够满足消费者个性化的需求，从而为消费者创造更多的惊喜和愉悦，在消费者心目中树立起优质品牌的地位。魅力质量要素的特点是：如果提供充足，会使消费者满意度得到迅速提升，但如果不提供，也不会导致消费者满意度下降。因此，在市场竞争中，魅力质量要素是提升产品优势和竞争力的关键，是不容忽视的要素。

第二，期望质量要素（O）通常也被称为一维质量要素。这一质量要素是消费者所期望和明确要求提供的质量特性，因此，它的特点是：如果提供充足时，将使满意度得到提升，反之，如果此类要素不能提供时，会导致消费者满意度下降。

第三，基本质量要素（M）亦称必备质量要素。尽管它是消费者未明确表达需求的要素，却被认为是理应具备的产品质量特性，因此，在需求满足中应当首先得到保证和提供。从基本质量要素与消费者满意度的关系来看，如果基本质量要素得到提供，也不会使消费者的满意度得到提升，一旦无法提供却会引起消费者强烈的不满以致满意度的下降。

第四，无差别质量要素（I）被视为无关紧要的质量要素。无论提供与否，都不会对消费者需求与满意度产生任何的影响，因此，在需求满足中是可以被忽略的要素。

第五，逆向质量要素（R）是反向质量要素，一旦提供，容易造成消费者的反感和抱怨，进而导致满意度的下降，因此，在需求满足中是应该竭力避免提供的质量要素。

Noriaki Kano 等学者（1984）基于上述五项质量要素提出了产品质量与消费者满意度的二维模式，亦即 Kano 模型。该模型采用标准化问卷调研的方法,对每项质量要素的"双向"需求设置问题,以了解消费者对每项质量要素在提供与不提供时的需求层次差异,以及对优先满足内容的认知感受和评价。其中,每个"单向"问题的选项都由一组李克特(Likert)选项所构成,研究者可以根据既定状态下受调查者对"正/反"两方面的满意度回答,进而运用 Kano 需求归类矩阵对每项质量要素进行属性分类,并计算出 Better-Worse 系数评估受调查者对产品质量的满意度。

在本书中,笔者将基于魅力质量理论及其 Kano 模型,就来黔留学生对贵州地域文化的学习需求进行需求层次分类,并对其优先满足内容进行排序,呈现出贵州地域文化资源自身的功能因素与来黔留学生满意度之间的非线性关系,从而明确在国际中文教育中需要重点应用的贵州地域文化资源以及采取的应用方式。就 Kano 模型采用标准化问卷调研的方法,笔者将在第五节中进行阐述。

第五节　研究方法

本书主要采用了以下四种研究方法:

一是文献研究法。笔者在确定调查贵州地域文化资源在国际中文教育中的应用这一选题后,需要广泛查阅、搜集、整理前人有关国际中文教育视域下文化研究方面的成果,为研究方案的设计和实施进行准备。

二是田野调查法。为了从实地调查中获取资料,笔者需要深入到贵州大学、贵州财经大学、贵州师范大学、贵州医科大学、铜仁学院等贵州高校,调查掌握国际中文教师在国际中文教育工作中应用贵州地域文化资源的基本情况以及来黔留学生对贵州地域文化的需求情况。具体方式包括召开座谈会、个别访谈、查阅有关统计资料等。

三是跨学科研究法。本书广泛吸收地域文化学、国际中文教育、心理学、传播学、管理学、跨文化交际、人类学等学科的研究方法，并从国际中文教育的角度对涉及本书的各学科的相关方面进行综合考察，分析论述贵州地域文化资源在国际中文教育中的应用问题。

四是问卷调查法。本书共包括两项问卷调查。第一项是国际中文教育中贵州地域文化资源应用现状调查。为此，笔者选择贵州大学、贵州财经大学、贵州师范大学、贵州医科大学、铜仁学院等贵州高校以及贵州高校在海外承办的孔子学院、汉语中心任职的国际中文教师为主要调查对象。除此之外，也选择一些在海外高校从事国际中文教育的贵州籍教师作为调查对象。调查内容主要涉及调查对象对贵州地域文化的认知情况、贵州地域文化资源在中文课程和文化活动中的应用情况，以及贵州地域文化资源应用的必要性和可行性。第二项是围绕来黔留学生对贵州地域文化需求情况组织实施大样本的抽样问卷调查。问卷调查对象为来自贵州大学、贵州师范大学、贵州财经大学、贵州医科大学、铜仁学院等高校的来黔留学生。调查问卷的设计以受调查者个人情况、对贵州地域文化的认知情况、对贵州地域文化学习需求情况等为指标体系。其中，有关来黔留学生对贵州地域文化学习需求情况的调查，笔者采用 Kano 模型调查问卷表中"双向"需求设置问题，每个"单向"问题的选项设置为：喜欢、理应如此、无所谓、勉强接受、不喜欢。具体如表 1 所示：

表 1　　　　Kano 模型调查问卷表中"双向"需求设置问题

(1) 如果提供……安排，你会觉得：				
A. 喜欢	B. 理应如此	C. 无所谓	D. 勉强接受	E. 不喜欢
(2) 如果不提供……安排，你会觉得：				
A. 不喜欢	B. 勉强接受	C. 无所谓	D. 理应如此	E. 喜欢

第六节　研究框架

本书大致由以下六大部分构成：

第一部分：绪论。本部分包括选题的缘由、研究的意义、研究综述、研究所涉及的理论基础、研究方法及研究框架。

第二部分：国际中文教育与贵州地域文化资源。本部分首先界定汉语国际推广与国际中文教育、地域文化与中华文化、贵州地域文化资源的概念及相关性，进而分析国际中文教育与贵州地域文化资源的双向互动关系以及贵州地域文化资源在国际中文教育中的应用价值，以期为后续调查国际中文教育中贵州地域文化资源应当如何选择以及如何在国际中文教育的过程中实现贵州地域文化资源的有效应用做好铺垫。

第三部分：国际中文教育中贵州地域文化资源应用现状调查。本部分以贵州地域文化资源在国际中文教育中的应用情况，以及国际中文教师对贵州地域文化的认知情况、对学校地域文化课程的设置情况、对应用贵州地域文化资源的认识和建议为指标体系，设计出适合调查国际中文教育中贵州地域文化资源应用现状的量表，通过在贵州高校、贵州高校承办的海外孔子学院及汉语中心、海外高校实施问卷调查和访谈，了解国际中文教育中贵州地域文化资源应用的基本状况，明确国际中文教师对国际中文教育中应用贵州地域文化资源持有何种态度、采用何种方式等，为后续调查来黔留学生对贵州地域文化的学习需求奠定实证依据。

第四部分：来黔留学生对贵州地域文化的学习需求调查。本部分以来黔留学生对贵州地域文化的认知情况、贵州地域文化课程的学习需求及相关文化活动的参与需求为指标体系，设计出适合调查来黔留学生对贵州地域文化学习需求的量表和访谈提纲，通过在贵州大学、贵州师范大学、贵州财经大学、贵州医科大学、铜仁学院等高校组织实施抽样问卷调查和随机访谈，了解来黔留学生对贵州地域文化的学习需求状况，并在此基础上，明确国际中文教育过程中应当重点选择应用的贵州地域文化资源以及实现贵州地域文化高效传播的方式。

第五部分：国际中文教育中应用贵州地域文化资源存在的问题及对策。本部分依据贵州地域文化资源的主要构成，针对国际中文教育中国际中文教师应用贵州地域文化资源的现状和来黔留学生对学习贵州地域文化的需求，重点分析国际中文教师和来黔留学生在贵州地域文化的认识情况、贵州地域文化资源的应用内容、贵州地域文化资源的应用方式三个方面所反映出的问题及其原因。并在此基础上，进一步分析在国际中文教育工作中有效发挥贵州地域文化资源优势的对策，从而促进贵州省国际中文教育战略的优化。

第六部分：研究结论。本部分是关于本书内容的全面总结，并指出本书存在的缺点和不足。

第一章

国际中文教育与贵州地域文化资源

第一节 相关概念

一 汉语国际推广与国际中文教育

1950年是我国对外中文教学事业的起点,清华大学为第一批东欧国家来华留学生开设汉语课程。我国著名语言学家、对外中文教学事业的先驱周祖谟先生于1953年在《中国语文》上发表本学科的第一篇论文,为对外中文教学理论建设铺下了第一块基石(刘珣,2000)。1982年4月,为筹备成立全国性对外国人中文教学的学术团体,"对外汉语教学"这个术语得以首次提出并正式启用。随着我国综合国力的提升和国际交往的日增,世界各地出现了汉语热,我国的对外中文教学事业也有了全新的意义,"汉语国际推广"的概念应运而生。

2005年7月,在北京召开了以"世界多元文化架构下的汉语发展"为主题的首届世界汉语大会,"汉语国际推广"这一概念被正式提出,并将其纳入了国家战略发展规划框架。2006年,"国家对外汉语教学领导小组办公室"正式更名为"国家汉语国际推广领导小组办公室",它是汉语国际推广的领导机构,其主要包括十二个部门,分别为:国务院办公厅、教育部、财政部、国务院侨务办公室、外交部、国家发展和改革委员会、商务部、文化部、国家广播电影电视总局、国家新闻出版总署、国务院新闻办公室、国家语言文字工作委员会。鉴于"汉语国际推广"一词在部分国家和地区具有一定的敏感性。教育部等部门《拟请国务院办公厅转发加快汉语国际推广工作的请示》中明确指出：汉语国际教育是一项政治性、政策性极强的工作，尤其是在部分国家和地区，汉语国际推广具有一定的敏感性（董学峰，2016）。为此，在使用"汉语国际推广"这一概念时要注意使用的范围，以避免产生负面影响。

"汉语国际推广"与"对外中文教学""汉语国际教育"等概念都有着本质的区别与不同。"对外中文教学"用来指称在国内对来华留学生进行的中文教学，用"汉语国际教育"指称在国外把汉语作为外语的教学，而"汉语国际推广"则要上升到国家战略的高度（施慧敏，2012）。那么，究竟什么是汉语国际推广？学者们主要从教育学的角度界定了汉语国际推广的实质内涵：

> 汉语国际推广是一个积极地传播汉语的过程，这里指的是向中国本土以外的国家和地区推广汉语或进行汉语的活动或行为（周明朗，2003）。
>
> 汉语国际推广主要着眼于汉语和中华文化在全球的传播，它工作的对象是境内外并且主要是境外的汉语学习者，就推广的内容说是汉语与中华文化并重，推广的方法和形式则多种多样。它是一项以国内外汉语应用需求为先导，以大众媒介（包括传统的课堂）传播为载体，并以汉语能力的提高和中华文化知识的普及为依归的工作（朱小健，2006）。
>
> 汉语国际推广绝不只是推广和传播语言的问题，更重要的应当是以汉语为载体，以教学为媒介，以中华文化为主要内容，把汉语与中华文化一起推向世界（亓华，2007）。
>
> 汉语国际推广是在外国学生掌握了汉语听、说、读、写能力的基础上，进一步强化汉语的深入学习。体现在内容上，则是从过去单一的汉语学习领域扩展到其他不同的学科，涉及中

国的政治、经济、历史、文学、哲学等社会和文化诸多方面的内容（王国安、要英，2008）。

汉语国际推广应该面向学习者当前和未来的、与语言能力相关的需要，即应该面向由于中国经济崛起而在全球范围内出现的、具有市场价值的工作（marketable job）需要（郑定欧，2008）。

"汉语国际推广"是指以世界各地的中文教学和中华文化国际传播为基本内容，以相关教学和文化活动为主要载体，以推动中华文化交流与合作，增进中国与世界各国人民之间的友谊为目标的语言文化国际传播事业（吴应辉，2012）。

汉语国际推广不仅仅是推广一种语言，更重要的是在传授汉语语言知识的同时传播中国文化。作为一项旨在促进"汉语加快走向世界"、提升国家软实力的具有战略意义的语言政策，汉语国际推广的目标在于顺应国际社会对汉语学习的强烈需求，通过普及性的"走出去"教学，让越来越多的外国人接触和学习汉语，进而达到了解中国文化的目的（吴慧、程邦雄，2013）。

汉语国际推广是一个过程，这个过程至少包括四个阶段，分别是吸引潜在的汉语学习者阶段、学习者接触汉语的初步学习阶段、学习者进一步深入学习汉语的阶段和学习者学习效果检验阶段。增强中华文化吸引力对于汉语国际推广的四个阶段均有其不可替代的重要作用（李盛兵、吴坚，2013）。

基于以上学者的观点，可以从四个维度来认识汉语国际推广的实质内涵。其一，汉语国际推广的内容是以中文教学或中华文化为重点，还是中文教学和中华文化都是汉语国际推广的重点，显然，后一种观点在学界占据主导地位，这可见朱小健（2006）、亓华（2007）、吴应辉（2012）、吴慧和程邦雄（2013）、李盛兵和吴坚

(2013)对汉语国际推广概念的界定。其二,汉语国际推广面向的对象是(汉语)学习者,还是世界各国人民、外国人,学者们所持意见各异。朱小健(2006)认为,汉语国际推广面向的对象是境内外且主要是境外的汉语学习者;郑定欧(2008)、李盛兵和吴坚(2013)表示,汉语国际推广面向的对象是(汉语)学习者;而吴应辉(2012)、吴慧和程邦雄(2013)则提出,汉语国际推广面向的对象是世界各国人民、外国人。其三,汉语国际推广的方式主要是课堂教学和文化活动,以上学者对此基本上有所共识。其四,关于汉语国际推广的目的。有学者认为目的在于把汉语与中华文化一起推向世界(亓华,2007);推动中华文化交流与合作、增进中国与世界各国人民之间的友谊(吴应辉,2012);顺应国际社会对汉语学习的强烈需求,通过普及性的"走出去"教学,让越来越多的外国人接触和学习汉语,进而达到了解中国文化的目的(吴慧、程邦雄,2013);也有学者认为目的在于满足国内外汉语应用的需求(朱小健,2006);满足由于中国经济崛起而在全球范围内出现的、具有市场价值的工作需要(郑定欧,2008)。

"国际中文教育"这一术语在正式场合的使用始于2019年国际中文教育大会,其包括中国国内的对外中文教学、国外的中文作为外语或第二语言教学和海外华文教育三大组成部分(吴应辉,2022)。2019年12月9日至10日,国际中文教育大会在湖南省长沙市召开,中共中央政治局委员、时任国务院副总理孙春兰出席会议并发表主旨演讲。[①] 孙春兰指出,随着世界多极化、经济全球化、社会信息化、文化多样化的深入发展,世界各国政治、经贸、人文等交流合作更加广泛。中国在扩大开放中深度融入世界,也为各国发展带来了机遇,到中国商务合作、学习交流、旅游观光的人越来越多。语言是沟通交流的桥梁纽带,各国对学习中文的需求持续旺

---

① http://conference2019.hanban.org/page/#/pcpage/detailpage/newsdetail?id=39.

盛,汉语人才越来越受到欢迎。现在很多国家将中文纳入国民教育体系,在大中小学开设汉语课程,支持企业、社会组织参与中文教育,促进了中外人文交流、文明互鉴和民心相通。孙春兰强调,中国政府把推动国际中文教育作为义不容辞的责任,积极发挥汉语母语国的优势,在师资、教材、课程等方面创造条件,为各国民众学习中文提供支持。中国政府将遵循语言传播的国际惯例,按照相互尊重、友好协商、平等互利的原则,坚持市场化运作,支持中外高校、企业、社会组织开展国际中文教育项目和交流合作,聚焦语言主业,适应本土需求,帮助当地培养中文教育人才,完善国际中文教育标准,发挥汉语水平考试的评价导向作用,构建更加开放、包容、规范的现代国际中文教育体系。

2022年9月,在国务院学位委员会、教育部印发的《研究生教育学科专业目录(2022年)》中,增设"国际中文教育"博士专业学位,标志着国际中文教育本、硕、博贯通培养体系正式建成,也意味着从本科到硕士、博士研究生,再到专业博士学位,国际中文教育专业已有一个较大的变化。截至目前,我国有424所高校开设国际中文教育本科专业,198所高校开展国际中文教育硕士专业人才培养,27所高校试点开展国际中文教育领域专业博士培养(马箭飞,2023)。

从"汉语国际推广"到"国际中文教育",展现了中文的魅力在世界范围内迅速提升。"汉语国际推广"概念的提出,要求汉语国际推广既要注重推广内容、面向对象的准确性,也要注重推广方式、推广目的的得体性。笔者认为,国际中文教育涵盖了汉语国际推广的内涵,并更加凸显从"走出去"到"走进去"的内涵式变化。作为世界各国民众了解中国、学习中文、亲近中华文化的有效途径,国际中文教育不仅需要体现文化和语言的融通、融入和融合,还应从教育政策、教学资源配置、语言策略等方面满足全球中文学习者多样化的学习需求。为此,在本书中,笔者重点考察贵州地域文化资源在国际中文教育中的应用现状及需求情况，进而从贵州地域文化资源在供需中存在的问题出发，提出基于地域文化资源规划国际中文教学资源建设、促进地域文化资源在国际中文教育中有效应用的对策。

二 地域文化与中华文化

地域文化是中华文化的重要组成部分。在国际中文教育中，地域文化是"中国话语"的重要内容，是"中国故事"的重要来源。地域文化有着丰富、复杂的内涵，也有着明确的时空限制。在开展地域文化研究时，有不少研究者（朱汉民，2006；张凤琦，2008；白欲晓，2011）认为，要准确、清晰地把握地域文化的内涵及其范畴，则需要对"地域""文化"有正确的认识和理解，进而才能厘清地域文化的基本概念和范畴。

"地域"是一个具有人文属性的概念。亦即是，"地域"除了具有字面意义上可理解到的自然地理区域之意外，还可以指政治、经济、文化、心理的空间。在人类历史上，"地"被赋予文化的概念，如在古代宗教中"地祇"便与"天神""人鬼"共同构成了信仰和崇拜的基本系统。大地、山川、河流乃至城邑乡村皆有神灵主宰，以致主宰一方的土地神的观念遍布于全境并贯彻于前现代社会的始终（白欲晓，2011）。"域"既具有自然地理的概念，也具有行政区域的概念。《说文解字》曰："或，邦也。从口，从戈以守一。一，地也。"吴大澂《说文解字籀补》曰："或，古国字，从戈守口，象城外有垣。""地域"除了具有人文属性的概念，还隐含了时间性历史内涵。诚如王祥（2004）所言，从地域区划的历史来看，"地域"可能经历过从自然地域、种族地域到政治地域、文化地域和经济地域等阶段。显而易见，"地域"包含自然地理空间和人文历史空间的内涵，相对前者来说，后者是更深层次的内涵。

在我国，"文化"一词起初并未并联使用，"文"是指动物、器皿上各色交错的纹理或纹样，详见于《周易·系辞下》中"物相杂，故曰文"。在此基础上，"文"引申为语言文字符号，而后具体指文物典籍、礼乐制度等。而"化"原指变化多样，随后引申出"改易、生成、造化"等意义。"文"与"化"的组合使用最早见于《周易·贲卦》："刚柔交错，天文也。文明以止，人文也。观乎天文，以察时变；观乎人文，以化成天下。"其中，"人文""化成"可缩写成"文化"二字。在西方，culture 这个词的拉丁语词根是 colere，可以表达"耕种""居住""敬神"和"保护"当中的任何意义，culture 意为"土地耕种"。"'文化'最先表示一种完全物质的过程，然后才比喻性地反过来用于精神生活。"（特瑞·伊格尔顿，2006）由此看来，无论是在我国传统社会还是在西方社会，"文化"主要是指人类的精神性、社会性的活动与成果。许嘉璐（2006）把文化分为三个层级：一是物质文化，即与衣食住行相关的表层文化；二是制度文化，以风俗、礼仪、制度、法律、宗教、艺术等为内涵的中层文化；三是底层文化，代表个体和人群价值观、伦理观、审美观的底层文化。其中，"表层"和"中层"反映着"底层"的内涵，而"底层"则引导并制约着"表层"和"中层"的变化。

虽然"地域文化"因"地域"而成为带有自然地理空间和人文历史空间范围限定的"文化"，但是上述对"文化"概念的界定和范畴的划分，无疑为阐释"地域文化"的基本概念和范畴提供了借鉴。事实上，在国内学者对地域文化的界定中，这些有关地域文化的界定是从自然地理空间、人文历史空间出发，反映出文化是人类精神性、社会性活动与成果的影响。黄涤明（1998）提出地域文化是一门研究人类文化空间组合的地理人文学科，它是以广义的文化领域为研究对象，探讨附加在自然景观上的人类活动形态、文化区域的地理特征、环境与文化的关系、文化传播的路线和走向以及人类的行为系统，包括民俗传统、经济体系、宗教信仰体系、文学艺术、社会组织等。李秀金（2006）指出地域文化是一定区域内人的精神活动的总和，它是由区域地理环境、社会生产方式、区域传统文化等因素综合作用的结果。朱汉民（2006）强调从精英文化与通俗文化的统一来考察和研究地域文化，其中与文献典籍、思想学术相关的是精英文化，而以风俗礼仪、心理习惯为表现形式的则是通俗文化。刘新有等（2007）将地域文化视为某一特定地域的人类群体在长期实践中形成的对其周围自然环境、社会环境、人类自身环境，以及与本地域联系较为密切的地域的适应性体系，是反映人与自然、人与社会以及人与人之间关系的总和。张凤琦（2008）认为，所谓"地域文化"是指在一定空间范围内特定人群的行为模式和思维模式；而不同地域内人们的行为模式和思维模式的不同，便导致了地域文化的差异性。殷晓峰（2011）认为地域文化是指一个特定地域内的特定的文化体系，是生活在这个特定地域内的人们在长期从事的物质生产、精神生产和社会生活过程中所形成的具有浓厚的地域特色的价值观念、思维方式、人文心态、民族艺术、风俗习惯、道德规范等的总和。此外，了解地域文化划分标准也会有助于深化对地域文化的认识和理解。当前，关于地域文化的划分一般有三个标准：一是以地理相对方位为标准划分，如东方文化、西方文化、江南文化、岭南文化、西域文化、关东文化等；二是以地理环境为标准划分，如长江三角洲文化、黄河文化、运河文化、海岛文化、大陆文化、高原文化、草原文化、绿洲文化等；三是以行政区划或古国疆域为标准划分，如齐文化、鲁文化、秦文化、晋文化、楚文化、巴蜀文化、云贵文化等（路柳，2004）。

　　从以上学者对于地域文化概念的界定和范畴的划分，不难发现地域文化至少具有以下四个特征：一是地域性特征。文化的地域差异是极其复杂的，并因其内部的整体性又相互纠结在一起，往往从表面看来相似乃至相同的文化特质或文化形式，却在不同的地方文化中有着迥异的功能（马林诺夫斯基，1987）。正是由于文化的独特性以至于地域文化具有极其鲜明的地域特色，是一个地区的文化形态区别于与其他地区的重要标志。例如，我国西南地区民居建筑以苗族、土家族的吊脚楼独具特色，吊脚楼通常建造在斜坡上，没有地基，仅以柱子支撑建筑。二是可供开发性特征。尽管地域文化是某一特定地域的人类群体在长期实践中创造出的，能代表这个地域的特色文化，但它们并不是一成不变的，而是在内容和形式上可供开发利用、拓展的地域文化资源。例如，某些特定地域的服装样式、歌舞戏剧等融合现代文化元素进行开发利用后，成了能够更加引人入胜的地域文化资源。三是稳定性和传承性特征。尽管地域文化内容丰富、形式多样，但它们具有一定的稳定性和传承性。这是因为它们是在相对稳定的自然地理空间与人文历史空间下，经过一个相当长的历史时期逐步孕育形成的，这就造就了它们在形态上具有较强的稳定性和在历史发展过程中的传承性。四是多样性特征。地域文化的多样性特征是由多方面的因素所决定的。就文化的本质属性而言，中华文化是中华辽阔地域创造的成果；就文化的历史发展而言，中华文化是中华源头文化孕育的结果；就文化的形成过程而言，中华文化是中华民族文化融合的产物；就文化的时代特征而言，中华文化是中华地域文化创新的结晶（刘宇，2009）。这一切也足以说明地域文化多样性是中华文化的基本特征。

诸多研究表明，需要重视和加强对地域文化的研究，积极发掘地域文化所蕴含的中华优秀传统文化内涵，充分发挥地域文化造福人类社会的价值功能。对于怎样在国际中文教育事业中发挥地域文化特色、中华优秀传统文化的重要现实意义需要予以充分的关注。通过上述分析所呈现的地域文化内涵及其地域性、可供开发性、稳定性和传承性及多样性等特征，有理由相信在中华优秀传统文化国际传播的过程中离不开每一个民族、每一个地区地域文化的支撑和融入。具体说来，其一，在国际中文教育中应用地域文化必须立足中华文化，这不仅是因为地域文化是中华文化的重要组成部分，也是因为博大精深的中华文化是树立地域文化勇于"走出去"自信的根基。因此，在国际中文教育中应用地域文化资源，要以中华优秀传统文化为根基，注重增添地域文化的内涵，使地域文化资源能够依托国际中文教育平台实现创造性转化和创新性发展。其二，中华优秀传统文化的国际传播需要与地域文化因子紧密契合，才有更多的可能与地域文化共同加速对象国的国际中文教育进展，更好地弘扬中华优秀传统文化、讲好中国故事。因此，在国际中文教育中应用地域文化资源时，除了要考虑中文学习者的需求外，还需努力发掘并着力打造那些能够与中华优秀传统文化相契合的地域文化资源。既要基于中华优秀传统文化提升地域文化的特色，又要借助地域文化特色彰显中华优秀传统文化的魅力，进而在开展国际中文教育的过程中不断彰显地域文化特色、弘扬中华优秀传统文化。

三　贵州地域文化资源

地域文化是中华文化的构成因子，而中华文化是多种地域文化的集中体现。

贵州有着极其深厚的文化积淀，并形成了独特的地域文化资源，对中华文化多样性做出了积极的贡献。近年来，一些学者开始重视贵州地域文化资源在贵州发展建设中的作用。杨武（2012）在《对打造贵州发展软实力的思考》一文中指出，以贵州地域文化建设为抓手打造贵州发展软实力，不仅有助于推动贵州多民族文化的发展与繁荣，也有助于把贵州建设为文化强省，促进历史跨越。范同寿（2016）认为，贵州人文精神是贵州地域文化的灵魂，如同任何地域人文精神一样，必然经历过历史上的起源、发展与当代的凝聚与整合。贵州各族群众始终坚守自己的优秀文化传统，维护和谐的社会环境，从灵魂深处对社会主义意识形态有着坚定不移的信念。李英勤（2018）以傅玉书对贵州地域文化所进行的传播及产生的影响为例，表示发掘和发展贵州地域文化无疑是继承中华民族优秀文化传统的重要途径，也是推动贵州经济跨越式发展所需的文化积淀及产生内生动力的不竭源泉。显而易见，促进贵州地域文化传播为当前贵州的发展提供了一个良好的思路，由此出发，贵州地域文化的传播也可以为国际中文教育事业贡献出一分力量。在对此做出探讨之前，什么是贵州地域文化资源是值得思考的。

尽管有不少专家学者都在关注贵州地域文化资源的发掘和发展，但从有关贵州地域文化概念及范畴的梳理来看，需要将目光投向被视为各地"文化地图"的《中国地域文化通览（贵州卷）》。这是因为《中国地域文化通览》是由中央文史研究馆组织各地文史研究馆和馆外专家用了6年时间撰写出来的学术著作，共包括34卷，各省、自治区、直辖市以及港、澳、台均有1卷；各卷又分为上编和下编，其中上编纵向地描述了当地文化的发展史，而下编则重点描述了当地文化的特点和亮点；时间跨度从上远古时代到了1911年辛亥革命。《中国地域文化通览（贵州卷）》立足于时间坐标，阐述了贵州文化从旧石器至先秦的"人文初现"、秦代至元代的"千年踽行"、明代的"特质渐显"、清代的"走向成熟"和"近代文明"催生的历史发展进程，再现了贵州文化在各阶段的特点、重大历史事件，并提供了它们的一系列历史地理剖面，总结了其发展的历史规律，可视为一部贵州文化的发展史（许桂灵，2015）。在《中国地域文化通览（贵州卷）》中，贵州地域文化由八类资源所构成，它们分别为：（1）以山地为摇篮的喀斯特生态文化；（2）古老神秘的夜郎文化；（3）五彩缤纷的少数民族文化；（4）五方杂处的移民文化；（5）蜚声学坛的黔中王学；（6）以黎庶昌、郑珍、莫友芝家族为载体的遵义沙滩文化；（7）充满巫风遗韵的傩文化；（8）绚丽多姿的文化遗产。这些构成资源突出地体现了贵州地域文化中多种文化有机融合的特点。由此出发，也不难理解人们对贵州惯有的强烈印象就是"多彩"。贵州地域文化虽五彩斑斓、丰富多彩，但主要呈现出两种可贵的原色：一是类似于道家的多民族文化，丰富而包容，其可贵之处，不仅在于贵州人用自己的艰辛劳苦支撑了生存和发展，更形成了与其他文化多元一体、和谐共处的基础；二是类似于儒家的精英文化，自强而奋进，其可贵之处，不仅展现了贵州人的勇猛精进，更在于有了他们，才把贵州地域文化与中华文化紧紧地融为一体，使贵州人具有了共同国家、共同民族、共同命运的认同感（顾久等，2014）。这"两大原色"与"多彩"共同形成贵州地域文化资源的特色。

在本书中，笔者将采纳《中国地域文化通览（贵州卷）》中有关贵州地域文化的上述界定，并参照贵州地域文化的八类构成资源展开相关的调查研究。这八类贵州地域文化资源的概述如下：

1. 喀斯特生态文化

贵州是中国乃至世界分布面积最大、发育最强烈的喀斯特高原山区，喀斯特地貌面积达13万平方公里，占全省土地总面积（17.6万平方公里）的73.8%；全省95%的县（市）有喀斯特地貌分布，比重之高，全国唯一（熊康宁，2005）。可以说，贵州人生活在典型的喀斯特生态环境中，历代贵州各族人民创造的文化成果都不可避免地带有喀斯特环境的印记。贵州的喀斯特生态文化主要体现在三个方面：一是特色鲜明的聚落文化，如"大杂居、小聚居"是贵州各民族总体的聚落形态；村落为了适应形态各异的喀斯特地貌，往往呈现为洼地村落、溪边村落和半坡村落三种不同的具体形态（屠玉麟，2000）；贵州的许多山寨和民族村落聚集着穴居、吊脚楼和石板房等各具特色的居民建筑。二是形态各异的垦殖文化，包括精耕细作的坝子、梯田，广种薄收的坡耕地和陡峭山丘的放牧地。三是贵州的历史文化、景观生物资源、民族文化与喀斯特环境密切相关，很多都留有与所处喀斯特环境相适应的深深烙印。

2. 夜郎文化

根据汉文献和彝文献的记载，夜郎国的确曾是历史的存在。但令人遗憾的是，汉文献只记述了夜郎国历史文化的一些片段印象。

相比之下，彝文献较为详尽地记录了西南夷的文化事象，这为后续的学者们构建夜郎历史文化提供了重要的参考和借鉴作用。此外，通过考古发掘的夜郎文物主要集中在赫章可乐墓葬及遗址、威宁中水墓葬和普安铜鼓山遗址。然而，由于在贵州这三个地区所发现的考古遗存材料不足，以致其面目始终朦胧不明。随着彝文献的翻译出版，当代一些学者立足彝文献对夜郎国的历史及其文化作出了大胆的构想，描绘出"洪水及兄妹开亲神话是夜郎人的精神文化现象；竹王传说包含着夜郎人竹崇拜的精神文化信仰；而铜鼓文化则是夜郎民族精神文化及其制度文化的象征"（王鸿儒，2007）。然而，无论是史籍记载、考古发现，还是学者们的构想，都难以描绘出一个真实的夜郎国，夜郎国及其文化至今仍是未解之谜。

3. 世居少数民族文化

贵州是我国西南各民族交往的结合处，全省世居民族有汉族、苗族、布依族、侗族、土家族、彝族、仡佬族、水族等18个民族，各族群穿插居住而形成了"又杂居，又聚居""大杂居，小聚居"的分布状况，多元族群、多元民族、多元文化形成了一个和而不同、共生共存的文化统一体。贵州世居少数民族文化体现在四个层面：一是物质文化层面。这主要涉及各少数民族的农业生产类型、独具特色的苗侗林木业、民族聚落与居民建筑、独特的饮食服饰和特色浓郁的传统工艺。二是社会文化层面。首先表现在家庭和家族方面，以黔南白裤瑶的"油锅"（同一口锅里吃饭的人）、青裤瑶的"播冬"（父子）、黔东南苗族的"鼓社"（由具有共同父系血缘的家族组成）和黔西北彝族的"家支"（具有社会结构的血缘组织）最具代表性和特色。其次是各少数民族的婚嫁习俗形式多样。此外，在社会结构上，有的表现为农村公社的初级阶段（如，青裤瑶的"石碑"制）；有的则表现为农村公社的高级阶段，如苗族的"构榔"、侗族的"峒款"、布依族的"议榔"等；有的表现为明显的封建制度，如彝族的"则溪"制度、布依族的

"亭目"制度。三是精神文化层面。原生性宗教与崇拜、独特的习俗事象、丰富的民族民间文学、苗族服饰和侗族大歌、多彩的民族传统艺术、竞技体育及民族医药等都是贵州少数民族文化的重要组成部分。四是文化交流层面。随着文化交流的扩大,贵州各民族之间相互影响而融合的力度也在不断增强,这主要体现在各少数民族节日文化互动融合、贵州从"夷多汉少"成为"汉多夷少"的地方、汉文化传播中的"同位借入"及内化、各民族习俗的相互影响与双向互变。

4. 移民文化

明初大规模的集团性移民,让大批汉族人从江南和中原迁徙入黔。这些迁徙而入的移民在贵州长期居留屯田,建立了很多屯堡。随着岁月的变迁,许多屯堡逐渐消失,但在以贵州安顺为中心的一带地区,仍奇迹般地保留了许多具有明代屯堡特点的村寨,而且世代传承着比较典型的明代汉族移民文化,也就是我们现在所称的屯堡文化。屯堡文化具体表现在:村寨和民居建筑基本上延续了江南建筑风格;屯堡先民形成的语音世代传承;屯堡人有着独特的服饰,主要是女性服饰;混杂的民间信仰。值得一提的是,屯堡人还保留着独有的民间表演艺术,最具特色的当属被视为屯堡文化重要标志的"地戏"。除了屯堡文化以外,在贵州历史上,一些杰出的移民对贵州教育、贵州文学及学术、贵州艺术、贵州史志的形成和发展作出了重大的贡献,他们的文化成果和业绩被视为客籍精英人士文化,也是贵州地域文化的构成部分。

5. 黔中王学

贵州是王阳明悟道、成道的起源之地。明正德三年(1508)三月,王阳明来到龙场(今贵州修文县)。在面对环境艰险、居无定所、生活无着、疾病缠身和官吏迫害的困苦境遇下,他最终悟出"心即理"之道,"格物致知"之旨,这就是后世所称道的"龙场悟道"。此后,王阳明在龙场当地传道讲学,足迹几乎遍及今修文县全境，所留下的很多遗迹和遗址，都成了今天贵州十分重要的阳明文化遗迹。离开龙场后，王阳明来到贵阳讲学，主讲于文明书院，除继续讲授"心即理"思想外，还首倡"知行合一"学说，进一步拓宽了阳明心学的传播范围，并促成了阳明心学体系的形成。王阳明离黔之后，王门的黔籍和外籍弟子、再传弟子在黔中各地积极创办书院，弘扬师说，使阳明心学薪火相传，在贵州形成了持续数年的王学潮流。其中，尤以黔中王门后学代表人物孙应鳌、马廷锡、李渭等人的见解独到、学识精湛，对黔中王学的传播发展贡献颇多。尽管到了17世纪20年代以后，黔中王学迅速衰退，但其在贵州地域文化中的历史地位和社会作用仍然是影响深远的。当前，王阳明的"知行合一"学说对于人们开启主体道德意识的自觉性、塑造理想人格、构建生态文明社会等都有着非常重要的借鉴和参考意义。

6. 沙滩文化

沙滩位于遵义县新舟镇禹门乐安江畔，是一个黎氏聚居的村落。抗战时期，内迁遵义的浙江大学史地研究所编纂的《遵义新志》提出，"沙滩不特为播东名胜，有清中叶曾为一全国知名之文化区"（张其昀，1948），"沙滩文化"这一命题由此出现。然而，"沙滩文化"现象早在清代乾隆、嘉庆之际就已萌芽孕育，随后历时一百余年。这一文化以黎氏家族为主体，郑、莫家族为两翼。诚如《遵义新志》中所述"郑莫黎三家，衡宇相望，流风余韵，沾溉百年"。在方圆不足十里的沙滩村，黎、郑、莫三个家族共建了"沙滩文化区"，三家几代人中涌现了几十位学者、作家和艺术家，著述达一百六十余种，广涉经学、文字学、音韵学、金石学、史学、地理学、农学、医学及文学、艺术等诸多领域。其中，郑珍、莫友芝、黎庶昌是"沙滩文化"的集大成者，在中国文化史、文学史上都占有一席之地。"沙滩文化"不仅是贵州文化史上的一朵奇葩，而且足以代表该时期的贵州地域文化。

7. 傩文化

傩文化是以驱鬼逐疫、除灾呈祥为目的，以巫术活动为中心的古文化形态。在我国黄河、长江、珠江流域以及东北和西北地区，都曾有过傩戏、傩文化，并以不同的方式形态流传至今。随着历史的发展，一些地区的傩戏已逐渐衰落，但贵州却有很多古老的、极具代表性的活形态傩文化较为完整地遗存了下来。贵州傩文化经历了从傩祭、傩舞到傩戏的发展历程。就其渊源而言，普遍认为是受巴楚文化的影响，尤其是黔北、黔东北傩戏所受的影响十分明显。也有一些学者视贵州傩文化为汉民族带来的习俗，是汉移民与衼神地方民俗的混融。在傩文化的形成和发展过程中，始终与道教、佛教、巫术有着极为密切的关系。历经长时间的发展演变，贵州傩文化已积淀了深厚的历史文化内涵，其代表主要有：黔东北少数民族傩戏群、威宁彝族傩舞"撮泰吉"、安顺地戏、布依族傩戏等。虽然傩文化与现代社会格格不入，但它所负载的人文的、历史的、艺术的信息却是极为珍贵的资料。

8. 文化遗产

贵州的文化遗产丰富多彩，主要由四个部分所构成：一是自然文化遗产，如荔波喀斯特地貌、梵净山、雷公山等。这些自然文化遗产保护地得益于人类的自觉保护行为，自然遗产与文化遗产之间交互影响、协调发展，促成了自然文化天人合一的景观，诸如干栏建筑、婚恋设施、防鼠粮仓、七孔石桥、石板墓葬、摩崖石刻、吊脚木楼等。二是物质文化遗产。文物是物质文化遗产的重要载体，而古建筑是不可移动文物的重要构成部分。在贵州，有许多古遗址、古建筑不仅历史悠久，而且种类繁多，包括城墙、屯堡、衙署、佛寺、道观、书院、桥梁、道路等。此外，贵州还有很多少数民族村寨，它们是贵州最具民族特色的古建筑，也是物质文化遗产和非物质文化遗产紧密结合的载体。三是非物质文化遗产。贵州各民族的传统民族节日异常丰富，节日活动、节日服饰、节日习俗等涵盖非物质文化遗产的方方面面。纵观贵州各种类别的非物质文化遗产，即传统音乐、传统舞蹈、传统戏剧、曲艺、杂技与竞技、传统技艺、民间文学、民俗、民间美术、传统医药等，可发现它们从不同层面直接或间接地展现在各民族的传统民族节日中。四是文化名城、名镇、名村，如位于黔东南潕阳河畔的文化名城镇远、曾为省会贵阳粮食通道的青岩古镇、作为明代屯堡典型代表的安顺西秀区的云山屯村、坐落在苗岭主峰雷公山麓的朗德上寨、坐落于毕节大屯彝族乡大屯村的大屯土司庄园等。其中，尤以民族村寨能够"原真性"地反映出一个地方的历史文化特征。毋庸置疑，贵州绚丽多姿的文化遗产，具有独特的历史价值、科学价值和艺术价值，不仅为研究贵州地域文化提供了珍贵的资料，也为丰富中华民族的文化宝库做出了积极的贡献。

第二节 贵州地域文化资源在国际中文教育中的应用价值

随着国际中文教育事业的快速发展，学界对国际中文教育中应用地域文化资源的关注度也在增强。如李春雨和陈婕（2007）在《北京文化与汉语国际推广》一文中提出，代表着中国传统文化精神与现代都市魅力的北京文化，在汉语国际推广中占据着不可取代的独特地位，因此，如何充分挖掘北京文化资源，发挥北京文化在改进汉语国际推广工作中的优势是值得加以认真探讨的重要问题；王悦欣和张彤（2011）强调在国际汉语教育中加强河北地域文化资源的开发与利用，突出河北省教育特色，更好地吸引世界各地的留学生，是一个重要课题；许迎春（2019）认为，安徽地域文化融入汉语国际教育对促进来皖留学生汉语习得、推动留学生跨文化适应和提升安徽文化形象具有重要意义，等等。毋庸置疑，其他省市在国际中文教育中应用地域文化资源为贵州提供了重要启示，具有重要参考意义。从国际中文教育的角度去挖掘贵州地域文化资源丰富的内涵和独特的魅力，将有助于加强贵州的留学生教育工作、促进留学生的汉语习得、缓解跨文化不适、丰富中文教学资源、加强贵州地域文化的传承发展、打造贵州软实力、强化贵州文化自信、促进中外文化交流与合作等。具体表现在以下几个方面：

一 打造"留学贵州"品牌

来华留学事业是我国教育事业的重要组成部分，是我国教育对外开放和对外形象的窗口，是中外友好交往的桥梁，同时也是一种独特的战略资源（魏礼庆，2015）。在全球化背景影响下，我国来华留学教育迎来了高速发展的阶段，来华留学生的数量明显增长。据教育部来华留学数据显示，2018年共有来自196个国家和地区的492185名各类外国留学人员在全国31个省（区、市）的1004所高等院校学习。在孔子学院、"中国—东盟教育交流周"等平台的积极推动下，贵州高校与国外学校及教育机构逐步建立联系，不断拓展国际交流与合作的项目，使得来黔留学生教育取得了较快发展。截至2022年底，海外学习者来黔留学23100余人次。虽说如此，但贵州省的招生宣传、留学生规模、培养质量等与周边省份相比还存在较大的差距。

胡彦如等学者（2016）开展的"贵州省来华留学生教育发展现状调研分析"表明，贵州美丽的风景是吸引受调查者选择留学贵州的最主要因素；贵州方言给受调查者的日常交流沟通带来了极大的困扰；很多受调查者对贵州的了解甚少；多数受调查者非常珍惜在黔的留学生活。此外，该研究显示，在黔留学生教育存在的主要问题包括：留学生教育工作目标不清晰、留学生教育起步较晚、宣传方式不够国际化及精品教学资源匮乏等。可见，如何开辟来黔留学教育的途径、打造"留学贵州"品牌，还有着很大的突破空间。吴秀菊（2016）、张成霞和陈妮婧（2018）、梁吉平和杨艺（2018）

等学者的研究表明，将贵州地域文化资源融入国际中文教育中会有助于提升贵州省留学生教育工作的品牌效应。例如，通过举办"感知贵州系列讲座""贵州特色产业及文化之旅：茶文化——走进湄潭·品味茗香、酒文化——畅游神秘茅台·感受国酒文化、辣椒文化——探究老干妈美誉的秘密、山水文化——观黄果树飞瀑，赏织金洞奇景""'我所了解的贵州'知识竞赛"、"我的贵州故事"演讲比赛、"留学生看贵州征文、摄影比赛"、"我的留学中国梦"作文比赛，参加每年在贵州举办的"中国—东盟教育交流周""贵州酒类博览会""生态文明贵阳国际论坛""贵州兴义国际山地旅游大会""贵州旅游产业发展大会""贵州新农村采风"等活动，在提升留学生汉语水平、增强留学生对留学之乡的亲近感和归属感的同时，提高贵州的国际知名度、美誉度和影响力（张成霞、陈妮婧，2018）。

《留学中国计划》提出，到2020年，在内地高校及中小学就读的外国留学生规模将扩大到50万人次，其中接受高等教育的留学生达到15万人，使我国成为亚洲最大的留学目的地国家。这无疑为贵州的留学生教育带来了机遇和挑战，如何将贵州的留学生教育工作稳步推进，这不仅需要在师资、教材、课程等方面创造条件，也需要发挥贵州的本土优势和特色在国际中文教育中的应用价值。显而易见，依托贵州地域文化资源这一扇窗口，积极推进"留学贵州"的品牌引领战略，可以鼓励贵州各级各类学校加强与国（境）外高校或教育机构的交流合作，使贵州逐步成为海外中文学习者青睐的来华留学目的地，从而推动贵州的留学生教育工作迈上新的台阶。

二 促进来黔留学生的中文学习

以往诸多研究已经明确了这样一个事实：中文作为来华留学生学习的第二甚至第三语言，学习过程中除了受到英语或母语的影响，最重要的还是学习中文的文化背景和使用环境的缺失，这些都阻碍了来华留学生中文学习和使用水平的提高，从而不利于来华留学生适应在华学习的环境，严重时甚至还会导致他们产生文化休克、影响在华的学习生活。例如，胡彦如等学者（2018）的研究表明，留学生在贵州学习中文时遇到的主要障碍就是：在校园内几乎不存在任何交流困难，绝大多数的师生均能使用较为标准的普通话，但走出校园后，贵州当地民众多使用本地方言，给留学生的交流沟通带来较大的困扰，尤其是在购物时，商家多使用贵州话且语速较快，留学生很难理解对方的意思，带来沟通不畅。

毋庸置疑，留学生来到新的环境学习中文，他们固有的思维方式和生活观念难免会与新的环境存在着差异，以至于他们需要一定的时间来适应新的环境、新的生活，而在适应期间的语言障碍、生活不习惯会让他们出现孤独、困惑甚至情感焦虑等问题。如果国际中文教师在教学过程中适当增加地域文化的知识，使留学生理解本民族文化与贵州地域文化的差异，这不仅可以缓解他们的跨文化交际不适，而且还能增加他们的学习中文的兴趣。原因在于，中文学习本身具有一定的难度，课堂教学如果都是语言知识的输入，留学生学起来会觉得索然无味，更无法完成规定的学习任务。如果国际中文教师在课堂教学中有意识地加入贵州地域文化的学习内容，并以生动、有趣的方式应用于课堂教学中，这无疑会增加语言学习的趣味性，也会让学习过程变得轻松愉快，进而提高留学生学习中文的兴趣以及学习中文的成效。

除了在课堂教学中应用贵州地域文化资源外，也应该认识到贵州地域文化进课堂活动对促进来黔留学生中文学习的积极意义。事实上，贵州近年来很重视地域文化进课堂。仅以 2019 年为例，根据《教育部办公厅关于做好 2019 年全国中小学中华优秀文化传承学校遴选工作的通知》要求，贵州省不少学校参与了中华优秀文化传承学校的遴选，其中不乏以贵州地域文化为传承项目来申请的遴选学校，例如贵阳市第十二中学（侗族大歌、苗舞、蜡染）、安顺普定县猴场苗族仡佬族乡中心学校（苗族原生态多声部合唱）、安顺市西秀区旧州中学（屯堡地戏、屯堡山歌、屯堡服饰）、三都水族自治县第二中学（水族马尾绣，苗族跳月芦笙舞）、凯里市湾水小学（苗族武术）、都匀市第八完全小学（苗族抛花绣技艺传承）、黔西南州义龙新区郑屯镇坡岗学校（傩戏《"红色坡岗"—剿匪记》进校园，民间文艺进校园传承基地，红色教育传承教育基地）等。教育部门和文化部门通过学校和社会协作开展多种形式的地域文化活动，不仅可以充实学习者的课堂学习、活动内容，也可以加大贵州地域文化的影响力。由此出发，我们也可以思考将诸如此类的地域文化活动纳入贵州省国际中文教育计划内。

要弘扬、保护与传承贵州地域文化以及在国际中文课堂中强调应用贵州地域文化资源的重要意义，鼓励贵州地域文化工作者加入国际中文教育工作的行列，挖掘贵州地域文化所蕴含的丰富教育资源，将有利于来黔留学生在活动中真切地感受贵州地域文化的魅力，激发他们学习中文和贵州地域文化的动力。如，充分挖掘贵州地域文化中有代表性的节日和活动，再把它们引进课堂，并聘请当地民间艺人给来黔留学生传授贵州民族音乐和舞蹈技艺，开设芦笙吹奏、蜡染、抛花绣等课程；又如，建立贵州地域文化体验馆、贵州地域文化手工艺作坊等，以丰富来黔留学生学习贵州地域文化的渠道，增强他们对贵州地域文化的欣赏感，深化他们对贵州地域文化乃至中华文化的认识和理解，进而切身体会到中文的无限魅力和中华文化的博大精深。

三 推动贵州地域文化的国际传播

贵州拥有丰富的地域文化资源，如何充分挖掘这些蕴含贵州本土智慧的地域文化资源，进而寻找到适合贵州地域文化的可持续发展平台，已成社会各界人士开发利用、研究保护和创新发展贵州地域文化的动力。从已有研究来看，借助"多彩贵州"文化品牌"走出去"的渠道无疑是近些年来学界所公认的寻求贵州地域文化传播的重要平台。"多彩贵州"是贵州省实施文化改革与推动文化产业发展所形成的重要文化品牌，其基础和核心是贵州文化，包括悠久的历史文化、丰富的民族文化、典型的红色文化和独特的生态文化（喻健，2014）。有学者认为，"多彩贵州"民族特色文化是贵州"天人合一、知行合一"人文精神的集中体现，而贵州人文精神带来的文化优势和精神动力，能够充分发挥文化自信的力量，为此，要把"多彩贵州"民族特色文化和贵州人文精神结合起来，深化拓展"多彩贵州"文化品牌，使全国乃至世界都了解贵州独特的文化和特色（李裴，2016）。也有学者认为，应在充分汇聚各种资源和要素的过程中，不断推进"多彩贵州"文化体制机制创新，实现"多彩贵州"文化品牌创造性转化、创新性发展，不断培育新时代贵州精神，不断增强"中华民族一家亲，同心共筑中国梦"的共同体意识（刘吉昌、聂开吉，2018）。还有学者提出，全力加强"多彩贵州"文化品牌同旅游、教育、商务等的有机结合，加强国内和省内资源的有效融合，加强省域间、国内外的文化交流合作，从而推动"多彩贵州"文化精品走出贵州、走出国门、走向世界（彭验雅、刘雍，2018）。从学者们的观点中，我们不难看出"多彩贵州"文化品牌的开发和应用，不仅有助于提升贵州人的文化自信，也有助于培育新时代贵州精神，更有助于贵州地域文化资源的国内外推广。

然而，也有学者表示，"多彩贵州"文化产业品牌在品牌定位、产业链、研发以及人才等方面存在着这样或那样的问题，已导致其发展面临困境，因此，探讨"多彩贵州"文化品牌如何走出困境，实现升级发展，无疑是一个紧迫且极具现实意义的重大课题（李盛龙、薛丽娥，2016）。在这样的背景下，国际中文教育事业可尝试为"多彩贵州"文化产业品牌，更确切地说，为贵州地域文化可持续发展提供另一条有益路子。党的二十大报告明确指出:"我们要以社会主义核心价值观为引领,发展社会主义先进文化,弘扬革命文化,传承中华优秀传统文化,满足人民日益增长的精神文化需求,巩固全党全国各族人民团结奋斗的共同思想基础,不断提升国家文化软实力和中华文化影响力。"(习近平,2022年)国家文化软实力建设必须通过具体路径来实现,这个发展路径不仅包括文化产业、公共文化服务体系的建设,更应该构建起中华优秀传统文化传承体系(黄意武,2018)。在全球"中文热"持续升温的当下,我们要在国际中文教育事业中积极传播中华优秀文化,不断增进我国与世界其他国家的文化交流,从而进一步提升我国文化软实力。地域文化资源的传播也要紧密围绕讲好中国故事、传播好中国声音以弘扬中华优秀文化、提升整体国家文化软实力的根本要求来实现,要去思考如何提供更多具有针对性、创新性的地域文化产品才能更好地适应世界文化的发展潮流,从而使其他国家更好地接受中华文化,让中华文化积极地影响着世界,让中国故事辐射着世界。从此意义上说,国际中文教育事业的发展能够引领贵州地域文化传播和发展的方向。

此外,国际中文教育能够促进贵州地域文化传播平台或展示渠道的建设。比如,2013年孔子学院总部理事座谈会在贵阳举行,时任贵州省委副书记提到,孔子学院总部理事座谈会之所以能在贵阳召开,一个重要的原因在于贵阳有孔学堂。而孔学堂的主要功能是讲学、研究、培训,并传承中华优秀传统文化基因,使之在新的历史条件下发扬光大,为实现"中国梦"服务。通过这次座谈会,孔子学院总部与贵阳市政府签署了战略合作协议。根据协议,贵阳市为孔子学院总部举办国际中文教育相关活动和项目提供服务与支持。在座谈会期间,来自美国、英国、德国、西班牙、澳大利亚、肯尼亚、巴西、智利等国的代表进行了广泛交流与研讨。值得一提的是,自2008年起至2023年,中国—东盟教育交流周已连续16年在贵州成功举办。可以说，中国—东盟教育交流周是推动贵州省对外开放的重要平台，不仅为中国与东盟之间的教育交流搭建了宽广平台，也促进贵州与东盟十国的合作从教育领域，拓展到文化、科技、旅游、金融、卫生、体育等领域行业。截至2022年底，贵州已有48所高校与东盟90余所高校及教育机构签署协议680余份，海外学习者来黔留学达23100余人次，其中东盟国家学习者达16200余人次。贵州地域文化资源不可避免地会对这些留学生的学习和生活起着潜移默化的影响，这也彰显了东盟教育交流周搭建的教育平台为贵州地域文化传播提供了难得的契机。毋庸置疑，国际中文教育事业能够让更多目光投向贵州省，促使贵州在加速经济社会发展的同时，也致力于推动贵州地域文化传播平台和推广渠道的建构，进而为弘扬中华优秀传统文化作出更大的贡献。

国际中文教育在不断推动中文走向世界各国的过程中，也在进一步促进中华文化国际交流活动。在中华文化驶向世界文化高地的过程中，对于地域文化资源及特色的选取也提出了要求。为此，地域文化资源需要得到很好的开发、利用和保护，但最为关键的是，要加以创新才能富有生机和活力。有鉴于此，国际中文教育也会促进贵州地域文化资源的保护、传承和创新发展。

四　提升贵州文化软实力

贵州地域文化精神是形成国家文化软实力的重要来源之一，而提升国家文化软实力是国际中文教育的重要目标之一。为此，加强贵州地域文化传播是国际中文教育工作的内在要求。"2014年3月7日，习近平总书记来到参加十二届全国人大二次会议的贵州代表团，与代表一起审议《政府工作报告》。审议中，习近平总书记说，一个国家综合实力最核心的还是文化软实力，这事关精气神的凝聚，我们要坚定理论自信、道路自信、制度自信，最根本的还要加一个文化自信。……明朝时，王守仁（王阳明）曾经在贵州参学悟道，贵州在这方面还是很有优势，希望在这方面继续深入探索。（引自《贵阳文史》，2015）"习近平总书记以王阳明悟道为例肯定了贵州增强文化自信的优势，这为贵州再次审视、重新挖掘阳明文化、傩文化、世居少数民族文化、移民文化等地域文化优势增强了动力和信心。2015年贵州省委十一届六次全会提出建设"多彩贵州"民族特色文化强省的战略任务。2016年4月15日，贵州省委常委会召开会议，专题研究部署"多彩贵州"民族特色文化强省建设工作，会议强调，"多彩贵州"民族特色文化承载着社会主义核心价值观和贵州人文精神，要加大传统文化的保护和利用力度，全面加强对贵州民族文化、历史文化、民间文化的保护和利用；要加大文化传播的力度，积极推动贵州文化"走出去"，把文化外宣与旅游外宣、经贸外宣等结合起来，提升文化传播的现代化手段，讲好贵州故事，传播贵州好声音。建设文化强省，将为贵州经济社会发展提供坚实文化支撑和精神力量，这是对贵州文化特色的深刻把握，事关贵州全面小康建设大局（李坤，2016）。近年来，在文化强省的路上，贵州不断拓展"多彩贵州"文化产业，努力打造贵阳孔学堂和阳明文化、遵义长征文化、黔南好花红文化、黔东南民族生态文化、黔西南山地文化、毕节市藏羌彝文化产业走廊、六盘水三线文化、安顺屯堡文化、铜仁梵净山佛教文化、贵安新区科技生态文化等文化品牌，不仅展现了贵州人的自强而奋进，更在于把"天人合一、知行合一"的贵州人文精神积极融入国家文化软实力的建设中，进一步强化共同国家、共同民族、共同命运的认同感。汉语文化国际传播是中国走向世界的桥梁和纽带，也是提升国家文化软实力的一项系统工程，必须有高瞻远瞩的战略目标和巧妙得宜的传播策略，必须有布局合理、功能多样、覆盖广泛的全球传播体系（郑通涛，2017）。打造"多彩贵州"民族特色文化强省，需要加大弘扬贵州人文精神的力度，大力倡导"天人合一、知行合一"精神，这样才能更好地引导贵州人积极弘扬贵州地域文化，进而推出更多具有贵州地域特色、贵州文化元素的优秀文化产品。在这样的背景下，如果把贵州地域文化与国际中文教育结合起来，这会让更多优秀的贵州地域文化资源走出村寨、走向世界。而这些文化资源承载的贵州地域文化精神，也包含着中华民族最根本的精神基因，不仅是提升国家文化软实力的内在动力，也是国际中文教育事业不可或缺的重要源泉。

五 培育"知华友华"的文化交流使者

国际中文教育和贵州地域文化资源之间存在着彼此关联、相辅相成的关系。从总体上说，国际中文教育对贵州地域文化能够起到引领传播航向、建构展示平台及促进形式创新等影响。反过来，贵州地域文化资源在国际中文教育中也会发挥着积极的推动作用。这是因为在中国这样一个幅员辽阔、民族众多的国家，地域性是中华文化丰富多彩的重要表现，如果在中华文化传播中加强对地域文化资源的传播，就可以更深入、更全面地做好国际中文教育工作。在前面有关贵州地域文化的论述中，可以知道贵州地域文化虽丰富多彩，但主要呈现出两大原色，一类原色似于道家，遵循自然，守雌不争，乐天知命，平等和谐而又乐观自信，尤其体现在广大少数民族同胞和广大农民群众；另一类原色似于儒家，积极融入中原文化，走出大山，担当天下。让来黔留学生了解贵州地域文化，可以有助于他们进一步熟悉中国国情和文化知识，理解中国社会主流价值观和公共道德观念，促进中外民心相通和文明交流互鉴。

丰富多彩的贵州地域文化资源是构成中华文化多样性的要素，能够在国际中文教育中发挥其独特的作用。贵州地域文化五彩斑斓、丰富多彩，不仅保存了中华文化的多样性，也保持了多层面的良好文化生态，这为中华文化的多样性、和谐包容性增添可贵的色彩。在几千年的社会历史变迁中，贵州地域文化已形成多种文化有机混杂的鲜明特色，大致分为八类资源：一是喀斯特生态文化；

二是夜郎文化；三是世居少数民族文化；四是移民文化；五是黔中王学；六是沙滩文化；七是傩文化；八是文化遗产。这些地域文化资源不仅呈现出丰富多彩的文化特色，也渗透着贵州人的智慧、情感、信仰等，并与贵州教育、科技、旅游、金融、体育等有机融合，推进贵州地域文化的传承发展。贵州地域文化是贵州各民族因地制宜创造的文化成果，与其他地域文化相比，虽有一定的同一性，但也有着不可替代性，是中华文化的重要组成部分之一。

对于国际中文教育事业而言，重要的使命是在全球范围内广泛传播中文和中华优秀文化，提升中华语言文化的国际地位和影响力，发展人类多元文化，共同构建和谐世界。如果要在国际中文教育工作中，拓展中华优秀文化的弘扬传播，就需要挖掘地域文化中的精英文化，打造和创新地域文化的表现形式，把其同国际中文教育工作的需要结合起来。以极具贵州地域文化特色的喀斯特生态文化为例：贵州境内山脉众多，是典型的高原山区，而喀斯特地貌又构成了高原上典型的自然景观，汇聚了峰林、峰丛、石沟、凹地、高原湖泊、瀑布、峡谷、地缝、天坑、高山草原等丰富的山地资源，为发展山地旅游提供了得天独厚的条件。自2015年以来，国际山地旅游暨户外运动大会每年都在贵州省黔西南布依族苗族自治州举行。例如，在首届国际山地旅游暨户外运动大会期间，来自世界旅游组织（WTO）、亚太旅游协会（PATA）等国际旅游机构，美国、英国、法国、瑞士、西班牙、德国、日本、韩国、泰国、尼泊尔等39个国家和地区的147位国际知名专家学者，国家有关部委，境内外旅游管理机构、旅游企业、航空公司、金融及投资机构、主流媒体等的1000余名嘉宾齐聚黔西南，探索山地旅游发展模式，讲述山地旅游故事，推动中国乃至世界山地旅游发展。如果组织来黔留学生参加"感知贵州"的山地旅游活动，在出发前就向他们介绍考察线路及基本的文化背景知识，并让他们结合个人情况在活动前提交考察计划、在活动结束后提交一份汇报自己学习成果和感受的考察报告。通过这样的形式，不仅可以让来黔留学生借助旅行真正深入地学习和了解贵州风土人情、地域文化，也可以促使他们将普通的"旅行见闻"转变为"思考学习"，从而真正"感知贵州""认识贵州"和"融入贵州"。

此外，为使贵州省国际中文教育"特色化"，贵州高校可以通过课堂教学和实践体验，力求让来黔留学生们至少掌握一项贵州地域文化特色技艺，并在日后把它带回自己的国家、传承到世界各地。可考虑的主题实践体验活动有：非遗苗绣项目传承人传授"苗绣"，让留学生结合中外文化特色绣出心仪图案，并把优秀作品装裱在教学区走廊展示；外请教师教习"侗族大歌"，让留学生了解"侗族大歌"基本唱法和演唱技巧；外请教师教授民族舞蹈，让留学生们学会跳芦笙舞、苗舞等；还可让留学生们在参与活动中学会做酸汤鱼、丝娃娃等贵州美食。可以说，通过学习、实地体验和动手实践等形式，让来黔留学生深入了解贵州地域文化，感受贵州地域文化的魅力，不仅可以增加来黔留学的吸引力，推进中外文化交融，也可以培养知华友华爱华亲华的世界青年，对于促进世界文明交流互鉴、构建人类命运共同体具有重要的意义。

第 二 章

国际中文教育中贵州地域文化资源应用现状调查

第一节 调查方案设计

一 调查对象的选择

在确定调查对象之前，需要明确调查点。调查点的选择原则首先要有典型性和代表性，即能反映贵州地域文化资源在国际中文教育工作中的普遍共性；其次是要有层次性和特色性，是指能反映出贵州地域文化资源在国际中文教育中应用的不同层次的差异性。具体来说，本书所确定的选点原则包括：一是具有招收留学生资格的贵州高校；二是贵州高校与国外高校及办学机构共建的孔子学院、汉语中心；三是具有对外中文教学或培养国际中文教育硕士的教育教学机构。根据上述选点原则，笔者选定了以下9个调查点：（1）贵州大学；（2）贵州财经大学；（3）贵州师范大学；（4）贵州医科大学；（5）铜仁学院；（6）美国普莱斯比大学孔子学院（与贵州大学共建）；（7）冈比亚大学孔子学院（与贵州大学共建）；（8）厄立特里亚高等教育委员会（与贵州财经大学共建）；（9）俄罗斯楚瓦什国立师范大学汉语中心（与贵州师范大学共建）。需要说明的是，前5个调查点都是贵州省获得招收留学生资格的高校，且这些高校都有专门负责外国留学生招生及管理和国际中文教学的教育教学机构（贵州大学国际教育学院、贵州财经大学国际学院、贵州师范大学国际教育学院、贵州医科大学海外教育学院和铜仁学院国际学院），其中，贵州大学、贵州财经大学、贵州师范大学和贵州医科大学都有国际中文教育硕士授权点。

从前期调查的情况来看，上述高校、孔子学院及汉语中心从事国际中文教育的教师，对贵州地域文化的认识及在国际中文教育中应用贵州地域文化资源的情况存在着较大差异。例如，有的教师虽然非常熟悉贵州地域文化，但他们在国际中文教育中却很少应用贵州地域文化资源；有的教师尽管对贵州地域文化不是很熟悉，但希望在国际中文教育中应用贵州地域文化资源等。此外，笔者还注意到，"贵州"对不少海外中文学习者而言是陌生的。从未到过贵州的海外中文学习者与在贵州待过一年的学习者对贵州的印象和了解贵州地域文化的差异性可能是很大的。这些对贵州地域文化的认识的不平衡性以及国际中文教师应用贵州地域文化资源的差异性等都为开展本研究提供了现实性和可能性。

鉴于本章所涉及的是贵州地域文化资源在国际中文教育中的应用现状调查，加之前期调查所反映出的相关状况，因此，在问卷调查和访谈的过程中，笔者将调查对象、访谈对象的选择主要聚焦在贵州高校、贵州高校与海外高校共建的孔子学院或汉语中心。

二 调查方法

本研究以抽样式调查和观察法为基本调查方法，对贵州地域文化资源在国际中文教育中的应用现状进行深入系统的调查。

1. 抽样式调查

在贵州大学、贵州财经大学、贵州师范大学、贵州医科大学、铜仁学院这五所贵州高校及其共建的孔子学院（美国普莱斯比大学孔子学院、冈比亚大学孔子学院、厄立特里亚高等教育委员会孔子学院）、汉语中心（俄罗斯楚瓦什国立师范大学汉语中心）各选取

3—5名国际中文教师，并在部分海外高校选择3—5位国际中文教师，最终获得的这30—50名教师的问卷即为问卷调查样本。此外，从这5所贵州高校随机抽取1名教师，也从这3所孔子学院和1个汉语中心随机抽取1名教师，还从海外高校随机抽取1名教师作为深度访谈样本。

2. 观察法

深入贵州高校，在国际中文教师、从事国际中文教育的工作人员以及来黔留学生中开展访谈调研。此外，还要观察高校开展中文教学及中华文化国际交流活动的情况，以及来黔留学生的学习、生活情况。通过高校开展的文化活动以及来黔留学生的语言使用情况，可以帮助笔者有效了解贵州地域文化资源在国际中文教育中的应用情况。

三　问卷设计

问卷是本研究采用的基本调查工具。通过发放问卷采集在贵州大学、贵州财经大学、贵州师范大学、贵州医科大学、铜仁学院这五所贵州高校及其共建孔子学院、汉语中心任职的国际中文教师以及在海外高校任教的中文教师的问卷数据，可以有助于调查贵州地域文化资源在国际中文教育中的应用现状。笔者所设计的调查问卷共包含四个部分（详见附录一）：（一）个人情况；（二）贵州地域文化的认知情况；（三）贵州地域文化资源在中文课程和文化活动中的应用情况；（四）贵州地域文化资源应用的必要性和可行性。每个部分所涉及的具体内容如下：

第一部分关于被调查者的个人情况，包括性别、文化程度、从事国际中文教育工作的时间，除此以外，还包括被调查者在贵州生活的时长，以及他们从事国际中文教育工作的地点。

第二部分关于被调查者对贵州地域文化的认知情况，涵盖被调查者对贵州地域文化资源构成的认识，对贵州地域文化生存状况的认知程度，对贵州地域文化的认识渠道和传承方式的了解情况。

第三部分是贵州地域文化资源在中文课程和中华文化活动中的应用情况。这部分主要从贵州地域文化课程设置、贵州地域文化活动开展和其他形式角度来调查目前学校与教师对贵州地域文化资源的重视程度，以及讲授经历和应用效果等。

第四部分关于在国际中文教育中应用贵州地域文化资源的必要性和可行性，主要了解被调查者持有的态度、应用目的、应用中存在的困难、应用可行性、应用主体、应用中需注意的地方、应用意义等。

调查问卷中的问题设计主要采用封闭和半封闭结构，有的问题允许被调查者进行多项选择，有的问题如果所涉选项中没有符合被调查者认可的情况，则可以根据个人情况进行文字上的补充说明。

四 访谈问题

为了深入了解受调查者如何认识在国际中文教育中应用贵州地域文化资源的问题，以及对此有何建议和看法。笔者设计了四个访谈问题：

（1）在您看来，贵州地域文化是指什么？包括哪些主要资源？

（2）您在汉语教学活动（中华文化国际交流活动）中有没有讲授（应用）贵州地域文化（资源）的经历？如有，其效果是怎样的？如没有，是什么原因引起的？

（3）您认为在汉语国际推广中应用贵州地域文化资源面临的机遇和挑战分别是什么？[1]

---

[1] 由于本研究收集数据的时段是在"2019年国际中文教育大会"召开之前，因此，问卷及访谈中采用的表述是"汉语教学"而不是"中文教学"；"汉语国际推广"而不是"国际中文教育"。

（4）您对在汉语国际推广中应用贵州地域文化资源，还持有怎样的建议和看法？

第二节　问卷调查结果的分析和讨论

问卷发放时间为 2019 年 9 月至 10 月期间，主要是问卷星作为发放渠道。被调查对象通过手机或电脑在问卷星上完成对问卷的回答。调查完成后获得的有效问卷为 49 份。从问卷星上导出的统计数据将分别在以下几个部分进行描述，并在此基础上进一步分析和讨论。

一　个人情况

本研究从 5 所贵州高校（贵州大学、贵州财经大学、贵州师范大学、贵州医科大学、铜仁学院）共抽取 36 名国际中文教师为调查对象，从曾经或目前在 3 所孔子学院（美国普莱斯比大学孔子学院、冈比亚大学孔子学院、厄立特里亚高等教育委员会孔子学院）及 1 个汉语中心（俄罗斯楚瓦什国立师范大学汉语中心）共抽取 9 名国际中文教师（含中文教师志愿者）为调查对象。此外，调查对象也包括 4 名曾经或目前在海外从事国际中文教育工作，但未在前面提及的孔子学院或汉语中心工作的贵州籍教师，最终获得 49 名教师的问卷为调查样本。调查样本分布在 8 个地理位置内（见图 2—1），其中涉及贵州 39 份样本，占总数的 79.59%；国外 3 份样本，占总数的 6.12%；四川 2 份样本，占总数的 4.08%；以及浙江、重庆、湖南、北京和福建各 1 份样本，各占总数的 2.04%。其中 3 份国外样本来自目前正在海外高校任教的中文教师，贵州的 39 份样本均由贵州这 5 所高校的教师（部分教师曾在海外孔子学院、汉语中心及海外高校工作过）提供，而其他的 7 份问卷则主要由目前在省外高校攻读博士、硕士学位，以及曾在所调查孔子学院或汉语中心担任中文教师志愿者而后到省外工作的教师所提供。

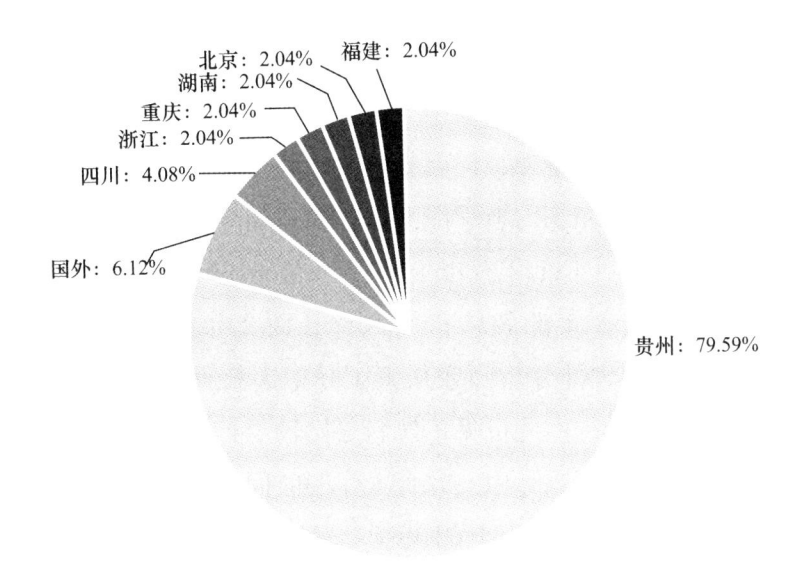

北京：2.04%
福建：2.04%
湖南：2.04%
重庆：2.04%
浙江：2.04%
四川：4.08%
国外：6.12%
贵州：79.59%

图2—1　问卷调查样本分布

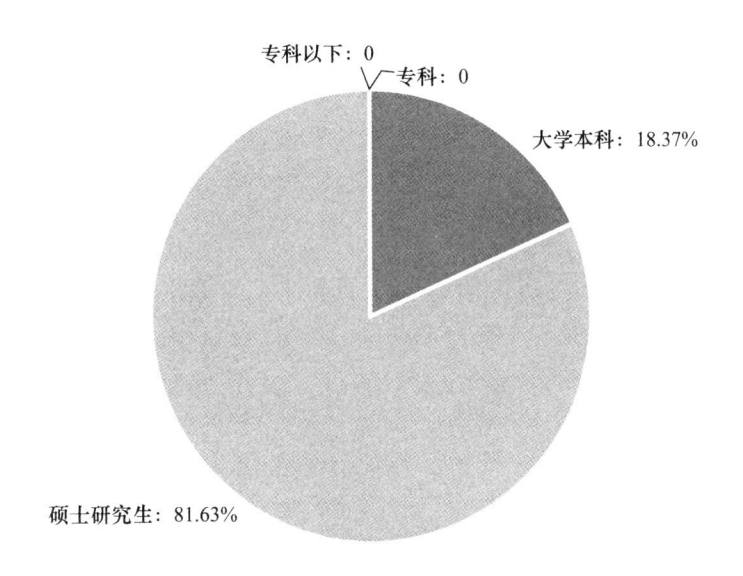

专科以下：0
专科：0
大学本科：18.37%
硕士研究生：81.63%

图2—2　文化程度

根据问卷所提供的基本信息（见图2—2），获悉男教师为4人，占总人数的8.16%；女教师为45人，占总人数的91.84%；均为大学本科及以上文化程度，其中本科文化程度占18.37%，硕士研究生文化程度占81.63%。这些数据从一定侧面反映出，目前在贵州从事国际中文教育的教师中，男教师数量低于女教师，男女教师性别比例存在失衡现象，但就教师文化程度而言，普遍偏高，这也表明教师在专业知识与教学能力等方面基础应该较好。

在贵州生活时间11年及以上的教师占69.39%，6—10年的教师占6.12%，3—5年的教师占8.16%，而2年及以下的教师占16.33%。这表明大部分教师在从事国际中文教育工作之前基本上都在贵州地区生活，由此可见，他们是比较了解或熟悉贵州地域文化的。然而，就从事国际中文教育工作的时间（见图2—3）而言，他们当中工作达11年及以上的仅有4人，占总人数的8.16%；工作在6—10年的有5人，占总人数的10.20%；工作在3—5年的有9人，占总人数的18.37%；2年及以下的人数则占到63.27%，同样，这些调查对象中在高校从事国际中文教育的占到63.27%，在

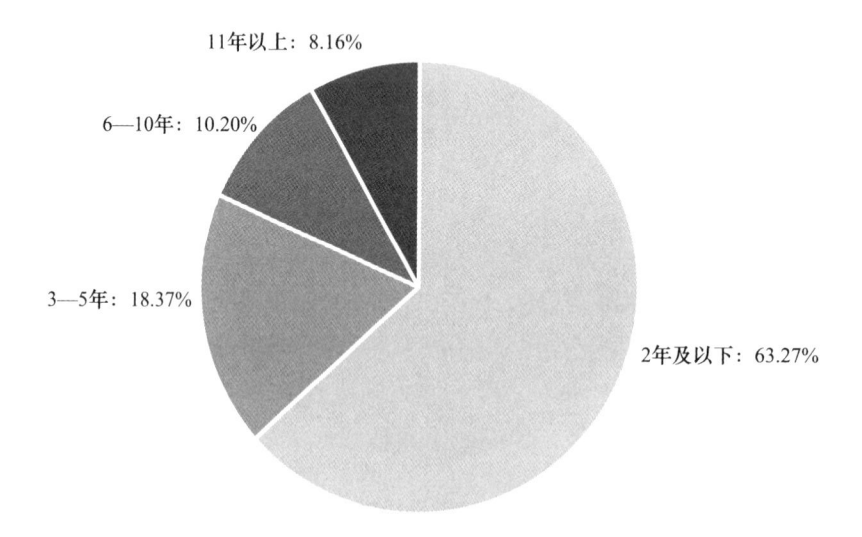

图2—3 从事国际中文教育工作的时间

孔子学院（课堂）、汉语中心分别占总人数的8.16%和6.12%，还有22.45%的教师选择了在其他地点，通过选项详情可以看到这部分教师主要涉及在海外从事国际中文教育的贵州籍教师。有鉴于此，就从事国际中文教育工作的时间来说，调查中的不少教师的工作经历和阅历还处于薄弱的发展状况，从事国际中文教育事业的工作经验还不丰富。

二 国际中文教师对贵州地域文化的认知状况

贵州地域文化认知情况部分，要求问卷回答者对贵州地域文化资源的构成进行排序（见图2—4）。将世居少数民族文化排列在首位的共有44人，占总人数的89.80%；其次为喀斯特生态文化，共有42人，占总人数的85.71%；排列在第三位的是文化遗产，共有37人，占总人数的75.51%。紧随其后的是夜郎文化，占总人数的67.35%。排在后四位的依次为傩文化、黔中王学、移民文化和沙滩文化，分别占总人数的42.86%、36.73%、20.41%和18.37%。

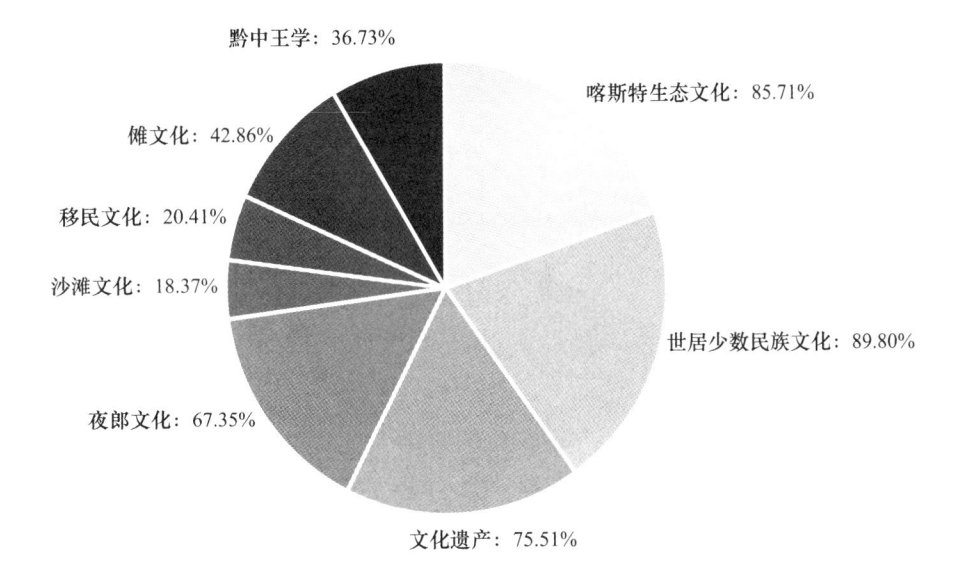

图2—4 对贵州地域文化资源构成的认识

以上统计数据表明，教师们的选择似乎多从个人的生活经验或者社会体验的感性出发，进而对贵州地域文化资源重要性的判断，可能稍微偏重于考虑各类资源在目前所受到的重视程度的不同。选择排序中，傩文化、黔中王学、移民文化和沙滩文化排在后四位，世居少数民族文化、喀斯特生态文化和文化遗产排在前三位。教师们之所以有这样的选择，这在一定程度说明这一事实：贵州地域文化资源需是距离人们生活现实较近的资源，同时它们也应是能引起人们产生强烈重视和保护意识的资源。

因此，对当前贵州地域文化资源的生存状况这个问题的调查，所得到的回答有所不同（见图2—5）。认为"流失严重，有些甚至面临濒危"的达17人，占34.69%；认为"和以前相比，没多大变化"的达16人，占32.65%；也有占28.57%的14人认为"已得到很好地传承和保护"；另外还有占4.08%的2人表示不了解当前贵州地域文化资源的生存状况。

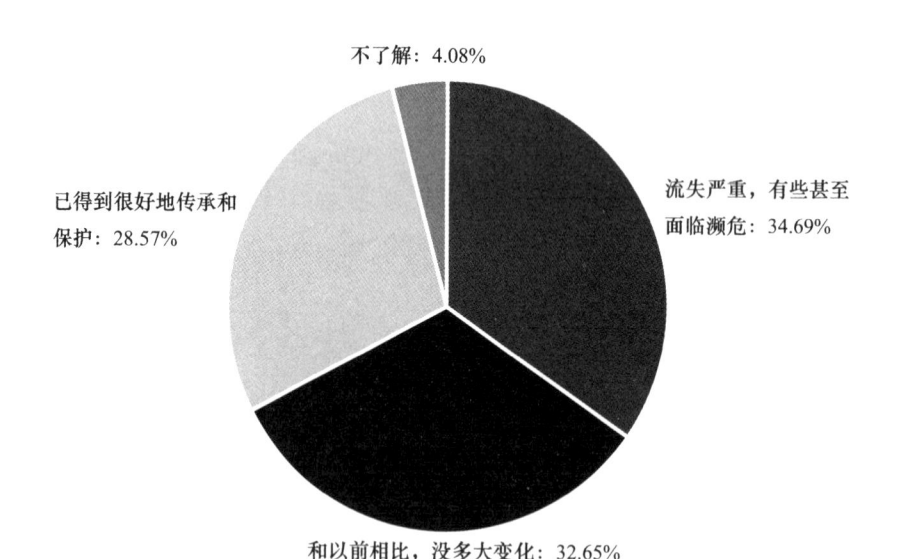

图2—5 贵州地域文化资源生存状况的认识

大多数教师认为，贵州地域文化资源生存状况和以前相比是有所变化的。结果表明，超过三分之一的人认为，贵州地域文化资源流失严重，有些甚至面临濒危。同时，也有略超过三分之一的人认为，贵州地域文化资源已得到很好地传承和保护。这在一定程度说明，部分贵州地域文化资源生存状况良好，而有些则出现了不佳的变化。另外，也有两人表示，对贵州地域文化资源的生存状况不了解；甚至有近三分之一人表示，和以前相比，没有多大变化。表示"不了解""没多大变化"者说明受调查者难以确定贵州地域文化资源的生存状况，因为这是一个凭直觉回答的问题，受调查教师对此不能做出明确判断也属正常。

针对学习者可以通过哪些渠道了解贵州地域文化这一问题，调查问卷提供了"图书资料""网络媒体""实地旅游""社会实践活动"四项选择（见图2—6）。91.84%的教师共45人倾向于"实地旅游"形式，占87.76%的43名教师倾向于"网络媒体"形式，83.67%的教师共41人选择了"图书资料"形式，另有79.59%的教师共39人选择了"社会实践活动"形式。此外，在补充其他渠道形式的开放性问题的回答中，有10.20%的教师共5人提出了课程学习应作为学习者了解贵州地域文化的必要渠道。

对了解贵州地域文化的多种渠道选择结果表明，教师普遍愿意以实地旅游和网络媒体形式让学习者了解贵州地域文化，这表明他们可能更倾向于通过让学习者在欣赏贵州地域文化的同时去感受其独特魅力，其原因也有可能是贵州"高铁时代"的全面到来给实地旅游提供了诸多便利。同样，随着近年贵州大数据的发展，网络媒体可以为展示贵州地域文化提供更好的网络实践平台。相比之下，通过图书资料和社会实践活动让学习者了解贵州地域文化的效果可能要稍弱一些。从了解贵州地域文化的程度考虑，无论是感受还是观摩，均不能靠书面文字材料形式，尤其是对少数民族文化的了解必须通过互动和交际活动。另外，极少教师提出的课程学习的补充

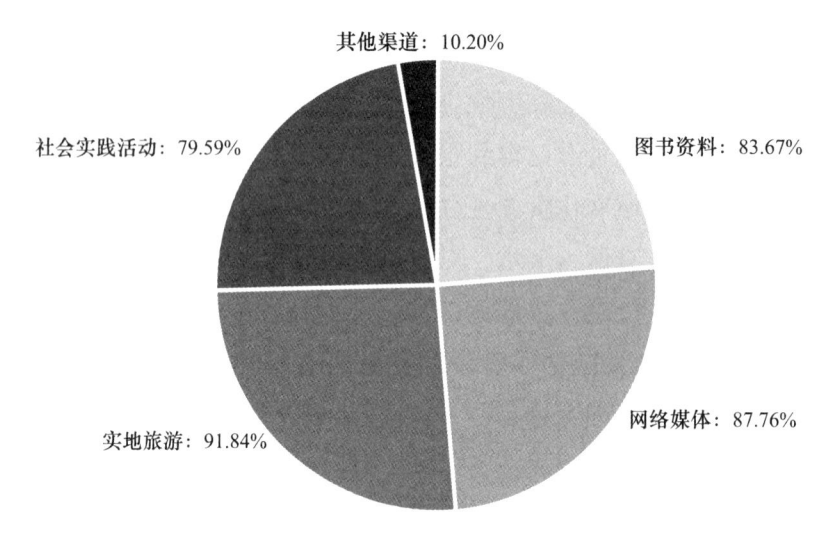

图中文字：
- 其他渠道：10.20%
- 社会实践活动：79.59%
- 图书资料：83.67%
- 实地旅游：91.84%
- 网络媒体：87.76%

图2—6　了解贵州地域文化的渠道

形式也是了解贵州地域文化的一条有效途径。

以上统计数据表明，教师对贵州地域文化的传承方式倾向于贵州地域文化的社会功能和个人需求，这种需求与近些年来中国国际地位日益提升以及国际中文教育的纵深发展是密不可分的，首先，在各地区的国际中文教育中，让学习者了解地域文化是日常生活的基本需求；其次，这些学习者如果要在当地更方便地生活，了解当地的地域文化应该是一种有利条件，使他们生活学习更有优势。此外，超过二分之一的教师认为贵州地域文化的传承方式是通过民间艺人言传身教，持有这种认识的教师达33人，比例达到67.35%；认为成立一些文化传承组织的选择者多达36人，占总人数的73.47%（见图2—7）。这在一定程度上体现出教师对贵州地域文化的传承已提升到"共识"的高度，持一种乐于通过个人的工作与传承人的辅助结合来传承贵州地域文化的开放态度。传承贵州地域文化并不完全由于文化的功利性功能，这也是基于贵州地域文化资源开展国际中文教育工作的潜在动力。

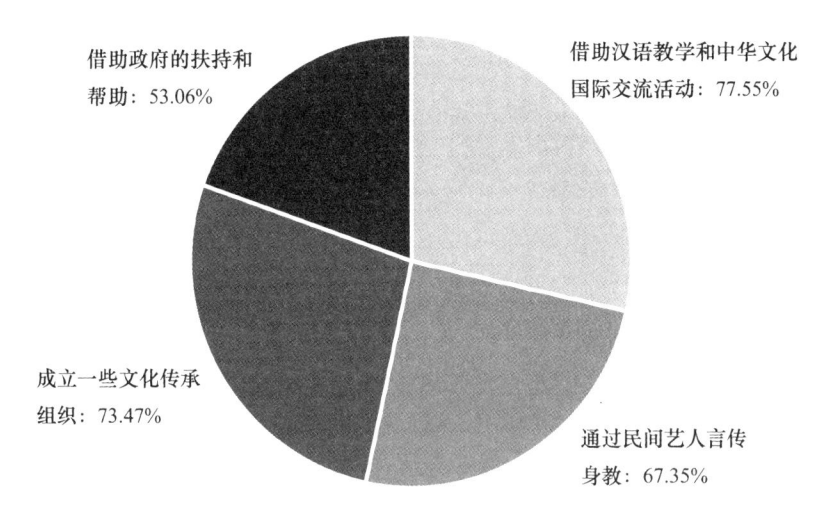

图 2—7　传承贵州地域文化的方式

三　贵州地域文化资源在中文教学中的应用情况

在问卷中，我们通过受调查者学校有没有基于贵州地域文化开发中文课程资源来了解目前学校对贵州地域文化课程的重视程度。调查结果表明，受调查者中表示"有"的教师共 17 人，占 34.69%；表示"没有"的有 14 人，占 28.57%；表示"不清楚"的达 18 人，占 36.73%。

图 2—8 展示的结果表明，接近三分之一受调查者的选择意味着，目前学校对基于贵州地域文化开发中文课程资源不够重视，另有占 36.73% 的 18 人表示自己对此"不清楚"，这预示着不够重视的程度还会上升。当然被调查者所在高校级别和情况各不相同，教师对此的认识也有所不同，因此，需要从学校课程设置的角度进行审视。随后的一个问题就涉及受调查教师在中文教学中讲授贵州地域文化的情况。以下调查结果呈现了这部分教师对此问题的反馈。

针对教师在中文教学中讲授贵州地域文化效果进行的调查结果表明，教师们分别提供了"效果很好""效果一般"和"效果不好"的选项。根据占总人数 22.45% 的 11 人提供的情况表明，他们在中文教学中讲授贵州地域文化的效果很好；占总人数 42.86% 的 21 人在中文教学

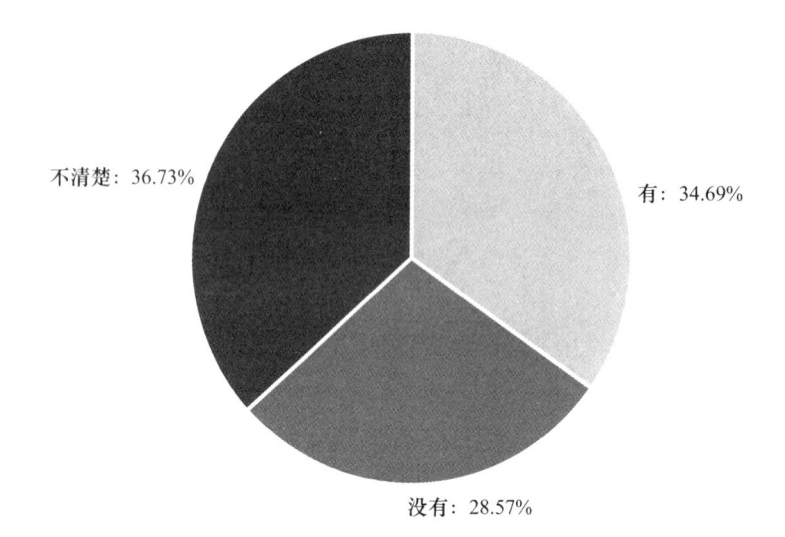

不清楚：36.73%
有：34.69%
没有：28.57%

图 2—8　基于贵州地域文化开发中文课程资源的状况

中讲授贵州地域文化的效果一般，另有仅 4.08% 的教师共 2 人在中文教学中讲授贵州地域文化的效果不好。还有占总人数 30.61% 的 15 名教师表示自己没有在中文教学中讲授贵州地域文化（见图 2—9）。讲授效果是个体的主观感受，很难以统一标准进行测量，受调查教师各有自身的衡量标准，加之对自己在中文教学中的要求也各有不同。

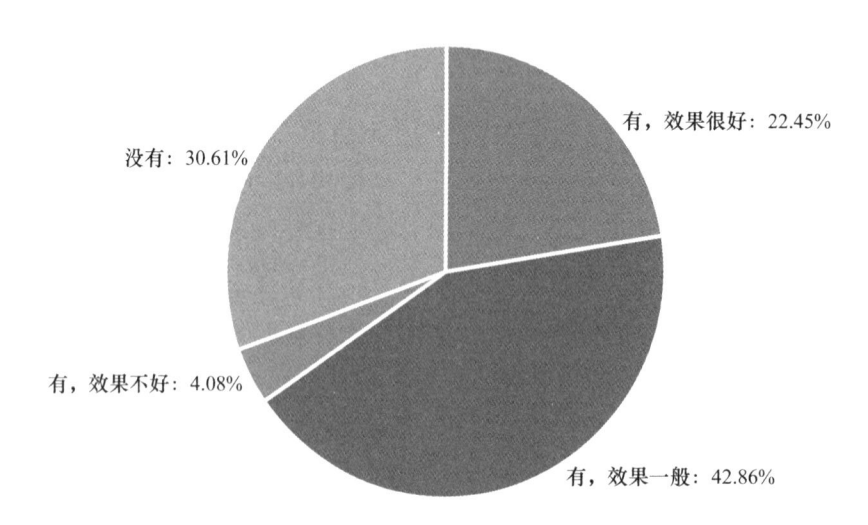

没有：30.61%
有，效果很好：22.45%
有，效果不好：4.08%
有，效果一般：42.86%

图 2—9　教师在中文教学中讲授贵州地域文化的状况

然而，以上调查结果可以表明，有些教师并没有在一定范围内为学生了解贵州地域文化提供语言课程方面的尝试。此外，根据上文提供的调查结果，部分教师及其所在学校对基于贵州地域文化开发中文课程资源还未给予应有的重视，并未有计划地提供相关语言课程教学。另外，目前所提供的语言课程在质量和效果上还有待于提高和改进，才能利于和促进来黔留学生对贵州地域文化的认识。由此，本研究继续调研以什么途径收集贵州地域文化课程资源以及哪些贵州地域文化资源应突出应用到国际中文教学资源的建设中。

针对收集贵州地域文化课程资源的途径这一问题，调查问卷提供了"田野调查""书籍资料""网络资源""培训课程"这四项选择。87.76%的教师共43人倾向于"网络资源"形式，占83.67%的41名教师倾向于"书籍资料"形式，79.59%的教师共39人选择了"田野调查"形式，另有51.02%的教师共25人选择了"培训课程"形式。此外，在补充其他收集途径的开放性问题的回答中，占8.16%的4名教师提出了需要其他途径，但具体是什么途径，却没有列出详细的情况。

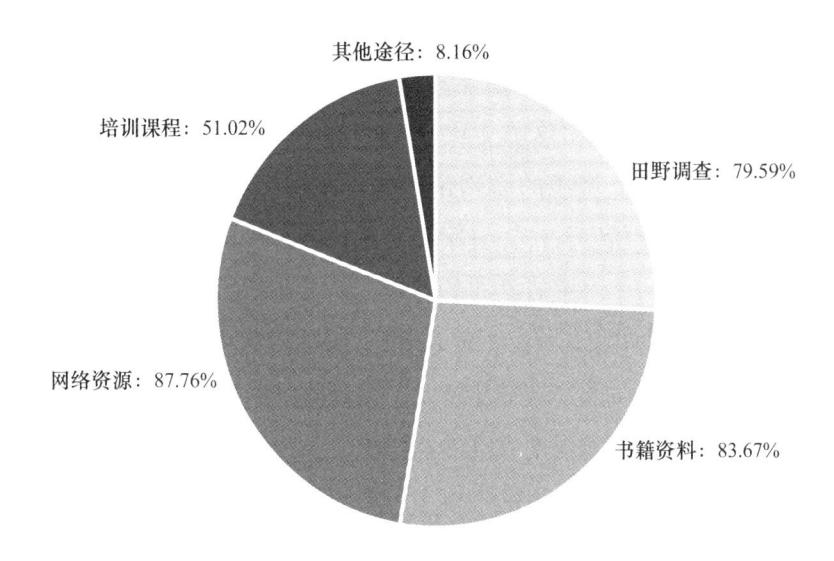

图2—10 收集贵州地域文化课程资源的途径

对贵州地域文化课程资源收集途径的选择结果表明，教师普遍愿意以网络资源形式和书籍资料形式收集贵州地域文化课程资源，这表明他们可能更适应课程形式的贵州地域文化认识，其原因可能是信息技术、图书资源可以为贵州地域文化教材开发和设计提供更好的技术和素材支撑。此外，教师也比较满意田野调查形式可为他们提供更多面对面的语言交流互动和个别指导的机会，这会更有助于收集贵州地域文化课程资源。相比之下，通过培训课程形式收集贵州地域文化课程资源的效果可能不够好。从地域文化学习的角度考虑，无论哪类贵州地域文化资源的认识，均不能只靠书面文字材料形式，尤其贵州地域文化的体验必须通过语境中的互动和地域文化活动。

针对哪些贵州地域文化资源应突出应用到国际中文教学资源建设这一问题，实际上是在调查不同贵州地域文化资源在应用中的排序问题。认同世居少数民族文化排序第一的共有44人，占总人数的89.80%；认为文化遗产排序第二的共有40人，占总人数的81.63%；认为喀斯特生态文化排序第三的共有34人，占总人数的69.39%；认为夜郎文化排序第四的共有26人，占总人数的53.06%；认为傩文化排序第五的共有22人，占总人数的44.90%；认同人数在20人以下，且排序在最后三位的地域文化资源依次为黔中王学、沙滩文化和移民文化（见图2—11）。

从贵州地域文化资源的应用价值排序来看，为数众多的教师认为世居少数民族文化居于首位，其次是文化遗产，喀斯特生态文化列为第三，这与贵州是一个多民族共居的省份，拥有典型的喀斯特地貌密不可分。而紧随其后的夜郎文化和傩文化，就应用重要性以及知晓人数而言，虽与排序前三位的地域文化资源不具有同等的地位，然而，从贵州地域文化资源的地位和应用人群的情感出发，受调查教师将它们列在前五名以内，这说明他们首肯这一事实：贵州地域文化资源的应用价值是贵州省的政治、经济、科学技术和文化教育发展的现实所决定的，同时他们也具有重视和保护贵州地域文化资源的强烈意识。而排序后三位的

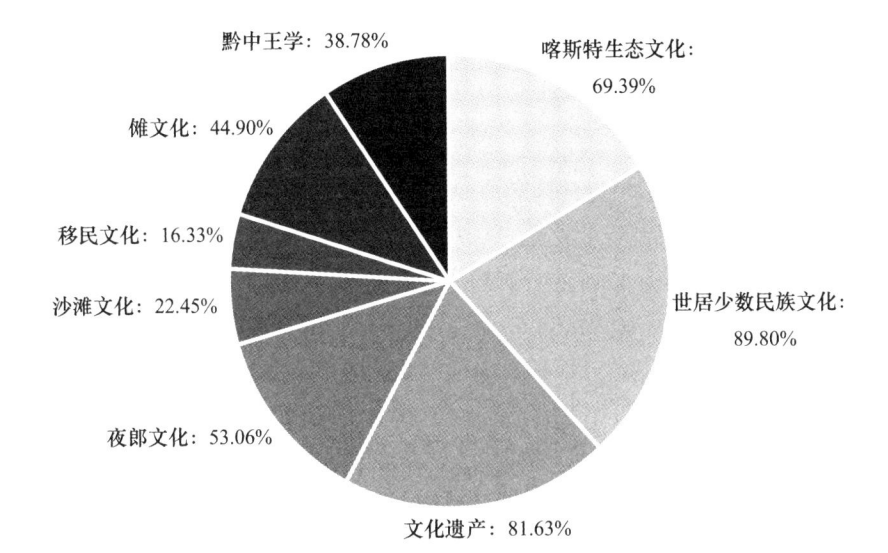

图 2—11　贵州地域文化资源应用于国际中文教学资源建设的排序情况

贵州地域文化资源毕竟距离他们的生活现实较远，文化距离感也增加了要在国际中文教育中应用这些文化资源的难度。

四　贵州地域文化资源在中华文化国际交流活动中的应用情况

调查问卷中有关"学校有没有举行过与贵州地域文化有关的活动"（见图 2—12）这一问题的统计结果表明，被调查的 49 名教师中有 26 人（占总数的 53.06%）所在的学校举行过贵州地域文化活动；同时，也有 13 人表示不清楚所在的学校有没有举行过贵州地域文化活动，这部分人数占 26.53%。选择所在学校没有举行过贵州地域文化活动的人数比例最小，只有 10 人，占 20.41%。

以上结果表明，大多数受调查者所在的学校对开展贵州地域文化活动很重视。为了更为清楚地了解贵州地域文化活动的应用现状，本研究试图了解受调查者应用贵州地域文化资源的经历及其应用效果。

在问卷中，我们将受调查者在中华文化国际交流活动中应用贵州地域文化资源的情况分为两个类别，即"有"和"没有"。针对"有"的效果分为三个等级："很好""一般"与"不好"。调查结

不清楚：26.53%

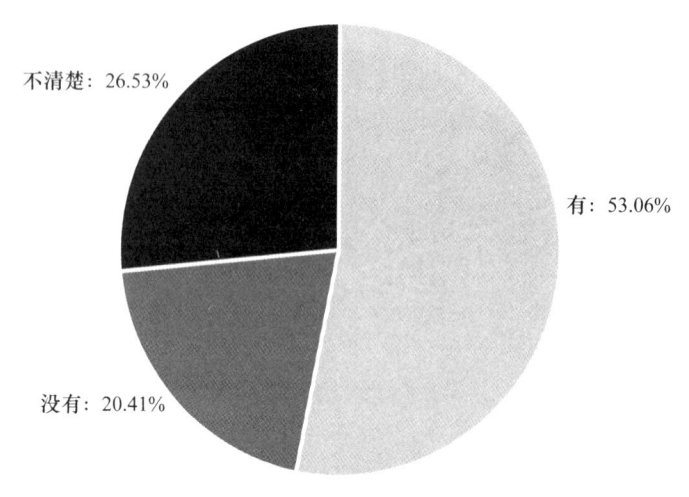

有：53.06%

没有：20.41%

图2—12　学校举行贵州地域文化活动的情况

果（见图2—13）表明，超过一半的受调查者在国际中文教育的过程中有开展贵州地域文化活动的经历，而略超过三分之一的受调查者虽然有类似的经历，但应用效果却不太理想，认为"效果很好"的教师共10人，占20.41%；认为"效果一般"的有15人，占30.61%；另有占4.08%的2人表示"效果不好"。

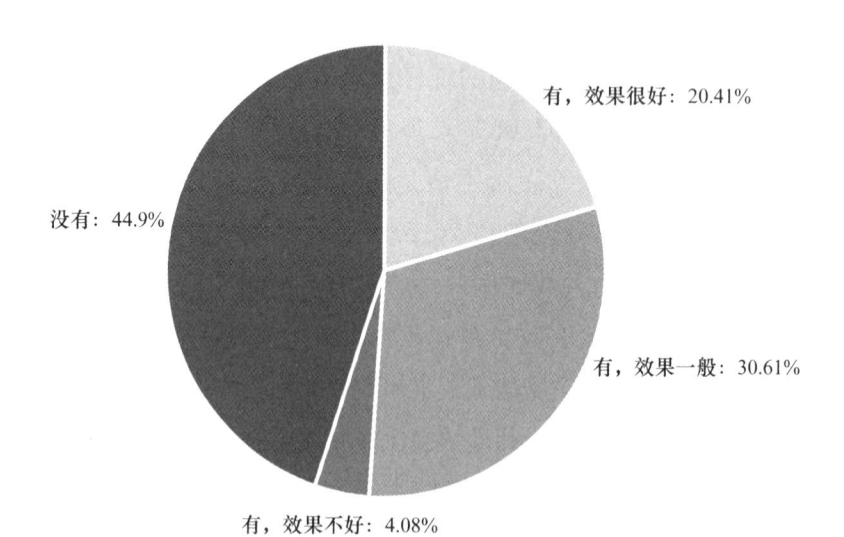

有，效果很好：20.41%

没有：44.9%

有，效果一般：30.61%

有，效果不好：4.08%

图2—13　教师开展贵州地域文化活动的情况

受调查教师根据个人的体验情况以及个人的评价标准进行判断，虽有比较强的主观性，但毕竟还是反映出有超过三分之一的人认为，自己开展贵州地域文化活动时效果并不是很好。此外，还有44.9%的教师表示，未曾开展过贵州地域文化活动。这些说明如果要教师在中华文化国际交流活动中应用贵州地域文化资源，首先需要形成主动应用的意识，其次还需要得到有效的指导和帮助。

另外，就贵州地域文化传播的途径问题，图2—14显示了调查的结果。就贵州地域文化可以通过哪些途径得到有效传播，认同借助传统节日活动（如，侗族吃新节）传播贵州地域文化的排在首位，共有42人，占总人数的85.71%；认同在汉语课堂上播放有关贵州地域文化视频的排在第二位，共有40人，占总人数的82.63%；认同邀请专家学者开展有关贵州地域文化专题讲座的排在第三位，共有35人，占总人数的71.43%；排在末位的途径则是让学习者阅读有关贵州地域文化的书籍，共有34人，占总人数的69.39%。该选择项也包括对其他情况进行开放性的说明，但只有占总人数2.04%的1人提出希望采用网络学习的途径。

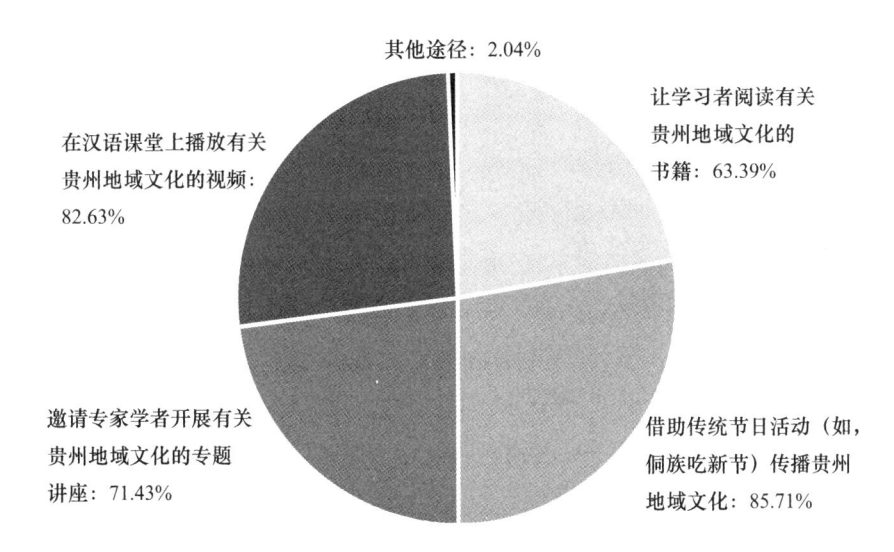

图2—14 贵州地域文化传播的途径

因此，调查对象就贵州地域文化传播途径的选择主要体现在贵州地域文化活动和基于贵州地域文化开发的中文课程资源上。虽然部分人也选择了听专家讲座和阅读书籍，但从国际中文教育的角度来看，对于地域文化的认识和了解不能局限于讲座和书籍，更需要的是应用中文教学和中华文化国际交流活动作为主要媒介，促进地域文化的传播。

五　国际中文教育中应用贵州地域文化资源的必要性和可行性

对国际中文教育中应用贵州地域文化资源的主体这一问题的调查结果显示，认为是贵州高校中文教师的人数多达41人，占总人数的83.67%；认为是孔子学院（课堂）、汉语中心的中文教师的人数达39人，占总人数的79.59%；而认为是来黔留学生的仅有35人，占71.43%（见图2—15）。没有人认为还有其他主体。

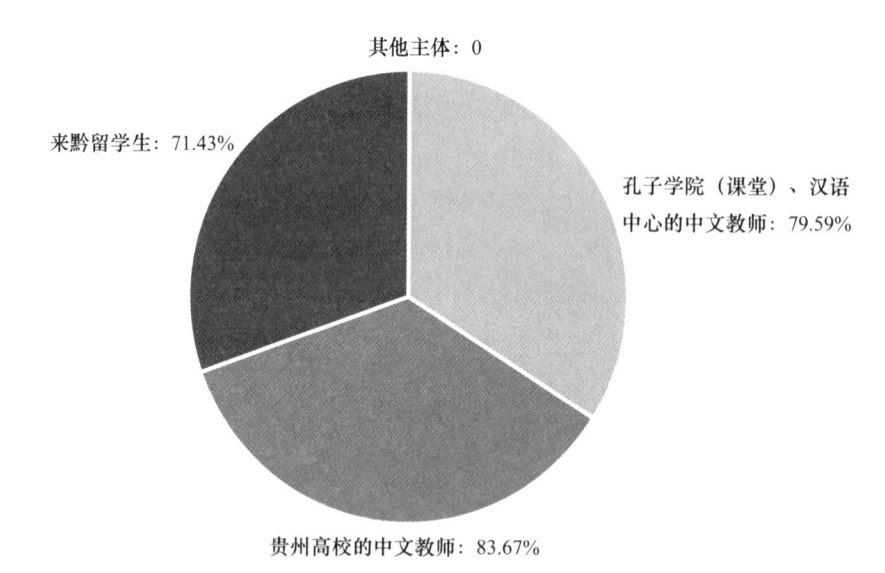

图2—15　应用贵州地域文化资源的主体

图2—15展示的结果表明，在国际中文教育的过程中应用贵州地域文化资源的主体主要是高校、孔子学院（课堂）及汉语中心的

中文教师，也包括来黔留学生。随着国际中文教育的深入发展，来黔留学生的人数逐年上升，贵州各高校的国际中文教师队伍规模也在不断扩大，教学者与学习者需要加大贵州地域文化资源的应用趋势是势在必行的。作为主体的中文教师们对此是否持有认可的态度，从图2—16中不难看出结果。

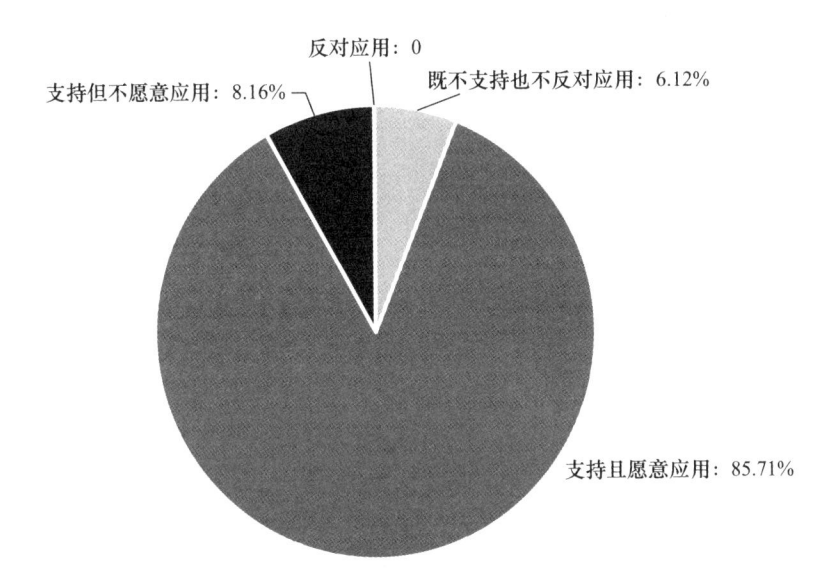

图2—16 教师对应用贵州地域文化资源持有的态度

（支持但不愿意应用：8.16%；反对应用：0；既不支持也不反对应用：6.12%；支持且愿意应用：85.71%）

对"您对在汉语国际推广中应用贵州地域文化资源持有的态度"这一问题，被调查者所持态度表明，认为"支持且愿意应用"者有42人，占85.71%；认为"支持但不愿意应用"者共有4人，占8.16%；认为"既不支持也不反对应用"者仅有3人，占6.12%；没有人反对应用。显而易见，绝大多数教师对贵州地域文化资源在国际中文教育中的运用很认可，这也就再一次印证了应用的必要性。他们为什么普遍认为有必要甚至非常有必要在国际中文教育中应用贵州地域文化资源？为此，本研究尝试了解他们的应用目的及希望起到的作用。

这部分受调查教师对基于贵州地域文化资源开展国际中文教育

工作的目的有以下几种选择：首选是"传承和发展贵州地域文化"，选择人数高达44人，占89.8%；其次选择"促进贵州的对外友好交流"，多达41人，占83.67%；位于第三的选项是"开发贵州地域文化课程资源"，选择人数为39人，占79.59%；另有37人选择了"促进学习者对贵州地域文化的认识"，占总人数的75.51%；只有1人选择了其他目的，但未进行详细解释（见图2—17）。

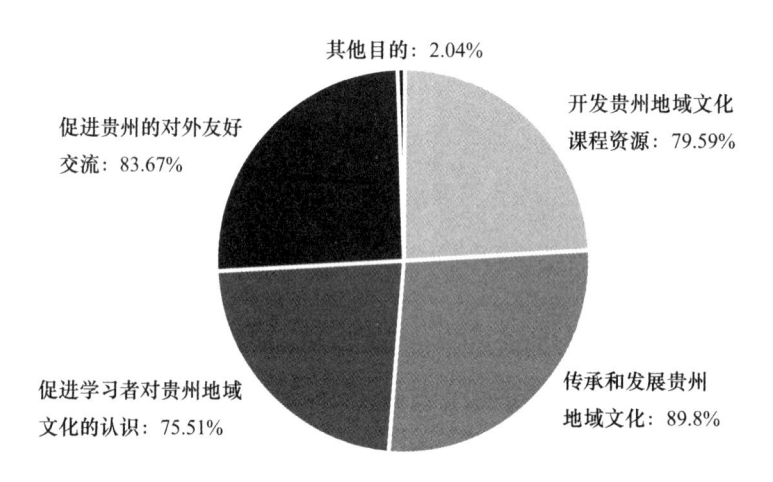

图2—17 基于贵州地域文化资源开展国际中文教育工作的目的

从前面的调查可以知道，绝大多数受调查的教师已在国际中文教育中应用过贵州地域文化资源，无论是中文教学还是贵州地域文化活动，他们至少是能够驾轻就熟地应用贵州地域文化资源的，他们对贵州地域文化具有很高的自信和认可。有鉴于此，在国际中文教育中应用贵州地域文化资源能够体现出他们有保护、传承和发展贵州地域文化的意识，他们有发展贵州对外交往的意识，从格局上而言，不仅仅是停留于书本知识的讲解与课程资源的开发。正是基于这样的远景目标，他们会认为在国际中文教育中应用贵州地域文化资源可以实现下图中所涉及的作用。

图2—18提供的调查结果表明在国际中文教育中应用贵州地域文化资源的作用。该问题所设选项是可以多选的，选择"有助于促

第二章　国际中文教育中贵州地域文化资源应用现状调查　/　87

其他作用：0
有助于提升学习者的学习兴趣：83.67%
有助于促进贵州地域文化的传承与发展：93.88%
有助于树立汉语教师的文化自信：69.39%
有助于推动贵州经济的发展：79.59%

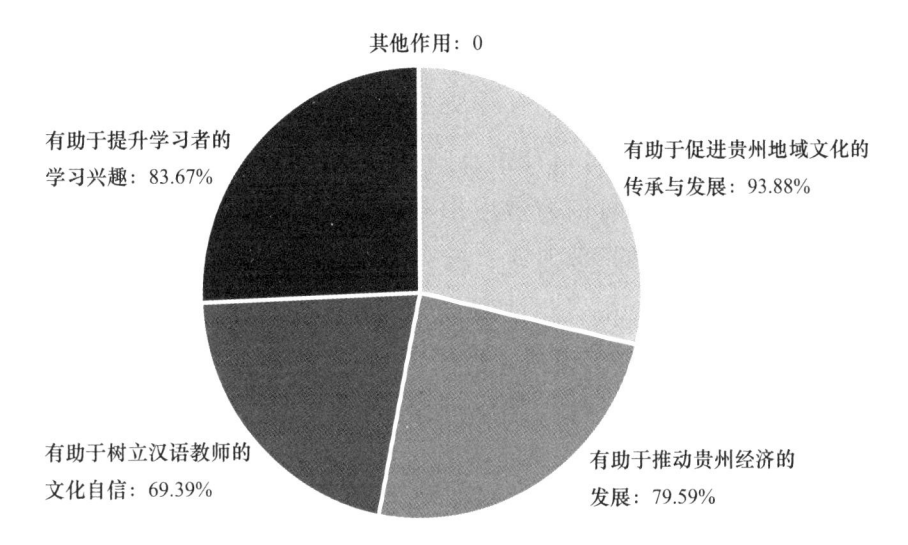

图 2—18　在国际中文教育中应用贵州地域文化资源的作用

进贵州地域文化的传承与发展"居最高位，达 46 人，所占比例为 93.88%；其次，选择"有助于提升学习者的学习兴趣"这一项的人数达 41 人，占 83.67%；紧接的选项是"有助于推动贵州经济的发展"，选择人数达 39 人，占 79.59%；选择"有助于树立汉语教师的文化自信"的人数有 34 人，占 69.39%。其他作用，未见有人提及。从以上调查结果不难发现，贵州地域文化的传承与发展、中文学习者的学习兴趣的提升与在国际中文教育中有效应用贵州地域文化资源不可分。此外，对于贵州经济的发展以及教师个人文化自信的树立等都会产生极为重要的影响。也正因为这些影响的存在，才让我们有理由相信在国际中文教育过程中应用贵州地域文化资源是很有必要的。

调查中也涉及了在国际中文教育中应用贵州地域文化资源可行性的问题。（见图 2—19）在受调查教师看来，基于贵州地域文化资源促进国际中文教育的首要可行性条件是"贵州大数据信息产业可以为地域文化教材开发、地域文化资源分配等提供良好的技术支撑"，持有这种看法的教师达 43 人，占总人数的 87.76%；紧随其后的可行性条件是"贵州的自然生态优势会让越来越多的留学生选择到贵州学习",持有这种看法的教师达42人,占总人数的85.71%;排在第三的可行性条件则是"贵州教育的国际交流与合作与贵州地域文化资源的有效应用不可分",持有这种看法的教师达37人,占总人数的75.51%;排在第四的可行性条件则是"贵州脱贫攻坚需要一条应用贵州地域文化资源促发展的路径",持有这种看法的教师达35人,占总人数的71.43%;此外,受调查教师没有选择其他的可行性。

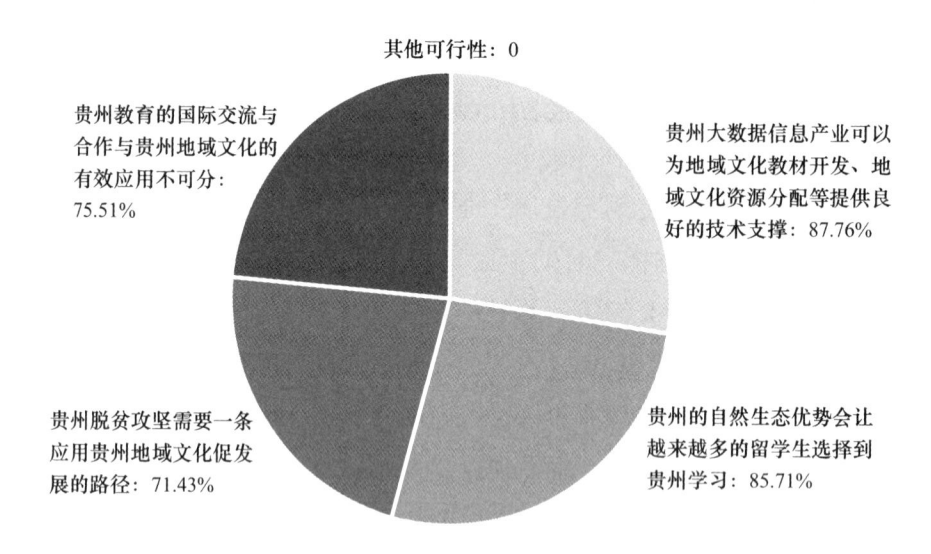

图 2—19 基于贵州地域文化资源促进国际中文教育的可行性

问卷调查期间,贵州省正在强力推进大扶贫、大数据、大生态三大战略。大数据战略可以为国际中文教育中应用贵州地域文化资源提供技术支撑;大生态战略可以丰富贵州地域文化资源建设,特别是喀斯特生态文化建设;大扶贫战略可以将文化建设与经济发展结合起来,推进贵州教育国际交流与合作,促使贵州地域文化与国际中文教育协调共进。这些也许是受调查者将贵州大数据信息产业、贵州自然生态优势等视为可行性条件的原因之一。

六 国际中文教育中应用贵州地域文化资源面临的困难

对国际中文教育中应用贵州地域文化资源所面临的主要困难的调查结果为：将"教学资源匮乏"排列在首位的教师共有44人，占总人数的89.8%；其次为"经费投入有限"，共有41人选择，占总人数的83.67%；将"学习者不支持"排在第三位的共有14人，占总人数的28.57%；选择"教师不愿意"的人数为8人，占总人数的16.33%。此外，有3位老师提出有其他困难，但具体是什么困难，未明确指出。

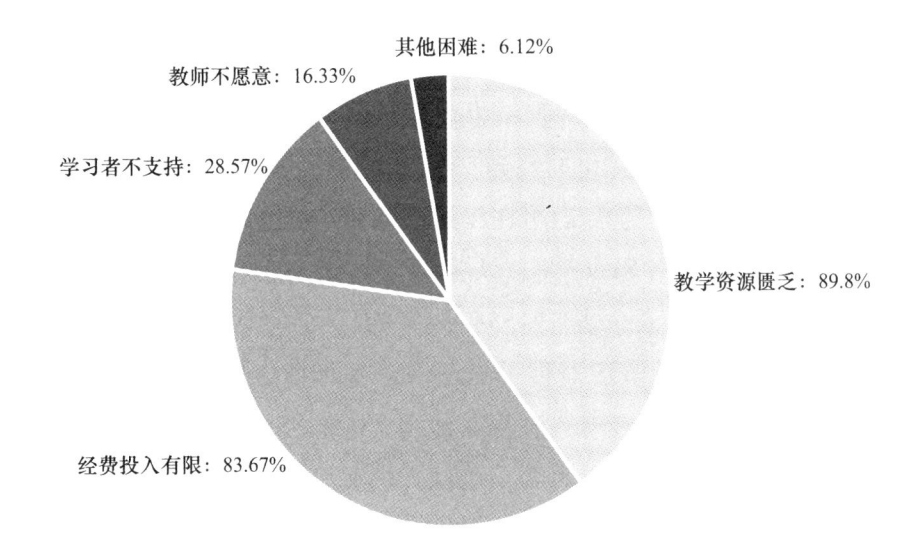

图 2—20　国际中文教育中应用贵州地域文化资源面临的困难

图 2—20 展示的结果表明，"教学资源匮乏"是目前在国际中文教育中应用贵州地域文化资源面临的最主要的困难。实际上，前面图 2—8 展示的结果也表明，目前学校基于贵州地域文化开发汉语课程资源的状况令人担忧。除此之外，"经费投入有限"也是阻碍国际中文教育中应用贵州地域文化资源的主要困难之一。选择"学习者不支持"的有 28.57%，但学习者是否存在学

习贵州地域文化的需求、是否支持在国际中文教育中应用贵州地域文化资源等，我们还需要在下一章中进行具体分析，以进一步探讨学习者对此问题的看法。选择"教师不愿意"的有16.33%，但总体来看，从前面的图2—16显示的结果也在一定程度上说明绝大多数教师是极力支持在国际中文教育中应用贵州地域文化资源，因此，教师意愿将不会是国际中文教育中应用贵州地域文化资源的主要阻碍。

在问卷中，我们将国际中文教育中应用贵州地域文化资源需考虑的因素分为四类："学习者对贵州地域文化的学习需求""贵州地域文化与学习者本国文化的差异""适合运用在汉语国际推广中的贵州地域文化资源"和"应用贵州地域文化资源对促进贵州汉语国际推广工作的作用"。调查结果表明，受调查者中认为"贵州地域文化与学习者本国文化的差异"是首要考虑因素的教师共42人，占85.71%；认为"适合运用在汉语国际推广中的贵州地域文化资源"的有40人，占81.63%；认为"学习者对贵州地域文化的学习需求"的达38人，占77.55%；另有占67.35%的33人表示"应用贵州地域文化资源对促进贵州汉语国际推广工作的作用"也是需要考虑的因素。没有人选择其他需考虑的因素。

图2—21展示的结果表明，受调查的教师基本认为，目前贵州地域文化与学习者本国文化的差异将是国际中文教育中应用贵州地域文化资源需要考虑的首要因素，而这无疑也是国际中文教育中应用贵州地域文化资源面临的主要困难之一。因为来自不同国家的中文学习者的文化背景各不相同，当然他们的本国文化与贵州地域文化也存在着这样或那样的差异，因此，在国际中文教育中应用贵州地域文化资源时需要从跨文化差异的角度审视，否则这将成为国际中文教育中应用贵州地域文化资源面临的主要困难。紧随其后的两个因素涉及是否有适合运用于国际中文教育中的贵州地域文化资源和是否学习者对贵州地域文化有学习的需求，对于前一个因

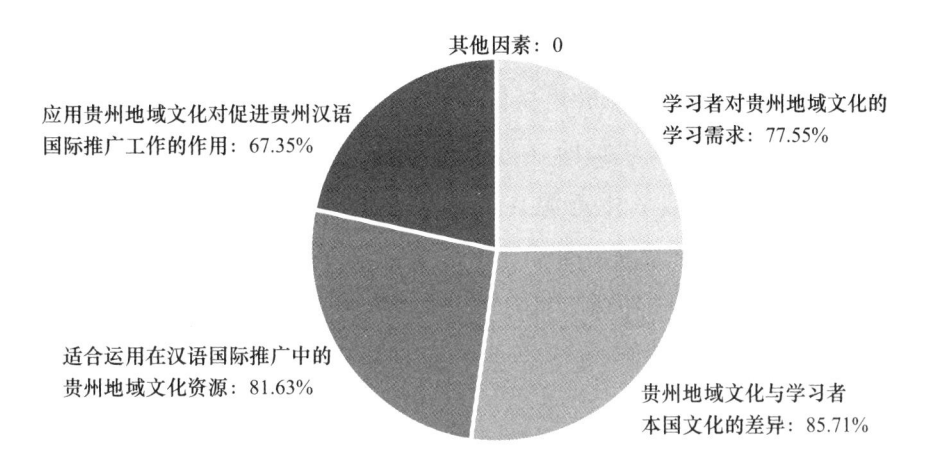

图 2—21 国际中文教育中应用贵州地域文化资源需考虑的因素

素在图 2—11 展示的结果表明世居少数民族文化、文化遗产和喀斯特生态文化都是受调查者认为适合运用于贵州地域文化资源的,而后一个因素在图 2—21 展示的结果表明学习者应该会较为支持,因此,这两个因素应该不会成为国际中文教育中应用贵州地域文化资源面临的困难。至于最后一个因素,图 2—18 呈现的结果已说明贵州地域文化资源在贵州国际中文教育工作的积极作用,自然也不会成为国际中文教育中应用贵州地域文化资源面临的困难。相反,从某种意义上说,后三项资源为我们在国际中文教育中应用贵州地域文化资源提供了机遇。

第三节 访谈结果的分析和讨论

本研究从贵州大学、贵州财经大学、贵州师范大学、贵州医科大学、铜仁学院这五所贵州高校各抽取了 1 名国际中文教师作为访谈对象,而从美国普莱斯比大学孔子学院、冈比亚大学孔子学院、厄立特里亚高等教育委员会孔子学院和俄罗斯楚瓦什国立师范大学汉语中心中随机抽取了 2 名中文教师作为访谈对象,此外,还随机抽取了 1 名海外高校（澳大利亚塔斯马尼亚大学）的中文教师作为访谈对象。最终，共获得 8 名中文教师的访谈内容作为深度访谈样本。为了清晰地呈现在贵州高校、贵州高校承办的孔子学院（海外汉语中心）、贵州籍教师所在海外高校这三种不同环境下，国际中文教师对贵州地域文化资源在国际中文教育中的应用所持有的看法，作者在征得 3 名受访中文教师的同意后，对访谈内容进行了转写。下面将分别呈现他们对访谈问题的回答，从中可以看出国际中文教师对基于贵州地域文化资源开展国际中文教育工作的一些认识与观点。

一　贵州高校国际中文教师的看法

虽然作者共采访了 5 位贵州高校的国际中文教师，但最终选择了以 S 老师的访谈内容作为分析样本，这与 S 老师从事国际中文教育工作的经历不可分。S 老师自 2003 年开始接触国际中文教育工作，到接受调查时已有 16 年的时间。刚开始，她是在所处高校的文学院从事对外中文教学工作。由于当时学校只有少量的自费留学生，所以，采取的也就是一对一或者一对二的教学模式。这些学生主要来自韩国、美国、英国和法国，并且来黔学习汉语的时间也都比较长，有些学了四五年的时间。

2010 年到 2011 年之间，韩国某大学在国内不少高校招募国际中文教师，S 老师所在高校推荐了她去这所大学任教。在韩国这所大学工作期间，S 老师在中国语言文化学部教了一年的中文。回国后，S 老师所在高校留学生的人数逐年上升，且国际中文教育工作也逐步系统化。到了 2016 年，S 老师所在的高校成立了国际教育学院，留学生也就随之从文学院分到了国际教育学院，学校很快也出现了奖学金生。在这个阶段，S 老师的国际中文教育工作也一直没有中断过。她所任教的留学生班，每班有十几个到二十多个留学生。她所任教的课程涉及听力、口语、写作以及中国文化等。

难能可贵的是，尽管 S 老师在攻读博士学位期间学的是比较文学专业，国际中文教育于她而言是跨专业学科，但她一直都在坚持从事国际中文教育工作。由于从事这项工作的时间较长，她还与国家汉办（现教育部中外语言交流合作中心）的相关工作部门有了一定的联络与交往，因此，除了承担国际中文教学工作外，还担任国际中文教师资格证考试、国际中文教师志愿者选拔考试等的考官。

基于 S 老师从事国际中文教育工作的情况，笔者选择了她作为贵州高校国际中文教师的典型代表。下面呈现的是 S 老师对访谈问题的回答情况。

1. 对贵州地域文化的认识

近年来，贵州以"多彩贵州"之称而享誉国内外，"多彩贵州"也逐步成为贵州的文化品牌。其中"多彩"涉及贵州的方方面面，尤以贵州少数民族服饰、传统工艺、风俗节日等而著称。作为土生土长的贵州人，在谈及贵州地域文化时，自然不会绕过贵州的少数民族文化。受采访的 8 名国际中文教师都表达了对于贵州少数民族文化作为贵州地域文化重要组成部分的感受，这可以说是比较有代表性的认识，正如 S 老师所表述的情况：

> 说到贵州的地域文化，首先，贵州的传统民族文化是比较重要的，也就是少数民族文化，比如苗族、侗族、布依族之类的文化肯定是贵州的特色。其次，有很多是外来因素导致的，但是它是在贵州这片土地上发展起来的文化。比如说屯堡文化，它是南京那边传过来的，还有遵义的沙滩文化。也就是说，外来的文化和贵州本土文化交融起来，共同发展的。

以上文字表述体现出 S 老师对于贵州地域文化的认识。贵州是多民族共居的省份，少数民族文化必然是贵州地域文化的重要组成部分，像苗族、侗族、布依族等世居少数民族的文化是贵州地域文化中的特色。此外，S老师还提及贵州地域文化中移民文化、沙滩文化，并表示外来文化和贵州本土文化的融合也是贵州地域文化的特色。以上文字体现S老师实际上对贵州地域文化的特色有极大的认同感，同时，也表现出她对在国际中文教育中应用贵州地域文化资源的信心。

2. 应用贵州地域文化的经历

在访谈中，尽管8名国际中文教师都表明他们在国际中文教育工作中没有专门应用贵州地域文化资源的经历，但是，从所访谈的内容上可见，他们对在国际中文教育工作中应用贵州地域文化资源已有一定的意识或采取了一些实际行动，即一方面从贵州地域文化的传承重要性考虑，另一方面也从提升学习者的学习兴趣考虑。就S老师而言，她向来黔留学生介绍贵州地域文化时明显偏重于后一种考虑因素。

> 一般给学生介绍中国文化，介绍到地方文化的时候会介绍到贵州的地域文化，但是也不会说是单独地去介绍贵州，而是作为中国文化的一部分去介绍。大部分学生是很感兴趣的，因为他们觉得这是了解中国文化的一个渠道，一个办法，但是有少部分同学会觉得贵州这一地区是比较封闭，比较落后的地方，更想去了解北京、上海这样的发达城市，但是总体说来，大多数同学还是非常感兴趣的，因为它对于其他人来说比较新鲜。

S老师反映在介绍贵州地域文化时，通常不会专门去加以介绍，而只是将其作为中国文化的一个部分去介绍。在她看来，绝大多数来黔留学生对贵州地域文化是很感兴趣的，其原因正如她所说的"这是了解中国文化的一个渠道"。然而，相比北京和上海这些发达的城市，也还是有少部分来黔留学生更想了解北京、上海这样的发达城市的地域文化。显然，贵州目前的经济发展状况还不够吸引这少部分留学生去了解贵州的地域文化。但从 S 老师的谈话中可以知道，如果在国际中文教育中应用贵州地域文化资源，还是能够得到大部分来黔留学生的认可和支持。

在谈及应用哪些贵州地域文化资源最让来黔留学生感兴趣时，S 老师基于自己十多年的教学经历做出了如下的回答：

> 学生最感兴趣的还是少数民族，因为少数民族说起来云南和广西也有，这也是发展的一种先例，这几年云南大学的汉语国际教育也做得非常的好，广西民大以及广西师大这方面也做得很好，因为它们的民族学加进去了，它们融进去之后，学生就会很感兴趣，特别是对学生介绍民族风情，比较带有平时所接触到的文化，有着很大的差别，差异性特别大。越是差异性大的东西，给人的冲击越大，而人也会越感兴趣，而这种东西，如果他带回到他的国家，那么，同样也是带给了他同样国家的人民，冲击非常大，如果老师给他们讲众所周知的问题，对他们来说没有太大的影响，以及冲击。所以我说民族这一块，它的影响是非常大的，比如说民族的服装，民族的首饰，民族的舞蹈，特别是苗族的刺绣，蜡染这些学生就特别感兴趣。

在问卷调查中，世居少数民族文化已被排列在贵州地域文化资源构成的首位。因此，S 老师提到来黔留学生最感兴趣的贵州地域文化是少数民族文化无疑是意料之中的事。然而，在同云南大学、广西民族大学等高校的国际中文教育工作相比时，贵州高校在特色少数民族文化资源方面还是与这些高校存在一定的差距。S 老师提出，如果要将贵州少数民族文化资源应用于国际中文教育工作中，那就要更关注贵州少数民族文化中特色的部分，否则，"如果老师给他们（来黔留学生）讲众所周知的问题，对他们来说没有太大的影响"。显而易见，S老师提及的苗族刺绣、蜡染等应是重点应用的贵州少数民族特色文化，这也应是来黔留学生特别感兴趣的部分。

3. 应用贵州地域文化资源面临的机遇和挑战

针对国际中文教育中应用贵州地域文化资源面临的机遇和挑战问题，S老师表达了个人独到的认识以及造成机遇、挑战的原因：

> 我认为首先是机遇很大，最重要的因素其实是本土文化，它有别于其他地方，比如北京、上海等中部和东部地区，它们的文化和贵州文化不太一样。我们可以把人类学和民族学的东西融进去，而这就是贵州特色。其实真正的汉语国际教育的开端是从上个世纪八九十年代，从美国和法国来的一些学者，他们来到贵州大学，最主要的目的其实并不是为了学习汉语，而是为了人类学和民族学，但是他们的汉语不通，就需要借助于汉语的学习，而在这个学习的过程中，他们当时就可以走村入户去做田野调查，到农村里面去，在这个过程中，他们一方面汉语提高了，另外一方面，人类学和民族学的成果也出来了。

上述文字中，S老师已经意识到，如果"本土文化"是"有别于其他地方的……贵州特色"，那将为国际中文教育中应用贵州地域文化资源带来机遇。她通过介绍20世纪八九十年代，国外人类学学者和民族学学者来黔学习的情况，强调贵州地域文化能够吸引国外学者的原因是其蕴含着人类学、民族学的元素。这样独具特色的文化在很大程度上不仅为国外学者的研究提供帮助，也促成与贵州地域文化有关的人类学、民族学成果的问世。当然，在这个过程中，国外学者的中文水平也得到了提升。因此，贵州特色的地域文化既是国外学者研究的需求，同时也是他们个人在调查研究中学习中文的动力。当然，在国际中文教育中应用贵州地域文化资源面临的不仅有机遇，也有挑战。

  因为我们在中文教学这一方面和北京、上海这些地方比，绝对是没有优势的，如果我们能够把这种劣势变为优势的话，我们就可以融入我们本土的地域特色的东西，使得我们在教学中有一个本土特色就是人类学和民族学融合起来的话，这样一来，我们就跟其他省份和发达地区完全不同的途径。如果是想学人类学，或者是民族学的，就可以直接往贵州走，就没有必要再往北京、上海这地方走，可以吸引住更多的学生，也可以说是机遇与挑战并存，甚至说是机遇更大于挑战。

作为在贵州高校从事国际中文教育工作的教师，不可避免地会觉得贵州地区的国际中文教学状况要落后于北京、上海等一线发达城市，地域经济发展的劣势会让贵州省国际中文教育工作面临许多现实的困难。从 S 老师的话语中，不难发现，如果要将贵州地域文化资源运用于国际中文教育工作之中，那就需要重视贵州地域特色文化的发展，为贵州本地区国际中文教育工作注入了积极和有益的力量，就像她所说"融入我们本土的地域特色的东西……我们就跟其他省份和发达地区完全不同的途径"。而这本土的地域特色，在 S 老师看来，是人类学、民族学和国际中文教学的结合与交融。笔者认为，S 老师的看法体现了开放包容的文化态度，有利于贵州地域文化得以更好地传承和发展，也使得贵州地域文化更具多样性和特色性，进而达到吸引更多留学生来黔学习的目的。因此，S 老师认为在国际中文教育中应用贵州地域文化资源"可以说是机遇与挑战并存，甚至说是机遇更大于挑战"。

4. 对国际中文教育中应用贵州地域文化资源的建议

在问卷调查中（见图2—20），笔者通过对国际中文教育中应用贵州地域文化资源所面临的主要困难的排序调查，已经明确"教学资源匮乏"是首要的困难。而在访谈8名国际中文教师的过程中，笔者也能深切地感受到贵州地域文化教学资源的缺失是国际中文教育中应用贵州地域文化资源的瓶颈问题。由此出发，也就不难理解在访谈中提及对国际中文教育中应用贵州地域文化资源的建议时，教师们纷纷表示基于贵州地域文化编写教材的必要性和紧迫性。对此，S老师是这样建议的：

> 我个人认为我们可以系统地把这些贵州地域文化做成一种教学材料，比如说，可以编成一本教材，同时建立数据库，也就是关于贵州民族文化做中文教学这一块的运用。今后针对性地，不管是我们学校还是其他贵州高校，凡是有对外教育、中文教学这个专业都可以用这本教材，然后在教学当中可以系统化输出，造成一定的影响之后，我们对外招生时也可以作为我们自己的一个特色。因为他们留学生来的时候，既然知道有这么一个特色，他们报名之前就一定对这些东西比较感兴趣，他们来的目的也就是抱着学习地域文化这样一个非常明确的目的，我们在教学过程中能够灌输这样的知识，这样的教学效果肯定会很好。

S老师提出的"把这些贵州地域文化做成一种教学材料，比如说，可以编成一本教材，同时建立数据库""不管是我们学校还是其他高校，凡是有对外汉语教育、中文教学专业的都可以用这本教材"等，表明S老师认识到贵州地域文化资源在贵州省国际中文教育工作中的地位和重要性，对贵州地域文化的自信和自豪感，强调贵州地域文化教材的应用效果，并且，肯定它的应用效果对贵州各高校的国际中文教育工作、对外招生工作是十分有益的。此外，S老师还提出了实施的途径：

> 但是我们几个人是做不了的，比如说我们可以和学校或者是教育厅或是贵州省的教育口有这样一个共识，有这样一个理念，特别是教育厅，能有一个比较扶持的政策，做起来就很有意思。也就是在教学中适当地把这些东西融进去，这样的话也就会有它自己的特点，教学效果也会提高，或者说是我们也可以做联合培养。

S老师强调"可以和学校或者是教育厅或是贵州省的教育口有这样一个共识""能有一个比较扶持的政策"等，提出了她对加强贵州地域文化资源在贵州省国际中文教育工作中应用的一些思考，如果需要教学资源做支撑，那也就需要学校、社会或者政府的大力扶持。最后，S老师还补充说到，当前地域文化资源在国际中文教育中未能得到较好地应用，除了与教材有关外，也与中国文化在教授过程中未做地域性的分类密不可分。

> 关于地域文化，不仅仅是贵州，乃至很多地方做得都不是很好，因为它们主要是以语言类教学为主，但是文化没有很好地传输，其实中国的传统文化会有很多的，但其实是有地域的、民族的它们没有细分，因此，在教学过程中比较笼统。

S老师对国际中文教育中应用贵州地域文化资源的建议，并不仅仅局限于贵州地域文化教学资源的建设。这固然是目前的制约因素，但S老师同时也认识到，仅仅是教学资源的开发、教材的编订不足以充分应对来自国际中文教育工作中应用贵州地域文化资源的挑战。此外，贵州地域文化资源在国际中文教育工作中加以应用显然不是国际中文教师个人可以加以解决的问题，必须依靠来自顶层的政策扶持，因此，这应该成为相关的政府决策部门和教育决策部门的要务，同时，也需要国际中文教师的配合和协作，尤其是在中文教学的过程中加以落实，从而才能激发和产生应用贵州地域文化资源的责任意识和推广动力。

二 孔子学院（海外汉语中心）教师的看法

鉴于海外孔子学院或汉语中心的学习者很少到过贵州，他们对贵州地域文化的印象或感受相对来黔留学生自然要浅很多，因此，作者分别只访谈了曾任教于海外孔子学院、汉语中心的一名教师，但最终选择了以任教于俄罗斯楚瓦什国立师范大学汉语中心（以下简称汉语中心）Y 老师的访谈内容为分析样本。主要的原因还在于，Y 老师从事国际中文教育工作以来，一直都在尝试着将贵州少数民族文化资源应用于中文教学工作和中华文化活动之中。

1. 对贵州地域文化的认识

在受采访的 8 名国际中文教师中，有一些是贵州本地人，有一些不是贵州本地人。由于不是贵州本地人，从小到大接受的是自己家乡或者民族的地域文化，直到在贵州生活后才开始接触贵州地域文化。亦即是，这样的教师会受到至少两种地域文化的影响。那么，在从事国际中文教育工作的过程中，他们是否会涉及非自己家乡或者民族的地域文化（贵州地域文化）？他们对贵州地域文化的认识是否准确呢？带着这样的问题，我们采访了在俄罗斯楚瓦什国立师范大学汉语中心工作的 Y 老师。

> 我是山东人，来贵州之前对贵州的了解也仅限于书本上的知识。来到贵州以后，主要生活在贵阳，也没有深入到贵州其他地方，所以对地域文化的了解说实话是有限的。在我看来，贵州的地域文化主要是指少数民族文化：各个少数民族的服

饰、节日、饮食、风俗等。再者就是王阳明先生的阳明文化，说实话，只听说过，是与哲学相关的，在日本相当受推崇，其余的知之甚少。

"贵州的地域文化主要是指少数民族文化"这种观点几乎是大多数非贵州籍受访教师的共识，Y老师也不例外。除此之外，Y老师还提到了阳明文化。因为在问卷调查中（见图2—4），仅有36.73%的被调查者视黔中王学为贵州地域文化的组成部分，而这个比例让黔中王学排在了7个组成部分中倒数第三的位置。Y老师来自山东，从小受到的不是贵州地域文化的影响，因此，对贵州地域文化的认识免不了不够完整，正如她所言"来贵州之前对贵州的了解也仅限于书本上的知识……所以对地域文化的了解说实话是有限的"。然而，单就贵州少数民族文化而言，Y老师的认识还是比较到位的。

2. 应用贵州地域文化资源的经历

如果从学习环境来考虑，国际中文教师会选择让来黔留学生学习或了解贵州地域文化，以便他们在贵州更好地开展学习、适应生活。相比之下，国际中文教师是否能够在海外孔子学院或汉语中心开设贵州地域文化课程或相关活动，这需要考虑学习者的学习需求、当地学校和政府部门是否能够给予支持等因素。对此，Y老师的回答如下：

> 我曾经在2017年举办过一届贵州风情展，以贵州地区的特产和少数民族服饰为主要内容，着重介绍的也是从网上摘抄下来的少数民族如布依、苗、侗等的服饰文化和民俗。效果还是不错的，特别是少数民族的服饰色彩艳丽，头饰也很多样化，吸引了大批参观者。他们希望多多做一些这种形式的展览和讲座，但后期受制于距离太远等因素并没有延续这项活动，但如

果有专家的指导和学校、政府等相关部门的支持的话，贵州文化展等活动起码在俄罗斯楚瓦什地区还是会相当受欢迎的。

文字表述如"以贵州地区的特产和少数民族服饰为主要内容""效果还是不错的""吸引了大批参观者"等，表明Y老师在中华文化国际交流活动中应用的贵州地域文化还是很有吸引力的，因此，"希望多多做一些这种形式的展览和讲座""如果有专家的指导和学校、政府等相关部门的支持的话，贵州文化展等活动起码在俄罗斯楚瓦什地区还是会相当受欢迎的"。这些话让我们感受到，在海外应用贵州地域文化资源还是有可行性的，但要特别注意应用的方式，同时也特别强调了"专家指导"和"学校、政府等相关部门的支持"是十分必要的，因为这样才能敦促贵州地域文化资源在中华文化国际交流活动中的应用更受欢迎。

3. 应用贵州地域文化资源面临的机遇和挑战

就国际中文教育中应用贵州地域文化资源面临的机遇和挑战这一访谈问题，Y老师从个人所学专业以及汉语中心所在国的情况谈了如下感受：

> 我学习的是俄语，教授汉语的地点也是在俄罗斯，我从俄罗斯的角度切入谈一下我的看法。现在中俄两国关系处于蜜月期，俄罗斯人现在普遍对中国和中国文化很有好感，也很感兴趣。贵州对他们来说，相对还是一个神秘的地方，特别是贵州地区少数民族的文化，对他们还是相当具有吸引力的。如果政府等相关部门有专项投入的话，相信成果还是会很丰硕的。

显然，Y老师就中俄两国关系对国际中文教育工作的重要性有所认识，"现在中俄两国关系处于蜜月期"这无疑有助于俄罗斯的国际中文教育工作。此外，"贵州地区少数民族的文化，对他们

（俄罗斯人）还是相当具有吸引力的"。基于这两点，Y老师向我们表明了在国际中文教育中应用贵州地域文化资源面临着很好的机遇。如何更好地把握这样的机遇，Y老师再次强调了政府部门给予支持的重要性。在面对良好机遇的同时，各种挑战也是需要考虑到的重要问题。对此，Y老师的看法如下：

> 贵州地区了解区域文化的顶级专家很多，但致力于在俄罗斯推广贵州区域文化的专家数量还不是很多。政府这些年对于跟俄罗斯相关地区，特别是相对落后地区的关注度在我看来相对是不够的。我们一些老师在俄罗斯相关地区已经打开了小部分的局面，但没有后续的支持和投入的话，前期的工作的影响力很快就会散去。很多俄罗斯居民是想了解中国文化、贵州文化的，但中俄两国国民性格和文化的差异还是很大的，这就要求我们的工作要把控好度。

关于贵州地域文化与学习者本国文化的差异是否造成国际中文教育中应用贵州地域文化资源的困难，我们结合问卷调查中的回答结果（见图2—21），可以知道85.71%的教师提供了肯定回答，这已表明在这部分教师看来，跨文化差异是国际中文教育中应用贵州地域文化资源面临的一大挑战。同时，通过Y老师所提及的实例"很多俄罗斯居民是想了解中国文化、贵州文化的，但中俄两国国民性格和文化的差异还是很大的"，我们认为如何处理好贵州地域文化与学习者本国文化的差异将是国际中文教育中应用贵州地域文化资源必须应对的挑战之一。在应对办法的回答中，Y老师表达了既需要更多的贵州地域文化专家致力于这项工作的期盼，也需要把握好工作度的建议。

4. 对国际中文教育中应用贵州地域文化资源的建议

无论是在问卷调查中还是在个人访谈中，凡是涉及在国际中文教育中应用贵州地域文化资源的作用这一问题，大部分教师都会强调基于贵州地域文化开展国际中文教育工作，可以促进学习者对贵州地域文化的认识。例如，结合问卷调查中关于基于贵州地域文化开展国际中文教育工作目的这一问题的回答，我们可以知道有75.51%的受调查教师认为"促进学习者对贵州地域文化的认识"（见图2—17）。在个人访谈中，Y老师也表达了类似的看法：

> 贵州文化现在要积极地"走出去"，走到国外的各个角落，让外国人知道地大物博的中国有贵州这么一片神奇的土地，这里有丰富的物质和人文资源。现在在俄罗斯某些地区，甚至可以说是绝大部分地区，当提到贵州的时候，他们的第一反应是广州，是不是广州的另外一种说法？可见他们对贵州几乎是没有了解的。而且我个人觉得"走出去"这一战略必须是长期的，这不是一个一蹴而就的事情，这是一个需要时间的过程。这么多年了，给俄罗斯人留下印象的也主要是北京、上海、广州这几个大城市。在有孔院的地方，情况会好一些，它们会借助各种力量，大力推广自己的学校、自己学校所在的省份。但我们学校在俄罗斯现在没有一所孔院，只有一个合建的汉语中心。汉语中心从规模、教师人数等方面暂时还是无法比拟孔院的。我建议以汉语中心为基地，相关部门加大长期的投入，而且要调动文化、旅游等各个相关部门一起努力，这样才能扩大贵州的影响力。

"当提到贵州的时候，他们（俄罗斯人）的第一反应是广州，是不是广州的另外一种说法？""给俄罗斯人留下印象的也主要是北京、上海、广州几个大城市。"可见，Y老师已经意识到俄罗斯人是不太了解贵州的，更不用说贵州的地域文化。那么，要怎样让诸如俄罗斯人这样的海外人士了解贵州地域文化，Y老师基于所在汉语中心的情况，提出了两条建议：一是"借助各种力量，大力推广自己的学校、自己学校所在的省份"，显然，她对汉办（现教育部中外语言交流合作中心）及孔子学院在海外传播中华文化所起到的重要作用表示高度的认可，也对自己所在高校尚未承办孔子学院表示遗憾；二是"相关部门加大长期的投入，而且要调动文化、旅游等各个相关部门一起努力"，就Y老师所提到的相关部门的投入，实际上与前面S老师特别强调的政府部门的支持是一致的。此外，旅游等相关部门的努力也是非常重要的。事实上，我们在问卷中通过关于学习者了解贵州地域文化的渠道的回答就已发现（见图2—6），91.84%的受调查教师认为"实地旅游"形式是第一重要的传播渠道。

三 海外高校国际中文教师的看法

在问卷调查中，我们一共调查了三位在海外高校工作的贵州籍中文教师。随后，我们从这三位教师中选取了来自澳大利亚塔斯马尼亚大学的M老师为访谈对象，主要的原因在于M老师在澳大利亚从事国际中文教育工作已有16年，并且，对国际中文教育事业非常热爱。由于M老师在塔斯马尼亚大学工作，所以，我们通过微信视频通话的方式完成了访谈。访谈的情况如下：

1. 对贵州地域文化的认识

结合问卷调查中关于对贵州地域文化资源认识的回答结果（见图2—4），我们知道教师的排序依次为世居少数民族文化、喀斯特生态文化、文化遗产、傩文化、黔中王学、移民文化和沙滩文化。可以说，教师们的选择主要基于个人的生活经验或者社会体验，从M老师的回答中我们可以得到证明。

> 在我看来，贵州地域文化主要指贵州本地有特色的文化形态，比如喀斯特地形地貌，苗族侗族等原生态少数民族的族群文化，包括与之相关的蜡染工艺、吊脚楼建筑等以及一些历史

文化遗迹，如娄山关，赤水河和遵义会议会址等。

M 老师在上大学以前，一直生活在贵州省遵义市。因此，她对贵州地域文化的认识，不仅仅涉及众人公认的少数民族文化，还包括其他受访者都不曾提及的一些遵义历史文化遗迹，例如"娄山关，赤水河和遵义会议会址"。这不得不说与她从小生活的地域环境有关。此外，需要指出的是，在提及贵州地域文化时，M 老师和 S 老师一样都着重强调"本地有特色的文化"，即贵州代表性和典型性的地域文化，例如"喀斯特地形地貌""蜡染工艺""吊脚楼建筑"等。

2. 应用贵州地域文化资源的经历

对于在海外高校从事国际中文教育的教师来说，由于缺少孔子学院或汉语中心这样的机构支持，所以，应用贵州地域文化资源的可能性主要存在于个人的中文教学中，而不是常常需要多人开展的中华文化国际交流活动中。因此，从前面 Y 老师的访谈内容中，可以知道 Y 老师应用贵州地域文化资源的经历主要是通过中华文化国际交流活动，而从下面 M 老师的谈话内容来看，则主要集中在中文课堂教学环境里。

在我的中文教学经历中，没有专门讲授过贵州地域文化，但是在讲授中国的多元地域文化或者在一些阅读教材（课文）的讲解过程中的确涉及过相关的内容。比如，因为桂林山水是中外闻名的旅游胜地，很多对外汉语教材都会提到桂林山水，以此为例说明中国南方山水秀丽的特点，每次讲到此，我都会提及其实贵州也有类似的卡斯塔（喀斯特）地貌的山水，不仅不比桂林的逊色，而且在地下岩洞类景点某些方面比桂林更出色，非常值得游览。

结合问卷调查中基于贵州地域文化开发汉语课程资源是否受到重视的回答结果（见图2—8），可以知道28.57%的受调查者提供了否定回答，加上回答"不清楚"的36.73%的受调查者，都已表明在这部分受调查者看来，大部分汉语教材没有涉及贵州地域文化。因此，也无怪乎M老师提出"没有专门讲授过贵州地域文化"，只是在讲授中国文化时才会涉及相关的内容，例如，"很多对外汉语教材都会提到桂林山水，以此为例说明中国南方山水秀丽的特点，每次讲到此我都会提及其实贵州也有类似的……非常值得游览"。M老师所提及的情况其实和S老师提到的云南、广西少数民族文化的情况比较相似。从某种意义上讲，两位老师都表达了涉及贵州地域文化的汉语课程资源较为稀缺的现状。那么，M老师在中文教学中要想很好地应用贵州地域文化资源，除了根据课文中出现的地域文化介绍类似的贵州地域文化外，还需要启发学生积极思考，以加深他们对贵州地域文化的认识和理解。

> 再比如，讲到各地菜色，大家都知道川菜，知道川菜辣，所以我就会补充辣还不一样，川菜讲究麻辣，而贵州菜讲究酸辣。学生就一下来了兴趣，到底麻辣跟酸辣有什么不同？为什么会有这种不同？这样既学了语言"麻"和"酸"，也学了文化。

而这样的启发在某种程度上取决于教师的教学方法，正如M老师所说："……到底麻辣跟酸辣有什么不同？为什么会有这种不同？"比较异同的作用至关重要。否则，学习者只知道川菜辣，殊不知贵州菜也辣，而且这两种辣还各有特色。在这样的启发式教学中，M老师让学习者既了解了贵州地域文化，也让他们学习了"麻"和"酸"的不同含义和用法。可以说，这样应用贵州地域文化资源的效果是非常不错的。

这些贵州地域文化的植入非常成功,学生经常显示出浓厚的兴趣,也开始对贵州有了一定的认识。这些讲授不仅会让学生对中国有更宽泛的了解,也建立板块式的概念,比如在讲解中把中国分为黄河流域、江南、西南三省、闽南等板块,因为地域的接近,板块内的很多城市在很多方面都有相似处,从古到今形成了有特色的板块文化,而每个板块几乎都有代表性的大城市或旅游景点被国外所熟悉,比如西安、上海、成都、桂林、广州等,所以对外汉语的教材或者教师几乎都是一再围绕这些大家熟悉的地方举例讲解,使得像贵州这样的地方变得比较冷门和陌生,所以借用板块概念,在提到相接近的有名的城市的文化时,顺带提到贵州是我会经常使用的策略,但在提到贵州跟大城市的相似处的同时又补充进贵州的特色,从而把学生的注意力进一步拉向贵州。

通过教师在中文教学中讲授贵州地域文化状况的回答发现(见图2—9),有30.61%的教师未曾在中文教学中讲授过贵州地域文化,其余69.39%讲授过的教师中也只有22.45%的人认为他们在中文教学中讲授贵州地域文化的效果很好。显然,M老师是属于其中的一员。正如她所言"这些贵州地域文化的植入非常成功,学生经常显示出浓厚的兴趣,也开始对贵州有了一定的认识"。然而,通过文字表述如"因为地域的接近,板块内的很多城市在很多方面都有相似处""而每个板块几乎都有代表性的大城市或旅游景点被国外所熟悉,比如西安、上海、成都、桂林、广州等",不难理解"对外汉语的教材或者教师几乎都是一再围绕这些大家熟悉的地方举例讲解,使得像贵州这样的地方变得比较冷门和陌生"。为此,M老师建议"借用板块概念",即在提到与贵州地域文化相似的名城文化时,再补充贵州的特色地域文化,进而让学习者进一步认识和了解贵州地域文化。在没有专门的贵州地域文化教学资源的情况下，这不得不说是推广应用贵州地域文化资源的一个良策。

3. 应用贵州地域文化资源面临的机遇和挑战

M 老师在如何应用贵州地域文化资源方面所体现的认识并不仅仅局限于板块概念，向学习者传递中国有代表性的地域文化。同时，她也认识到贵州地域文化资源要得到很好地应用，必须充分应对一大挑战，就是如何展现贵州地域文化的特色，更好地挖掘出贵州地域文化的潜能。在她看来：

> 客观而言，贵州由于历史上交通不便等原因不为人深入和熟知，很多的特色又跟附近省份城市类似从而被掩盖，比如常识里大家都觉得贵州山水不敌桂林，小吃不如成都，少数民族文化不如云南，红色旅游都不如井冈山，所以在对外汉语的教材以及文化传播中很少被触及。这可能就是一直以来在中文教学中应用贵州地域文化最大的挑战。

M 老师在谈起应用贵州地域文化资源面临的挑战时，显然和 S 老师的观点比较一致，就是贵州地域文化在特色性方面不够鲜明，例如"贵州山水不敌桂林，小吃不如成都，少数民族文化不如云南，红色旅游都不如井冈山"，因此，也就导致了贵州地域文化在"对外汉语的教材以及文化传播中很少被触及"，而这个不利局面"可能就是一直以来在中文教学中应用贵州地域文化资源最大的挑战"。从某种程度上讲，如果贵州地域文化资源要在国际中文教育中得到很好地应用，其特色性就需要更加鲜明和凸显才行。而对于应用贵州地域文化资源面临的机遇，M 老师认为：

> 但是随着交通的提升，网络的普及，特别是厌倦都市和现代文明的现代人对于原生态文化的迫切回归心理，贵州应该有可能迎来应用自己的特质文化推广汉语发展的契机。

在问卷调查中，有87.76%的受调查者表示，贵州大数据信息产业是促进贵州地域文化资源在国际中文教育中应用的首要可行性条件（见图2—19）。事实上，除了M老师所提到的"网络的普及"外，交通的便利、原生态文化的吸引等，都可能让地域文化成为贵州省国际中文教育工作发展的契机。

4. 对国际中文教育中应用贵州地域文化资源的建议

就如何在国际中文教育中更好地应用贵州地域文化资源。在前面提及中文教学情况时，M老师提出需要在教学策略方面，也就是在文化嵌入方式上多下功夫。例如，她提到要借用有名的相关板块城市为凭靠而引出贵州地域文化的方式。此外，M老师还基于个人在中文教学中应用贵州地域文化资源面临的困难，提出以下三条建议：

> 多挖掘真正的"贵州特色"并尽量突出，这不仅是板块地域的特色，更是属于贵州自己独一无二的东西。比如说岩洞，而并不只是喀斯特地貌，因为老外都觉得喀斯特是云南的特色，因为谷歌是这么说的。再比如说苗族怎么有特色，而不只是少数民族。因为不太了解地方戏傩戏等跟其他地方戏的不同，所以不太清楚是否这样的文化有发展出贵州特色的潜能。

以上表述中特别强调"贵州特色""贵州自己独一无二的东西"，旨在建议我们在提及贵州地域文化时，需要明确指出具体的特色文化，例如"比如说岩洞，而并不只是喀斯特地貌"，又如"说苗族怎么有特色，而不只是少数民族"，让更多的学习者认识到贵州地域文化的特色，而不只是谷歌所说的那样。此外，M老师也提到，因为不太了解傩戏等贵州地域文化，所以也不太确定这一类文化是否有成为贵州特色地域文化的潜能。这从另一方面表明，某些贵州地域文化资源的特色性还需要深入挖掘。除挖掘贵州特色文化外，M 老师认为贵州原生态文化是非常值得应用的地域文化资源：

> 强调贵州的原生态，自然和文化的原生态，在目前各大城市都面临环境污染的窘境下，让大家看到贵州由于特殊的地域和发展经历成为全国甚至世界上为数不多的"净土"。贵州的蓝天白云会是中国地图上最抢眼的一笔，不会再被忽略，会成为旅游以及国际交换学习的最佳目的地。比如我就会在塔斯马尼亚大学选择交换学习的合作方时提到贵州，因为空气和自然环境已经让贵州在汉语国际推广的过程中显示出了优越性。

在 2019 年，M 老师曾代表澳大利亚塔斯马尼亚大学和贵州两所高校的相关负责人就交换学习项目进行过协商。从上述文字表述中，可以看到 M 老师专程提到了贵州的原生态文化，这显然与贵州"空气和自然环境已经让贵州在汉语国际推广的过程中显示出了优越性"不可分。事实上，在调查国际中文教育中应用贵州地域文化资源的可行性时（见图 2—19），有 85.71% 的教师所提及的"贵州的自然生态优势会让越来越多的留学生选择到贵州学习"已成为排在第二的可行性条件。为此，很有必要利用这一地域文化优势促进国际中文教育工作的开展，同时也借助这样的机会更好地宣传贵州，诚如 M 老师所言"在目前各大城市都面临环境污染的窘境下，让大家看到贵州由于特殊的地域和发展经历成为全国甚至世界上为数不多的'净土'"。

> 把有贵州地域文化特色的元素做成中文教学的教材，比如做"跟我游贵州"的系列对话视频，每集 15 分钟短对话，聊一个特色文化点，比如岩洞、苗寨、会址……帮学生练习听力口语，也可做同题的精读/泛读教材，推广教材到全国以及海

外的对外中文教学中使用。

在整个访谈过程中，M 老师的访谈内容主要围绕近十多年来个人如何在中文教学中应用贵州地域文化资源而展开。因此，就国际中文教育中应用贵州地域文化资源的建议，她不可避免地会涉及中文教材的编写问题。只不过，与 S 老师不同的是，M 老师更强调的是多媒体教学资源的构建，并拟定了"跟我游贵州"这样的教学资源名称。

从问卷调查中，我们已经明确"教学资源匮乏"是目前国际中文教育中应用贵州地域文化资源的瓶颈问题。而 S 老师和 M 老师作为长期奋战在国际中文教育工作一线的教师，也从不同的角度提出了汉语教材的编写是非常必要的。笔者也特别希望借助本研究能够促进贵州地域文化教材的编写以及推广，为此，在接下来的一章里，笔者将通过来黔留学生对贵州地域文化的学习需求调查，进一步明确如何在国际中文教育中高效应用贵州地域文化资源的方式及内容，其中不可避免地会涉及地域文化教材等中文教学资源的需求调查。

第三章

来黔留学生对贵州地域文化的学习需求调查

第一节 调查方案设计

一 调查对象的选择

在全国范围内来看,贵州是欠发达的省份,却是资源环境相对较好的省,这让不少留学生愿意选择来黔学习。近年来,来黔留学生的人数与过去相比有了显著上升。据统计,2008 年年底来黔留学生的人数只有数十人,截至 2022 年年底,海外学习者来黔留学已达 23100 余人次。15 年间来黔留学生的人数增长了百倍,贵州已从一块未曾开垦的留学"处女地"发展成为一座国内外文化交流的"桥梁"。

国际中文教育不仅涉及中文(教学)推广的问题,也涉及中华文化传播的问题。在加快汉语"走出去"步伐的同时,需要向海外人士传播中华文化,而在"引进来"的过程中,也需要向来华人士介绍中华文化。不少调查数据已显示,曾来华的中文学习者对中国的认同程度普遍比未曾来华者高,因此,汉语传播很有必要在提倡"走出去"传播战略的同时,进一步强化"请进来"战略(魏岩军等,2015)。很明显,从未到过贵州的海外中文学习者与在贵州待过的留学生对贵州的印象和了解会存在着很大的差别。"贵州"对不少海外中文学习者而言是很陌生的，且本问卷的主要内容都是和贵州地域文化资源有关，故本研究把来黔留学生作为主要调查对象。

就来黔留学生的分布而言，虽然遍布贵州省的很多高校，但主要集中分布在贵州大学、贵州师范大学、贵州财经大学、贵州民族大学、贵州医科大学、铜仁学院等高校。从我们前期调查的情况来看，上述高校中不少留学生对贵州地域文化的学习需求还是存在的，但非常熟悉贵州地域文化的留学生极少，绝大多数留学生对贵州地域文化了解不多，又或者，他们熟悉贵州地域文化的某些方面，但对其他方面却欠缺了解。诸如此类的情况，表明来黔留学生对贵州地域文化的认知情况存在不平衡性，这也为笔者开展本调查提供了可能性。

二 问卷设计

（一）问卷内容的设计

问卷是本研究采用的基本调查工具。通过发放问卷采集贵州大学、贵州师范大学、贵州财经大学、贵州医科大学、铜仁学院等高校来黔留学生对贵州地域文化的认知情况，他们对贵州地域文化课程的学习需求及相关教学实践活动的参加需求情况等，可以有助于我们调查来黔留学生对贵州地域文化的学习需求现状。

调查问卷共包含三个部分，每个部分所涉及的具体内容如下：第一部分关于被调查者的个人情况，包括主修专业、国籍、母语和性别，除此之外，还包括被调查者学习中文的时间及其在贵州生活的时间。第二部分关于来黔留学生对贵州地域文化的认知情况，主要涉及被调查者对贵州地域文化资源构成的认识、被调查者是否存在了解贵州地域文化的需求性、被调查者了解贵州地域文化的原因以及方式，共4个问题。第三部分关于来黔留学生贵州地域文化学习需求情况的调查，共有18个大题，每个大题又涉及3个小题，其中前两个小题是"双向"问题，涉及贵州地域文化学习方式及学习内容提供安排、不提供安排的情况，而最后 1 个小题则了解来黔留学生对安排现状的知晓情况。由于整个问卷通过问卷星在线设计，故以上三个部分的统计数据、统计调查图表在调查完成后，由笔者从问卷星下载后进行分析。

调查问卷的问题设计主要采用封闭和半封闭结构，有的问题允许被调查者进行多项选择，如果选项中没有符合被调查者认可的情况，则可以根据个人情况进行文字上的补充说明。为了便于来黔留学生对于问题和选项的准确理解，问卷设计为中英文结合版的问卷（详见附录三）。

（二）基于 Kano 模型的问题设置

由于问卷中第三部分涉及来黔留学生对贵州地域文化学习需求的调查，所以笔者在将此部分的调查数据从问卷星导出后，又基于魅力质量理论及其 Kano 模型对这部分中有关质量要素需求层次的差异和需求内容满意度的调查情况做出进一步的分析。为此，对于问卷中需要借助 Kano 模型进行分析的问题及选项，笔者采用 Kano 模型特定的问题和选项设置方式。

首先，在问题的设置上，笔者通过"正/反"双向提问，询问"如果可以提供该安排"和"如果不可以提供该安排"的情况下，受调查者所持有的态度。例如，第 7 大题的第（1）题为正向提问："如果教师在课堂上讲授关于贵州地域文化的知识，你会觉得"，而第（2）题则为反向提问："如果不能提供这样的讲授，你会觉得"。其次，对于选项的表述方式，笔者基于李克特的选项表述方式（详见绪论第五节），将"正"向提问中五个选项依次简化描述为："A. 喜欢（我喜欢这样）""B. 理应如此（必须这样）""C. 无所谓（我保持中立）""D. 勉强接受（我可以忍受）""E. 不喜欢（我不喜欢这样）"；而"反"向提问中五个选项则依次简化描述为"A. 不喜欢（我不喜欢这样）""B. 勉强接受（我可以忍受）""C. 无所谓（我保持中立）""D. 理应如此（必须这样）""E. 喜欢（我喜欢这样）"。

三 访谈设计

为了深入了解来黔留学生对贵州地域文化的认识情况、对贵州地域文化资源融入国际中文教育中面临的困境及解决办法等持有怎样的意见和建议，笔者拟走访贵州大学、贵州师范大学、贵州财经大学、贵州医科大学、铜仁学院等贵州高校，并从这些高校中随机抽取3—5名来黔留学生作为深度访谈样本。笔者设计的访谈提纲包含访谈时间、访谈地点、访谈对象（如，受访对象的主修专业、国籍、学习汉语的时长和来黔生活的时长）和访谈内容。其中访谈内容共包含以下四个访谈问题：

（1）在你看来，贵州地域文化是指什么？包括哪些主要构成资源？

（2）假设你想了解贵州地域文化，那你希望通过怎样的方式了解贵州地域文化？为什么？

（3）你认为在汉语国际推广中应用贵州地域文化资源面临的主要问题是什么？

（4）你对在汉语国际推广中应用贵州地域文化资源，持有怎样的建议和看法？

访谈结束后，笔者对所有访谈内容进行录音转写，并在征求受访者同意的情况下，选取其中具有代表性和典型性的访谈内容作分析之用，并根据研究需要将部分访谈放在本书的附录中。

第二节 问卷调查结果的分析和讨论

问卷发放时间为2019年7月—2019年10月期间，分为纸质和网络两个发放渠道。贵州大学、贵州师范大学、贵州财经大学和贵州医科大学采用纸质问卷和网络问卷两种发放渠道。对于纸质问卷,在受调查者填完后,发放者当场就收回问卷;铜仁学院和贵州省内少部分其他大学的被调查对象则通过手机或电脑在网络上完成对问卷的回答。调查完成后获得的有效问卷共计304份。其中,纸质问卷上的原始数据,由笔者整理后录入问卷星。问卷中第一部分"个人情况"和第二部分"对贵州地域文化的认知情况",采用问卷星上的统计数据及统计图表进行分析;第三部分"对贵州地域文化的学习需求情况"统计数据的处理,包括两种处理方式:一是每个大题的第1小题(即"正向提供需求")和第2小题(即"反向提供需求")的调查数据从问卷星上导出后,再基于魅力质量理论及其Kano模型做出进一步的分析。二是每个大题中的第3小题(即"提供需求现状与知晓情况")采用问卷星上的统计数据进行分析。

一　个人情况

本研究选定的调查对象均为调查期间来黔学习的在校留学生,所就读学校主要来自贵州大学、贵州师范大学、贵州财经大学、贵州医科大学、铜仁学院等。此外,调查对象也包括少部分来自贵州民族大学、遵义师范大学、贵州工程应用技术学院等省内高校的外籍留学生。

根据所采集到的304份有效问卷提供的基本信息:男生为159人,女生为145人,均为在黔学习的留学生。调查样本分布在24个专业内,其中涉及:数学、汉语、语言学及应用语言学、分析化学、动物科学、微生物学、政治学、经济学、财务管理、艺术、美术、电子商务、旅游管理、课程与教学论、教育管理、土木工程、中国现当代文学、应用心理学、高等教育、商务英语、计算机应用技术、文学、国际经济与贸易、经济学等。调查对象为来自美国、意大利、泰国、俄罗斯、斯洛伐克、吉尔吉斯斯坦、日本、老挝、巴基斯坦、韩国、越南、索马里、柬埔寨、厄立特里亚、蒙古、孟加拉、捷克、印度、哈萨克斯坦、卢旺达、乌兹别克斯坦、塔吉克斯坦、尼日利亚、玻利维亚、乌干达 25 国的外籍留学生。调查对象所填写的母语情况与国籍基本上保持一致，如来自意大利的调查对象，其母语就是意大利语，只有 5 位调查对象涉及双语、1 位调查对象涉及三语，但未有调查对象的母语为汉语。

问卷中的第 1 题和第 2 题涉及受调查个人情况。题 1 是关于来黔留学生学习汉语时间的调查，而题 2 是关于来黔留学生在贵州生活时间的调查。题 1 的统计情况详见表 3—1：

表 3—1　　　　　　　　　　学习汉语的时间

1. 你学习汉语的时间（How long have you been studying Chinese?）：［单选题］

选项	小计	比例
A. 2 年以下（Less than 2 years）	171	56.25%
B. 3—5 年（3—5 years）	112	36.84%
C. 6—10 年（6—10 years）	13	4.28%
D. 10 年以上（More than 10 years）	8	2.63%
本题有效填写人次	304	

调查对象学习汉语的时间在 2 年以下的达到 56.25%，3—5 年的达到 36.84%，6—10 年的达到 4.28%，10 年以上的达到 2.63%。这表明大部分调查对象在进入贵州省高校时或者在此之前可能很少学习过汉语，他们的汉语水平可能不高，对贵州地域文化的了解程度也应该不会太好。

表 3—2　　　　　　　　　　在贵州生活的时间

2. 你在贵州生活的时间（How long have you been living in Guizhou Province?）：［单选题］

选项	小计	比例
A. 1 年以下（Less than 1 year）	152	50%

续表

选项	小计	比例	
B. 2—3 年（2—3 years）	124		40.79%
C. 4—5 年（4—5 years）	28		9.21%
D. 6 年以上（More than 6 years）	0		0
本题有效填写人次	304		

就在贵州生活的时间而言，他们当中没有人在贵州生活时间达6年以上；在贵州生活2—3年的有124人，占总人数的40.79%；在贵州生活1年以下的有152人，占总人数的50%。由此可见，大部分受调查者来黔时间不长，他们对贵州地域文化的了解应该不会太多。但是，并不能说明他们对贵州地域文化的学习需求不强。此外，从统计数据来看，有一半的受调查者在贵州生活已达两年以上，无论是从学习汉语的角度来说，还是从在贵州生活的角度来说，他们还是很有必要去了解和学习贵州地域文化的。

当然，不能单凭来黔留学生学习汉语的时间和在贵州生活的时间来判断他们对于贵州地域文化的了解现状。有鉴于此，在问卷的第二部分就来黔留学生对贵州地域文化的认知现状展开了调查。

二　来黔留学生对贵州地域文化的认知情况

问卷中的第3题至第6题涉及来黔留学生对贵州地域文化的认知情况调查。其中，题3要求问卷回答者对贵州地域文化资源的构成进行排序。考虑到绝大多数受调查者因来黔时间不长、汉语语言水平不高等客观因素的制约，不可能像汉语教师那样会对贵州地域文化资源有较为准确的认识和理解。因此，笔者在罗列贵州地域文化资源构成时，将贵州地域文化资源的描述具体化，如世居少数民族文化体现为传统民族节日活动（例如，三月三）、民居建筑（例如，风雨桥、吊脚楼）、语言（例如，苗语）及饮食（例如，酸汤鱼）；喀斯特生态文化为喀斯特地貌集中区域——黄果树瀑布；文化遗产体现为传统工艺（例如，刺绣、蜡染）等；夜郎文化体现为传统民族节日活动（例如，吃新节）及饮食（例如，油茶）；傩文化通过戏剧艺术（例如，傩戏）来体现；而移民文化、沙滩文化由于在教师问卷调查结果中的排序靠后（见图2—4、图2—11），所以，未在本部分中加以罗列。此外，贵州地域文化资源会出现交错融合的情况，因此，也会出现某类文化资源不只归属为某一种类型的情况。经过问卷调查后，所涉贵州地域文化资源具体的排序情况详见表3—3：

表3—3　　　　贵州地域文化资源的构成排序

3. 你认为以下哪些属于贵州地域文化资源（Which are the regional cultural resources of Guizhou？）：[多选题]

选项	小计	比例
A. 语言（例如，苗语、贵阳话）——Language（e.g. Miao language/Guiyang dialect）	196	64.47%
B. 饮食（例如，酸汤鱼、油茶、丝娃娃）——Food（e.g. Fish in Sour Soup/You Cha also known as Oil-tea camellia/Si Wawa, also known as Guiyang Spring Rolls）	172	56.58%
C. 传统工艺（例如，刺绣、蜡染）——Traditional handicraft（e.g. Embroidery/Batik）	73	24.01%
D. 民居建筑（例如，风雨桥、吊脚楼）——Residential buildings and architecture（e.g. Wind-rain Bridge/Diaojiaolou, special dwellings of Tujia or Miao People）	80	26.32%
E. 传统民族节日活动（例如，吃新节、三月三）——Traditional ethnic festivals（e.g. Harvest Festival for Gelao Nationality/Sanyuesan Festival）	80	26.32%
F. 戏剧艺术（例如，安顺地戏、傩戏）——Traditional Chinese operas（e.g. Anshun Opera/Nuo Opera）	32	10.53%
G. 名胜古迹（例如，黄果树瀑布、青岩古镇）——Scenic spots and historical sites（e.g. Huangguoshu Waterfalls/Qingyan Ancient Town）	148	48.68%
本题有效填写人次	304	

就贵州地域文化资源的构成排序而言，为数众多的受调查者认为语言（占总人数的64.47%）应居于首位，其次是饮食（占总人数的56.58%），名胜古迹（占总人数的48.68%）列为第三；并列排第四的是民居建筑和传统民族节日活动，占总人数的26.32%；紧随其后的是传统工艺，占总人数的24.01%；末位的是戏剧艺术，仅占总人数的10.53%。从对贵州地域文化资源的认识来看，他们的选择明显偏重于世居少数民族文化，因为无论从排序居首位的语言，还是居第二的饮食，都涉及少数民族语言（例如，苗语）和少数民族饮食（例如，酸汤鱼和油茶），此外，并列排在第四的民居建筑（例如，风雨桥和吊脚楼）、传统民族节日活动（例如，吃新节和三月三）也都涉及贵州世居少数民族文化。除了贵州世居少数民族文化外，受调查者的选择可能也偏重于喀斯特生态文化，这是因为他们认为名胜古迹是贵州地域文化资源构成中排序第三的资源，而贵州的名胜古迹很多又与喀斯特生态景观不可分，例如，表3—3中所罗列的黄果树瀑布和青岩古镇。如果结合教师问卷调查结果与上述调查结果，我们可以明确一点，无论是国际中文教师还是来黔留学生，皆认为贵州地域文化资源的主要构成是世居少数民族文化和喀斯特生态文化。亦即是，如果在国际中文教育中应用贵州地域文化资源，首先应当考虑到的就是以贵州世居少数民族文化（包括语言、饮食、建筑、节日）和喀斯特生态文化（主要是喀斯特生态景观）为主的应用内容。

而受调查者对于传统工艺和戏剧艺术的认识，可能是由于不熟悉，而导致选择比例不高，例如戏剧艺术中涉及的"安顺地戏、傩戏"；又可能是由于觉得很难掌握或难学习，而导致认为应用起来很困难，哪怕它们是属于世居少数民族文化或文化遗产的一部分，例如传统工艺中涉及的"刺绣、蜡染"。此外，根据教师问卷调查的结果，也可以发现选择夜郎文化、傩文化等所占总人数的比例不高。

基于以上分析，可以知道绝大多数来黔留学生对贵州地域文化的认识与国际中文教师还是比较趋向一致的。并且，由于笔者对贵州地域文化资源进行了具体分类，所以，他们对于贵州地域文化的认识，可以反映出在国际中文教育中需应用的贵州地域文化资源是什么，以及哪些贵州地域文化资源尤其值得应用。而对于贵州地域文化，来黔留学生究竟有没有想了解的需求？调查对象反映的基本情况如表3—4所示：

表3—4　　　　　　　　了解贵州地域文化的必要性

4. 在你看来，来黔留学生了解贵州地域文化（In your opinion, is it necessary for International students in Guizhou to know about its regional culture?）：[单选题]

选项	小计	比例
A. 有必要（Yes）	276	90.79%
B. 没有必要（No）	28	9.21%
本题有效填写人次	304	

调查结果表明，认为来黔留学生有必要了解贵州地域文化的达276人，占总人数的90.79%；同时，表示没有必要了解贵州地域文化的人数却很少，仅有28人，占9.21%。结合教师调查问卷的结果（见图2—16），我们知道有85.71%的受调查教师支持且愿意在国际中文教育中应用贵州地域文化资源。从供需关系来看，在国际中文教育中应用贵州地域文化资源是极为必要的。那么，在明确了应用的主体内容及应用的必要性后，我们需要思考的是如何应用的问题。而在此之前，明确来黔留学生了解贵州地域文化的原因是非常重要的，因为只有了解原因后，才能明确有效的应用途径或方式。

表3—5　　　　　　　　　了解贵州地域文化的原因

5. 假设你想了解贵州地域文化，那你想了解的原因是（Assuming that you want to know about Guizhou's regional culture, then what is the reason?）：[单选题]

选项	小计	比例
A. 有助于提升自己的文化素养（It can help me to improve my cultural literacy.）	85	27.96%
B. 觉得贵州地域文化很有趣（I find Guizhou's regional culture interesting.）	62	20.39%
C. 对学习汉语很有帮助（It is helpful for me to study Chinese.）	104	34.21%
D. 有助于在贵州更好地生活（It can make my life here easier and more convenient）	42	13.82%
E. 其他原因 Other reason（s）	7	2.30%
（空）	4	1.32%
本题有效填写人次	304	

毋庸置疑，几乎所有的来黔留学生都需要使用或想要学习汉语。调查结果也表明，占34.21%的104人想了解贵州地域文化的原因是对学习汉语有帮助。相比之下，选择其他原因的人数比例都在1/3以下：占27.96%的85人表示是有助于提升自己的文化素养；占20.39%的62人表示是觉得贵州地域文化很有趣；占13.82%的42人表示是有助于在贵州更好地生活；占2.30%的7人表示是其他原因，还有占1.32%的4人没有做出选择。

以上结果表明，来黔留学生中的绝大多数对汉语学习很重视，对通过了解贵州地域文化提升汉语水平有迫切和比较迫切的要求。同时，他们中还有部分人认为，有必要了解贵州地域文化是因为它们很有趣。还有部分人认为，了解贵州地域文化才能更好地融入来黔生活。虽然还有不到4%的人表示，是因为其他原因想了解贵州地域文化，又或者，没有选择任何原因。然而，结合前面题4"在你看来，来黔留学生了解贵州地域文化"的调查结果，已经知道有

28人已明确表示,他们觉得"没有必要"。可在该题中假设受调查者是想了解贵州地域文化的,就可以发现这28人中应该还是有10多人有想了解贵州地域文化的可能性。结合有想了解的可能性及具体的原因,笔者对来黔留学生想以什么样的形式了解贵州地域文化也做了调查。

表3—6　　　　　　　　　了解贵州地域文化的方式

6.你希望通过以下哪些方式了解贵州地域文化(In which way do you want to know about Guizhou's regional culture?):[单选题]

选项	小计	比例
A. 教师讲解(General teaching)	37	12.17%
B. 观看演出(Performance)	38	12.50%
C. 听专题讲座(Lectures)	4	1.32%
D. 参加体验活动(Experiential activities)	41	13.16%
E. 阅读书籍(Reading)	0	0
F. 网络学习(E-learning)	15	4.93%
G. 实地走访(Field trips/visits)	169	55.59%
本题有效填写人次	304	

针对希望通过哪种方式了解贵州地域文化这一问题,调查问卷提供了"教师讲解""观看演出""听专题讲座""参加体验活动""阅读书籍""网络学习""实地走访"这七项选择。55.59%的受调查者(共169人)倾向于"实地走访"形式,而"参加体验活动""观看演出""教师讲解"这三项,受调查者的选择的比例非常接近,依次为13.16%(41人)、12.50%(38人)和12.17%(37人)。此外,有占4.93%的15人选择了"网络学习"形式,还有1.32%的4人选择了"听专题讲座"形式。没有人选择"阅读书籍"形式。

结合教师问卷调查的结果(见图2—14),可以明确以下四点:第一,无论是国际中文教师还是来黔留学生,都普遍认可"实地走访"形式,虽然教师问卷中罗列的是"借助传统节日活动",但实际上也表明是让来黔留学生参与到实地走访活动中。第二,在汉语课堂上播放有关贵州地域文化的视频,让来黔留学生进行观看,或者教师给他们讲解,又或者让他们参加相关体验活动,诸如此类需要在课堂或校园中进行的形式,也是国际中文教师和来黔留学生比较青睐的形式。第三,尽管在大多数受调查教师看来,邀请专家学者作有关贵州地域文化的讲座是一种较好的形式,但只有4名来黔留学生选择了这种形式。相比之下,选择"网络学习"这种方式的比例较为接近,有1名(2.04%)国际中文教师在补充说明中选择了这种方式,而来黔留学生中也仅有15人(4.93%)选择了这种形式。第四,"阅读书籍"这种方式,无论是在国际中文教师还是来黔留学生看来,都是排在末位的了解方式。就表3—6来看,没有一位受调查留学生选择这种方式去了解贵州地域文化。

从供需关系来看,实地走访和汉语课堂教学(校园文化活动)无疑将是在国际中文教育中帮助学习者了解贵州地域文化的有效方式。然而,在将这两种方式及其他五种方式与多彩的贵州地域文化资源结合后,它们是否还是来黔留学生极为需要的了解方式,或者说,其他五种方式的需求情况是否会有所改变,都需要进一步去论证。为此,在接下来的这一节里,笔者就来黔留学生对贵州地域文化学习方式需求层次的差异与优先满足内容的情况进行分析。

三 贵州地域文化学习需求分析

20世纪80年代,Noriaki Kano等学者以分析消费者需求对消费满意度的影响为基础,提出可以对消费者需求进行分类和优先排序的魅力质量理论及其Kano模型。由于魅力质量理论及其Kano模型可以体现出产品质量性能、服务特性和消费者满意度之间的非线性关系,所以,它们被广泛运用于国内外有关产品、服务需求层次的分析中。本部分将基于魅力质量理论及其Kano模型,分析来黔留学生关于贵州地域文化学习方式、学习内容的不同需求层次，明确各种学习需求所归属的质量要素。同时，通过各种学习需求的实际安排现状与来黔留学生对于它们的知晓情况，明确来黔留学生关于贵州地域文化学习需求的层次差异。最后，在 Kano 评价结果的基础上，结合满意度系数（SI）和不满意度系数（DSI）确立各项学习需求的影响程度。通过这三方面的分析情况，可以较为宏观地把握来黔留学生学习贵州地域文化的实际需求，并结合当前贵州地域文化资源的应用（提供服务）现状，明确应优先满足的贵州地域文化学习需求序列，从而为进一步思考如何在国际中文教育中有效应用贵州地域文化资源提供有益参考。

（一）分析方法

在"关于来黔留学生对贵州地域文化学习需求的调查问卷"中，第 7 题—第 24 题涉及来黔留学生对贵州地域文化学习方式、学习内容的需求调查。具体而言，在第 7 题—第 13 题中，每题都涉及一种学习贵州地域文化的方式；在第 14 题—第 24 题中，每题都涉及一项具体的贵州地域文化学习内容。此外，每题都包含 3 个小题，因此，第 7 题—第 24 题共涉及 54 个小题。每题中的第 1 小题是"正向"问题，第 2 小题是"反向"问题，分别调查来黔留学生就某种特定的贵州地域文化学习方式、学习内容在"提供安排"或"不提供安排"时所做出的反应。第 1 小题和第 2 小题中的问题答案按照"喜欢、理应如此、无所谓、勉强接受、不喜欢"进行评定。作者从问卷星上导出统计数据后，主要基于 Kano 模型的个性化需求获取方法对这两题的情况展开分析，进而明确各种学习方式、学习内容所归属的质量要素。由于每题中的第 3 小题涉及对贵州地域文化学习方式、学习内容的提供现状，因此，在明确各种学习方式、学习内容所归属的质量要素后，笔者将在某一种确定的质量要素下，根据问卷星上的统计数据分析相关学习方式、学习内容的实际提供现状与来黔留学生对于它们的知晓情况，从而确定出来黔留学生希望优先满足的学习需求序列。下面，我们以问卷中的第 7 题为例，展示具体的分析方法：

第一，从问卷星上导出受调查者的填写数据。例如，笔者所导出的受调查者 9（老挝籍来黔留学生）对第 7 题的填写数据如下：

7.（1）如果教师在课堂上讲授关于贵州地域文化的知识，你会觉得（If your teacher teaches some knowledge about Guizhou's regional culture, what's your opinion?）：*

A. 喜欢（I like it.）

（2）如果不能提供这样的讲授，你会觉得（If such instruction can't be provided, what's your opinion?）：*

B. 无所谓（I don't care about it.）

（3）你校教师有没有类似这样的讲授（Do teachers in your university have such kind of instruction?）：*

C. 不清楚（I don't know.）

第二，根据"Kano 评价结果分类对照表"统计结果。结合本研究"关于来黔留学生对贵州地域文化学习需求的调查问卷"中第 7 题—第 24 题的具体情况，Kano 评价结果分类对照表可展示如下：

表 3—7　　　　　　　　**Kano 评价结果分类对照表**

		不提供此安排				
		喜欢	理应如此	无所谓	勉强接受	不喜欢
提供此安排	喜欢	Q	A	A	A	O
	理应如此	R	I	I	I	M
	无所谓	R	I	I	I	M
	勉强接受	R	I	I	I	M
	不喜欢	R	R	R	R	Q

基于 Kano 评价结果分类对照表，可以就受调查者对"正向"问题和"反向"问题的回答进行属性分类。例如，受调查者 9 对第 7 题中"正向"问题（第 1 小题）的回答是"喜欢"，对"反向"问题（第 2 小题）的回答是"无所谓"，那么，受调查者 9 对于"教师讲授"这种学习方式的需求属性分类就可视为魅力质量要素（A）。顺此思路，如果另一位受调查者对"正向"问题的回答是"喜欢"，而对"反向"问题的回答是"不喜欢"，那么所调查的某种特定学习方式、学习内容在 Kano 评价表对应的属性分类就为期望质量要素（O）。在从问卷星上导出 304 位受调查者对第 7 题的填写数据后，笔者基于 Kano 评价结果分类对照表依次就每位受调查者对"正向"问题和"反向"问题的回答进行了属性分类，最后统计出 304 位受调查者就"教师讲授"这种学习方式的属性分类情况，详见表 3—8：

表 3—8　基于 Kano 评价结果分类对照表对"教师讲解"方式的统计结果

7. 教师在课堂上讲授关于贵州地域文化的知识		（2）不提供此安排				
		喜欢	理应如此	无所谓	勉强接受	不喜欢
（1）提供此安排	喜欢	0	16	25	48	54
	理应如此	0	22	14	21	8
	无所谓	0	2	34	3	15
	勉强接受	0	15	2	23	2
	不喜欢	0	0	0	0	0

（基本质量要素 M = 25；期望质量要素 O = 54；魅力质量要素 A = 89；无差异质量要素 I = 136）

在得到每题的统计结果后，笔者将依据基本质量要素（M）、期望质量要素（O）、魅力质量要素（A）和无差别质量要素（I）去分析来黔留学生对贵州地域文化的学习需求情况。需要提出的是，在 Kano 评价结果分类对照表中，除了这四项质量要素外，还多出了一项可疑结果"Q",亦即是,受调查者对"正向"和"反向"问题的回答都是"喜欢"或者"不喜欢"。由于问卷第7题—第24题中,每题涉及3个小题,以致共有54个小题,题量还是比较大,加上问卷中的"双向"问题对于少部分汉语或英语水平较低的来黔留学生而言,在理解上还是存在一定的困难。例如,就"喜欢"和"不喜欢"两个选项,就会对应出现"提供安排/喜欢""提供安排/不喜欢""不提供安排/喜欢""不提供安排/不喜欢"四种情况。因此,在问卷调查的过程中,作者发现有9份问卷出现"Q"的情况。为保证数据的有效性,这9份问卷被视为无效问卷,不包括在本书所分析的304份问卷中。

第三,明确各种学习方式、学习内容的应用现状与来黔留学生对于它们的知晓情况,并根据它们所隶属的质量要素属性,分析来黔留学生关于贵州地域文化学习需求层次的情况。依据第二步分析,可以得知每种学习方式、学习内容所归属的质量要素类别。然后,可以将与各质量要素相关的学习方式、学习内容罗列在一个确定的质量要素范畴内,例如,在问卷第7题中所提及的"教师讲授"这一学习方式,可能会与其他的学习方式、学习内容都同时隶属于某一个质量要素(假设是"无差别质量要素")。那么,在通过问卷星导出这些相关学习方式、学习内容所涉大题中第3小题的数据后,可以明确它们的实际应用现状以及来黔留学生对于它们的知晓情况,并基于"无差别质量要素"的服务特性,推导出它们在来黔留学生学习需求层次中的具体情况。

第四,基于 Berger 等学者提出的顾客满意度系数(customer satisfaction coefficient, CS)确立各项需求要素的影响程度。本书除了基于魅力质量理论及其 Kano 模型对贵州地域文化学习需求的质量属性进行探讨外,还将基于各项属性归类的百分比计算出满意度系数(SI)和不满意度系数(DSI),从而对每项学习需求进行满意度评价,进而判定某项学习需求增加后对学习贵州地域文化的满意影响程度或者消除后对学习贵州地域文化的不满意影响程度，其计算公式如下：

$$满意度系数：SI = (A+O)/(A+O+M+I)$$
$$不满意度系数：DSI = (O+M)/(A+O+M+I) \times (-1)$$

根据计算公式，就是要把各个选项（喜欢、理应如此、无所谓、勉强接受、不喜欢）下每个字母（M、O、A、I、R）对应的百分比放进上面的公式中进行计算，从而得到能够增加来黔留学生学习贵州地域文化的满意度系数和消除来黔留学生学习贵州地域文化的不满意度系数。满意度系数（SI）的数值通常为正值，代表如果提供某种学习方式或学习内容，来黔留学生的满意度就会提升；正值越大，越接近1，表示对来黔留学生满意度的影响就会越大，其满意度提升的影响效果就越强，上升的速度也就会更快。不满意度系数（DSI）的数值通常为负值，代表如果不提供某种学习方式或学习内容，来黔留学生的满意度就会降低；值越负向，越接近-1，表示对来黔留学生不满意的影响就会越大，满意度降低的影响效果也就越强。因此，我们可以根据满意度系数（SI）和不满意度系数（DSI），并结合贵州地域文化学习需求层次的分析情况，充分挖掘来黔留学生的潜在学习需求，明确各需求要素的优先满足序列，以期对它们进行优化设计，以提升贵州地域文化资源在国际中文教育中的应用效果。

（二）贵州地域文化学习需求层次分析

问卷中第7题—第13题涉及"教师讲解""观看演出""听专题讲座""参加体验活动""阅读书籍""网络学习""实地走访"7种学习方式，而第14题—第24题涉及"喀斯特生态文化""少数民族文化""文化遗产""夜郎文化""沙滩文化""移民文化""傩文化""黔中王学"8项学习内容。鉴于"汉语国际推广中贵地域文化资源现状调查问卷"统计的数据及教师访谈的情况,我们已明确"喀斯特生态文化""少数民族文化""文化遗产"的应用现状及受欢迎程度要优于其他贵州地域文化资源,因此,在第14题—第24题涉及贵州地域文化学习内容的部分,这三类资源每个都涉及2个大题,而其他贵州地域文化资源则每个涉及1个大题。在从问卷星上导出受调查者有关这18个题的填写数据后,笔者根据"Kano评价结果分类对照表"统计出每种学习方式和每项学习内容的属性分类,具体表现为:1项属于基本质量要素(M)、3项属于期望质量要素(O)、6项属于魅力质量要素(A)、8项属于无差别质量要素(I)。

表3—9　　来黔留学生贵州地域文化学习需求层次划分

学习方式类					
学习方式	M	O	A	I	R	需求层次
教师讲解	25	54	89	136	/	I
观看演出	17	48	140	99	/	A
听专题讲座	20	56	93	112	23	I
参加体验活动	35	69	126	74	/	A
阅读书籍	29	77	38	141	19	I
网络学习	8	42	71	163	20	I
实地走访	54	102	85	63	/	O
学习内容类					
学习内容	M	O	A	I	R	需求层次
喀斯特生态文化(地貌景点)	26	107	84	87	/	O
喀斯特生态文化(贵州民居)	12	59	68	144	21	I
少数民族文化(服饰与工艺)	92	47	86	79	/	M
少数民族文化(苗寨美食)	43	65	114	82	/	A
文化遗产(民族节日活动)	40	112	65	71	16	O
文化遗产(民族村寨资源)	34	56	74	140	/	I
夜郎文化(夜郎葬俗)	25	64	109	93	13	A
沙滩文化(沙滩文化遗址)	7	53	118	105	21	A

续表

学习内容	学习内容类					需求层次
	M	O	A	I	R	
移民文化（屯堡文化博物馆）	83	61	65	88	7	I
傩文化（傩戏面具）	32	70	74	113	15	I
黔中王学（王阳明）	9	69	107	101	18	A

1. 基本质量要素（M）

基本质量要素（M）是来黔留学生认为最应得到提供的服务需求，因此，它对来黔留学生就贵州地域文化的学习满意度产生着极为重要的影响。表3—9显示，基本质量要素只包括少数民族文化（服饰、工艺等）1项内容。如果从魅力质量理论出发，我们不难理解这项内容的提供虽然不会导致来黔留学生对贵州地域文化学习满意度的明显提升，但是，在不提供或提供不足时将会导致来黔留学生对贵州地域文化学习满意度的急速下降，甚至还会引起极大的不满。

作为基本质量要素，贵州少数民族文化（服饰、工艺等）能够体现出来黔留学生对贵州地域文化的基本学习需求，而这与少数民族服饰、少数民族传统工艺在贵州地域文化中的基础性地位不可分。毋庸置疑，自2005年贵州推出以"多彩贵州"为主题品牌的系列活动以来，贵州世居少数民族文化成为展示贵州地域文化的一个重要符号。很多来过贵州的国内外友人都曾表示，观看贵州少数民族手工艺制作和民族服饰、聆听贵州少数民族音乐等，都会是非常美妙的体验。这也无怪乎不少人在提及贵州地域文化时，首先想到的就是贵州少数民族文化，而贵州少数民族服饰、传统工艺等自然也是绕不过的主题。

在明确少数民族文化（服饰、工艺等）是基本质量要素后，笔者依据问卷星上就"关于来黔留学生对贵州地域文化学习需求的调查问卷"中第16题统计出的数据，了解到受调查者所在学校的教师向留学生介绍贵州少数民族服饰、传统工艺等的情况，详见表3—10：

表3—10　　　　　　　　基本质量要素的提供与知晓情况

基本质量要素	提供情况		知晓情况
	有	没有	不清楚
少数民族文化（服饰、工艺等）	34.21%	37.83%	27.96%

尽管有34.21%的来黔留学生表示，所在学校的教师会向他们介绍贵州少数民族服饰、传统工艺等，但从"没有提供"（37.83%）和表示"不清楚"（27.96%）的情况来看，基本质量要素的服务功能并未得到充分发挥。然而，从基本质量要素的服务特性来看，少数民族文化（服饰、工艺等）能够体现出来黔留学生对贵州地域文化基础性的需求，理应在贵州地域文化资源应用中优先得到保证。

2. 期望质量要素（O）

期望质量要素是来黔留学生能够觉察得到的学习内容，是他们主观预想的需求。基于魅力质量理论，如果期望质量需求能够得到满足，可以实现来黔留学生对贵州地域文化学习满意度的提高，反之，如果此类需求得不到满足，会导致来黔留学生对贵州地域文化学习满意度的直线下降，甚至还有可能导致他们对贵州地域文化失去学习的信心。根据表3—9所示，期望质量要素包括"实地走访""喀斯特生态文化（地貌景点）"和"文化遗产（民族节日活动）"三项内容。其中"实地走访"是学习方式，而后两项则涉及的是学习内容。

根据表3—6统计的数据，我们已经明确受调查者对于问卷所提供7种学习方式的选择情况为："实地走访"（55.59%）>"参加体验活动"（13.16%）>"观看演出"（12.50%）>"教师讲解"（12.17%）＞"网络学习"（4.93%）＞"听专题讲座"（1.32%）＞"阅读书籍"（0）。显而易见，从选择比例来看，"实地走访"这种学习方式的选择比例超出了50%，以绝对的优势超越了其他6种学习方式。在此基础上，我们借助表3—9可以更进一步地明确"实地走访"是来黔留学生普遍希望实现的需求意愿，因此，它不可避免地会归属于期望质量要素。此外，通过从问卷星上导出第13题"实地走访"、第14题"喀斯特生态文化（地貌景点）"和第18题"文化遗产（民族节日活动）"中第3小题的统计数据后，我们可以看到它们的提供率和知晓率均未超过50%（见表3—11），而"没有提供"和表示"不清楚"两项的占比则都超过了50%，且"喀斯特生态文化（地貌景点）"和"文化遗产（民族节日活动）"的占比还高达70%以上，由此看来，期望质量要素的服务功能并没有得到很好地发挥。

表3—11　　　　　　　期望质量要素的提供与知晓情况

期望质量要素	提供情况 有	提供情况 没有	知晓情况 不清楚
实地走访	40.13%	23.03%	36.84%
喀斯特生态文化（地貌景点）	25.99%	36.84%	37.17%
文化遗产（民族节日活动）	28.62%	40.13%	31.25%

期望质量要素反映出来黔留学生最期望学习贵州地域文化的方式是"实地走访"，而最希望学习的内容是"喀斯特生态文化（地貌景点）"和"文化遗产（民族节日活动）"。事实上，从国际中文教师对贵州地域文化资源的认识（见图2—4）和对学习者了解贵州地域文化的渠道（见图2—6）来看，这三项需求也是他们非常认可的服务内容。其中，"喀斯特生态文化"和"文化遗产"是除"世居少数民族文化"以外，国际中文教师所认可的贵州地域文

的重要构成要素,而"实地旅游(走访)"则是他们认为学习者了解贵州地域文化最重要的渠道。鉴于以上情况,有理由相信在需求满足序列中,这三项学习需求是在基本质量要素满足基础上优先提供的学习方式和学习内容。

3. 魅力质量要素(A)

魅力质量要素(A)是超出来黔留学生预期之外的贵州地域文化学习可供要素。从表3—9显示的结果来看,魅力质量要素包括2项学习方式和4项学习内容:前者包括"观看演出"和"参加体验活动",后者包括"少数民族文化(苗寨美食)""夜郎文化(夜郎葬俗)""沙滩文化(沙滩文化遗址)"和"黔中王学(王阳明)"。基于魅力质量理论,上述6项学习需求的提供会极大提升来黔留学生学习贵州地域文化的满意度,但如果不提供,也不会导致满意度的下降。

从来黔留学生所选的这6项学习需求来看,魅力质量要素至少体现出非普遍性的特征。换句话说,这些服务项目具有超出来黔留学生预期所想的、补充性的需求特征。例如,"夜郎文化(夜郎葬俗)""沙滩文化(沙滩文化遗址)"和"黔中王学(王阳明)"这三项学习内容,与大众所熟知的贵州少数民族文化、喀斯特生态文化、文化遗产相比,不要说多数来黔留学生,就是很多贵州本地人都会由于对贵州地域文化的认知不足,不将它们视为服务项目(可提供的贵州地域文化学习内容)。诚如"汉语国际推广中贵州地域文化资源应用现状调查问卷"中第4题调查的情况所示(见图2—4),在很多汉语教师看来,贵州地域文化资源更多是贴近现实生活的资源,例如"贵州少数民族文化"和"喀斯特生态文化",而不是"夜郎文化""沙滩文化""黔中王学"等。因此,如果将它们作为可提供的贵州地域文化资源学习内容,这会在来黔留学生的预期之外,无疑会较大幅度地提升他们学习贵州地域文化资源的满意度,反之,也不会对他们的满意度造成什么不好的影响。

同样地,"观看演出"和"参加体验活动"这两种学习方式,相对于常见的"教师讲解"这种方式,也不易被视为必须提供的贵州地域文化资源学习方式。

通过从问卷星上导出第 8 题"观看演出"、第 10 题"参加体验活动"、第 17 题"少数民族文化(苗寨美食)"、第 20 题"夜郎文化(夜郎葬俗)"、第 21 题"沙滩文化(沙滩文化遗址)"和第 24 题"黔中王学(王阳明)"中第 3 小题的统计数据后,我们不难发现上述学习方式和学习内容的提供率和知晓率普遍较低(见表 3—12):从提供情况来看,三项学习内容的占比均未超过 30%,有一项也仅达到 31.58%;两种学习方式的占比也未超过 60%;在未提供方面,除了"夜郎文化"外,其他五项的占比均在 30% 以下。此外,就安排的知晓情况而言,"夜郎文化""沙滩文化""黔中王学"的占比均超过了 30%。显而易见,上述学习方式和学习内容并未充分发挥它们应有的作用,而来黔留学生对它们的知晓率也有待提升。

表 3—12　　　　　　　魅力质量要素的提供与知晓情况

魅力质量要素	提供情况 有	提供情况 没有	知晓情况 不清楚
观看演出	45.72%	28.62%	25.66%
参加体验活动	54.28%	14.14%	31.58%
少数民族文化(苗寨美食)	29.93%	34.54%	35.53%
夜郎文化(夜郎葬俗)	25.66%	36.84%	37.50%
沙滩文化(沙滩文化遗址)	28.62%	22.70%	48.68%
黔中王学(王阳明)	31.58%	25.66%	42.76%

尽管"观看演出""参加体验活动""少数民族文化(苗寨美食)""夜郎文化(夜郎葬俗)""沙滩文化(沙滩文化遗址)""黔中王学(王阳明)"不被视为应当提供的学习方式、学习内

容，但它们具有补充性或辅助性的功能属性。因此，一旦提供不足，势必也会促发来黔留学生对此类学习方式、学习内容的需求。以"少数民族文化（苗寨美食）"而言，我们通过表3—3已经知道，来黔留学生将少数民族美食（如，酸汤鱼）视为贵州地域文化构成中占比第二的文化资源。换言之，在基本质量要素、期望质量要素满足的基础上，我们也应对上述魅力质量要素在国际中文教育中的服务功能有所考虑，以实现它们相应的、补充性的服务功能。

4. 无差别质量要素（I）

根据魅力质量理论，无差别质量要素（I）在需求层次中处于无关紧要的地位，因此，它的提供与否对来黔留学生的贵州地域文化学习没有什么影响。从表3—9来看，归属于无差别质量要素的学习方式和学习内容就占了近1/2，这也就说明绝大多数贵州地域文化学习方式和学习内容对于来黔留学生而言，其应用价值并不凸显。就数量而言，包括4种学习方式和4项学习内容。前者包括"教师讲解""听专题讲座""阅读书籍"和"网络学习"，而后者则涉及"喀斯特生态文化（贵州民居）""文化遗产（民族村寨资源）""移民文化（屯堡文化博物馆）"和"傩文化（傩戏面具）"。

一方面，从归属于无差别质量要素的学习方式来看，它们其实都与学习者日常的学习方式紧密相关。然而，受师资水平、教学资源、教学条件等实际情况的影响，来黔留学生并未选择它们作为学习贵州地域文化的主要方式。根据"汉语国际推广中贵州地域文化资源应用现状调查问卷"统计的数据以及对国际中文教师访谈的情况，我们已经知道熟悉贵州地域文化的国际中文教师并不多，而有关贵州地域文化介绍的书籍及网络宣传也处于缺位状态，因此，来黔留学生对这4种学习方式的整体需求层次不高，这也在情理之中。另一方面，从归属于无差别质量要素的学习内容来看，它们对于绝大多数贵州本地人来说都较为陌生，就更不用说来黔留学生了，因此，来黔留学生对于它们不存在普遍的需求，比如，"文化遗产（民族村寨资源）"。虽然它们的提供与否不会对来黔留学生学习贵州地域文化的满意度造成太大影响，但是，从问卷星上导出第 7 题"教师讲解"、第 9 题"听专题讲座"、第 11 题"阅读书籍"、第 12 题"网络学习"、第 15 题"喀斯特生态文化（贵州民居）"、第 19 题"文化遗产（民族村寨资源）"、第 22 题"移民文化（屯堡文化博物馆）"、第 23 题"傩文化（傩戏面具）"的统计数据来看（见表 3—13），无差别质量要素的层次内部还是存在着较大的差异，比如，就提供率而言，"教师讲解"和"听专题讲座"的占比分别达到 43.42% 和 39.80%，而"文化遗产（民族村寨资源）"和"傩文化（傩戏面具）"的占比却只有 18.42% 和 17.43%，为此，有必要对各无差别质量要素的需求层次再进行深入了解和分析，以避免忽略了某些仍需加以重视的需求。

表3—13　　　　　　　　无差别质量要素的提供与知晓情况

无差别质量要素	提供情况		知晓情况
	有	没有	不清楚
教师讲解	43.42%	25.66%	30.92%
听专题讲座	39.80%	31.58%	28.62%
阅读书籍	25.66%	40.13%	34.21%
网络学习	32.57%	36.51%	30.92%
喀斯特生态文化（贵州民居）	22.70%	47.04%	30.26%
文化遗产（民族村寨资源）	18.42%	19.41%	62.17%
移民文化（屯堡文化博物馆）	27.63%	33.22%	39.15%
傩文化（傩戏面具）	17.43%	34.87%	47.70%

总体而言，从各质量要素的特征和分布来看，基本质量要素

(M)体现出来黔留学生对贵州地域文化根本性的"需要"倾向，是理应优先满足的需求，但只涉及少数民族文化（服饰、工艺等）1项学习内容；期望质量要素（O）是来黔留学生主观"想要"的需求倾向，是在满足基本质量要素后需考虑提供的服务，但也只涉及"实地走访"1种学习方式，以及"喀斯特生态文化（地貌景点）"和"文化遗产（民族节日活动）"2项学习内容；魅力质量要素（A）对来黔留学生而言，是"超出预期"的学习需求，具备辅助性、补充性的功能，在满足前两项质量要素的情况下，可考虑发挥这一质量要素的服务功能，主要涉及"观看演出"和"参加体验活动"2种学习方式，以及"少数民族文化（苗寨美食）""夜郎文化（夜郎葬俗）""沙滩文化（沙滩文化遗址）"和"黔中王学（王阳明）"4项学习内容；无差别质量要素（I）尽管体现的是来黔留学生"无关紧要"的需求，但有些服务功能仍需加以重视和应用，主要涉及"教师讲解""听专题讲座""阅读书籍""网络学习"4种学习方式，以及"喀斯特生态文化（贵州民居）""文化遗产（民族村寨资源）""移民文化（屯堡文化博物馆）""傩文化（傩戏面具）"4项学习内容。

（三）贵州地域文化学习需求优先满足序列

根据表3—9，我们仅选取Kano模型各个属性维度中占比最大值的类别作为贵州地域文化学习方式和学习内容的属性归属，这不可避免地会摒弃大量统计样本的数据结果，不利于把握来黔留学生潜在的学习需求。为了更好地呈现与衡量同一维度中各要素对满意度的影响，在本节中我们将基于各种学习方式、学习内容的不同属性维度的百分比，计算出不满意度系数（DSI）和满意度系数（SI）（见表3—14），进而判断各需求要素（学习方式和学习内容）的优先满足序列。

表3—14　贵州地域文化学习方式及学习内容的不满意度系数（DSI）和满意度系数（SI）[①]

学习方式	DSI	SI	学习内容	DSI	SI
M1 教师讲解	-0.26	0.47	C1 喀斯特生态文化（地貌景点）	-0.44	0.63
M2 观看演出	-0.21	0.62	C2 喀斯特生态文化（贵州民居）	-0.26	0.45
M3 听专题讲座	-0.27	0.49	C3 少数民族文化（服饰与工艺）	-0.47	0.44
M4 参加体验活动	-0.34	0.64	C4 少数民族文化（苗寨美食）	-0.36	0.59
M5 阅读书籍	-0.37	0.40	C5 文化遗产（民族节日活动）	-0.53	0.61
M6 网络学习	-0.18	0.40	C6 文化遗产（民族村寨资源）	-0.30	0.43
M7 实地走访	-0.51	0.62	C7 夜郎文化（夜郎葬俗）	-0.31	0.59
			C8 沙滩文化（沙滩文化遗址）	-0.21	0.56
			C9 移民文化（屯堡文化博物馆）	-0.48	0.42
			C10 傩文化（傩戏面具）	-0.35	0.50
			C11 黔中王学（王阳明）	-0.27	0.62

不满意度系数（DSI）在要素划分中归于基本质量要素（M）和期望质量要素（O）的频次，是指需求无法满足时对降低用户满意度的影响程度，故能够表现出用户对服务的依赖性。DSI的系数取值区间在-1和0之间，如果某项需求要素的DSI越靠近-1，那么，如果对它的提供越不充分，用户满意度降低的状况就会越严重。反过来，如果DSI越靠近0，则表示用户满意度下降的程度越小。从表3—14来看，DSI取值绝对值在0.5以上的共有2项：实地走访（M7）和文化遗产（C5），取值绝对值在0.4和0.49之间的共有3项：移民文化（C9）、少数民族文化（C3）和喀斯特生态文化（C1），其他13项的取值绝对值则均小于0.39。

满意度系数（SI）在要素划分中归于魅力质量要素（A）和期望质量要素（O）的频次，用于衡量需求的满足对提升用户满意的

[①] 为便于分析，笔者在各需求要素前面加上了字母序号，学习方式类以M开头，而学习内容类以C开头。

影响程度，因此，它能够体现出用户对服务的期待性。SI的系数取值区间在0和1之间，如果某项需求要素的SI越接近1，那它对提升用户满意度的作用就越大，反之如果它越接近0，则表明其影响就越小。从表3—14来看，SI取值在0.6以上的共有6项：文化遗产（C5）、观看演出（M2）、实地走访（M7）、黔中王学（C11）、喀斯特生态文化（C1）和参加体验活动（M4），紧随其后取值在0.59的则有2项：少数民族文化（C4）和夜郎文化（C7），其他10项的取值则均小于0.59。

显而易见，实地走访（M7）、文化遗产（C5）和喀斯特生态文化（C1）是DSI和SI两项取值都高的需求要素。但为了以更加直观的方式呈现出各要素之间对满意度的影响差异，我们除了明确各要素的DSI和SI的取值外，还将通过比较这两项取值的绝对值大小来判断它们的优先满足序列。具体而言，当｜SI｜＞｜DSI｜时，表明需求要素提供时，其满意度提升程度的影响要大于下降的影响，这也就表明来黔留学生对此项要素的需求期待性大于依赖性。从此意义上说，如果优先满足｜SI｜更大的需求要素，这会更加有助于吸引来黔留学生对贵州地域文化的关注，促进贵州地域文化资源在国际中文教育中的有效应用。反过来，当｜SI｜＜｜DSI｜时，表明需求要素不提供时，其满意度下降程度的影响会更大，这也就表明来黔留学生对此项要素的需求依赖性大于期待性，因此，应优先满足｜DSI｜更大的需求要素。

根据图3—1所示，我们可以通过｜SI｜和｜DSI｜系数的绝对值对比，得出以下三项结果：

第一，绝大多数需求呈现出"期待性"大于"依赖性"的倾向。这是因为在图3—1中，共有18项需求要素，仅｜SI｜＞｜DSI｜的要素就占了16项。其中，｜SI｜与｜DSI｜差距较大的有观看演出（M2）、参加体验活动（M4）、沙滩文化（C8）和黔中王学（C11），绝对值差异均超过0.3，其中观看演出（M2）一

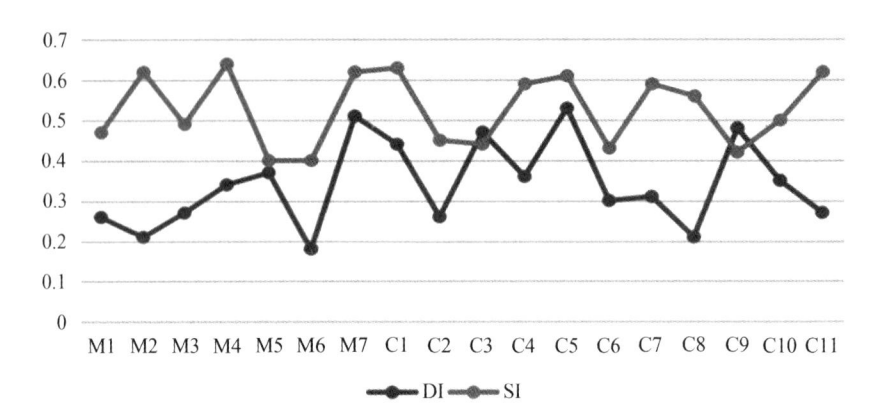

图3—1 各需求要素的不满意度系数（DSI）和满意度系数（SI）

项还超过0.4。

第二，对各需求要素的"依赖性"普遍偏低。如果以系数平均值（0.5）来看，就可以发现｜DSI｜大于0.5的，仅包括实地走访（M7）和文化遗产（C5）。换句话说，来黔留学生仅对这两项需求要素有较高的依赖性。反之，像｜DSI｜在0.2左右的观看演出（M2）、网络学习（M6）和沙滩文化（C8）对来黔留学生不满意度的影响就不太显著。

第三，对各需求要素的"期待性"普遍较高。如果以系数平均值（0.5）为观测点，｜SI｜大于0.5的就达到10项，并且，观看演出（M2）、参加体验活动（M4）、实地走访（M7）、喀斯特生态文化（C1）、文化遗产（C5）和黔中王学（C11）的｜SI｜取值均大于0.6，这也就说明它们对提升来黔留学生的满意度有着显著的影响。

总体而言，我们可以根据贵州地域文化学习需求层次分析结果，以及不满意度系数（DSI）和满意度系数（SI）的对比情况，从质量属性、DSI和SI就贵州地域文化学习需求优先满足序列进行三维呈现，详见表3—15：

表3—15 贵州地域文化学习需求优先满足序列

学习方式类

序号	需求要素	质量属性	DI	SI
1	M7 实地走访	期望质量要素（O）	-0.51	0.62
2	M4 参加体验活动	无差别质量要素（I）	-0.34	0.64
3	M2 观看演出	魅力质量要素（A）	-0.21	0.62
4	M5 阅读书籍	无差别质量要素（I）	-0.37	0.40
5	M3 听专题讲座	无差别质量要素（I）	-0.27	0.49
6	M1 教师讲解	无差别质量要素（I）	-0.26	0.47
7	M6 网络学习	无差别质量要素（I）	-0.18	0.40

学习内容类

序号	需求要素	质量属性	DI	SI
1	C5 文化遗产（民族节日活动）	期望质量要素（O）	-0.53	0.61
2	C1 喀斯特生态文化（地貌景点）	期望质量要素（O）	-0.44	0.63
3	C4 少数民族文化（苗寨美食）	魅力质量要素（A）	-0.36	0.59
4	C11 黔中王学（《王阳明》）	魅力质量要素（A）	-0.27	0.62
5	C7 夜郎文化（夜郎葬俗）	魅力质量要素（A）	-0.31	0.59
6	C8 沙滩文化（沙滩文化遗址）	魅力质量要素（A）	-0.21	0.56
7	C10 傩文化（傩戏面具）	无差别质量要素（I）	-0.35	0.50
8	C3 少数民族文化（服饰与工艺）	基本质量要素（M）	-0.47	0.44
9	C9 移民文化（屯堡文化博物馆）	无差别质量要素（I）	-0.48	0.42
10	C6 文化遗产（民族村寨资源）	无差别质量要素（I）	-0.30	0.43
11	C2 喀斯特生态文化（贵州民居）	无差别质量要素（I）	-0.26	0.45

根据表3—15所列数据，实地走访（M7）和文化遗产（C5）分别在学习方式类、学习内容类位居第一，理应作为国际中文教育中优先考虑的贵州地域文化学习需求，这与来黔留学生对它们呈现出"高依赖、高期待"的需求倾向不可分。紧随其后的学习方式类还包括参加体验活动（M4）和观看演出（M2），而学习内容类则包括喀斯特生态文化（C1）、少数民族文化（C4）、黔中王学（C11）、夜郎文化（C7）、沙滩文化（C8）和傩文化（C10），这8类整体呈现出"高期待"的需求倾向，而在"依赖性"方面均未

出现"高依赖"的需求倾向,甚至还出现有 2 项归于无差别质量要素(I)的情况。尽管如此,但我们不能忽视它们对于满意度的显著影响,故在国际中文教育中如何有效应用这 8 类需求要素还需进一步明晰。除上述需求要素外,其余的 8 类需求要素则呈现出"较高(低)依赖、较高期待"的情况,且有 7 类都归于无差别质量要素,因此,在国际中文教育中不应作为优先考虑的贵州地域文化学习需求。

第三节 访谈结果的分析和讨论

在开展"来黔留学生对贵州地域文化的学习需求调查"时,笔者围绕四个访谈问题采访了 28 位来黔留学生,并对他们的访谈内容进行了录音和转写,本节将呈现他们对这些问题的回答,从中可以看出来黔留学生对贵州地域文化的学习需求状况及其相关需求能否被满足的可行性。笔者将受访留学生对四个访谈问题的回答进行了梳理和归类后,认为访谈部分可以从以下四点进行归纳:一是来黔留学生对贵州地域文化的个人认识;二是来黔留学生所喜欢的了解贵州地域文化的方式;三是来黔留学生对贵州地域文化资源在应用中所面临困难的认识;四是来黔留学生对在国际中文教育中应用贵州地域文化资源的建议和看法。

一 对贵州地域文化的认识

贵州地域文化所包含的内容十分丰富,就不少贵州本地人而言,要说清贵州地域文化是什么都并非易事,就更不要说来黔的留学生(以下亦称为受访留学生),特别是来黔时间较短的留学生。在问及"在你看来,贵州地域文化是指什么?包括哪些主要构成资源?"时,几乎所有受访留学生都对贵州地域文化缺乏完整的认识,甚至有些受访留学生对贵州地域文化的个人认识还存在一些需要商

权的地方,请看下面这些回答:

留学生2:贵州地域文化是指当地的服饰文化,经济发展,历史文化,少数民族文化。

留学生4:贵州地域文化是饮食文化,服装文化,少数民族文化。

留学生6:在我看来,贵州地域文化是贵州区域源远流长,独具特色,能发挥作用的文化传统,是贵州生态民族传统习惯的文明表现。

留学生10:我觉得在贵州地域文化是指少数民族文化,饮食文化。

留学生11:在我看来,贵州的地域文化就是银饰和酸的食物。银饰主要是少数民族服装上会有各种不同的银饰,酸的食物主要就是酸汤火锅之类的食物。

留学生12:贵州的人都有自己的语言,因为他们都是少数民族。

留学生13:贵州的文化让我知道这里有怎样的文化,因为这里有很多少数民族。

留学生15:贵州是一个少数民族文化名城,也被称为亚洲文化之灯,说明贵州对民族非常重视,贵州有17个少数民族,使其更加突出。

留学生16:中国有56个民族,我现在在贵州,贵州大概有七八个少数民族,每个少数民族都有自己的文化,有自己的语言。

留学生21:贵州的地域文化是指当地的少数民族文化、饮食文化、服饰文化。

留学生22:我觉得红色文化,还有苗族文化,侗族文化,属于水席文化,还有历史文化,还有黔菜文化,就是贵州的菜比较多。

其实，无论是从以上受访留学生的回答中，还是未呈现的其他受访留学生的回答中，都能感受到他们对贵州地域文化的认识，主要停留在对少数民族文化的认识上，这也说明贵州少数民族文化能以其独特的魅力吸引来黔留学生极大的关注。虽然受访留学生认同贵州的少数民族文化，但是对贵州少数民族文化的认识是不完整的，且认识深度也不够，以致会有受访留学生误认为贵州人都是少数民族、贵州少数民族都有本民族的语言等。当然，受访留学生对贵州地域文化的认识情况要受自身认知水平、来黔时间、中文水平等因素所影响，因此，不可避免地会出现在认识深度上各有差异。接下来，笔者将要呈现的是来黔时间在一年以上或者中文水平较好的受访留学生的回答情况：

留学生5：贵州省简称黔或者贵，位于中国西部，贵州是民族居住最多的一个省份，其中18个是少数民族，有18个少数民族，就有浓郁的民族风情，所以被称为"多彩贵州"，贵州地处于云贵高原，是中国著名的矿产资源大省，贵州有很多国家级风景名胜，国家自然保护区，国家生态博物馆，国家非物质文化遗产贵州省气候宜人，所以被称为冬无严寒，夏无酷暑。

留学生9：首先在我看来，贵州的地域文化主要是指少数民族文化，因为贵州的少数民族占比较多。特别是苗族、布依族、侗族，它们的文化特色比较浓郁，保存比较完善，而且在班上的同学也经常说苗族的文化。虽然我没有去过，但是我有这样的打算，准备去旅游，去了解当地少数民族文化。其次是贵州的喀斯特地貌，虽然我们国家也有，但是比起中国来说是相当少的。贵州的喀斯特地貌主要以山地的形式表现，其中比较著名的就是黄果树瀑布。还有就是茅台酒的酒文化，之前也有去过遵义看遵义的茅台酒制作过程，而且我们国家也有卖茅台酒，比较出名。

留学生14：我之前来过中国好多地方，可是我来到中国之前，就知道一个汉族，其他的有什么民族我都不了解，不知道，但是我来到贵州以后，我知道中国有几个少数民族，一个最大的是汉族，还有几个少数民族，比如苗族、侗族、水族等等，所以我来到贵州以后，我感觉到这里有各种的民族文化，还有特别特别好的是他们少数民族的服装，还有我去过几个城市，可是贵州省和贵阳我感觉山和水比较多，平原比较少。

留学生27：本来我听说贵州是一个省，有很多少数民族，让我想到贵州一定有很多民族，一定有很多的文化，因为他们的民族一定有自己的文化，比如说饮食文化、居住文化、服饰文化之类的，如果说主要的内容我觉得是少数民族大多靠山，依山傍水居住的，还有一些在城市，他们也是有文化的，他们在不同的地方，天气、环境、生活也一定不一样，每个都有自己的特色文化。

如果说前面受访留学生对贵州地域文化的认识仅限于只知道一些或不清楚的状况，那么，这四位受访留学生对贵州地域文化的了解程度相对来说就要更深一些，这从他们对贵州地域文化资源构成的认知和感受中不难察觉。例如，除了贵州地域文化中具有代表性的少数民族文化外，他们还提及了贵州的非物质文化遗产（留学生5）、喀斯特生态文化（留学生9），以及"感觉山和水比较多，平原比较少"（留学生14）、"觉得是少数民族大多靠山，依山傍水居住的"（留学生27）等贵州地域文化存在的表现形式。虽说如此，但值得我们思考的是：无论是对贵州地域文化知之甚少的受访留学生，还是对贵州地域文化认识度较高的受访留学生，都会把贵州世居少数民族文化作为贵州地域文化的重要表现形式。如果再结合前面问卷调查的结果，我们不难得出：贵州世居少数民族文化本身的吸引力使其在来黔留学生对贵州地域文化喜爱排名中始终位居第一，而它本身的吸引力诚如留学生9所描述的"特别是苗族、布依族、侗族，它们的文化特色比较浓郁，保存比较完善，而且在班上的同学也经常说苗族的文化。虽然我没有去过，但是我有这样的打算，准备去旅游，去了解当地少数民族文化"。不过，我们并不能因此只看好贵州世居少数民族文化而轻视贵州地域文化中其他构成资源，例如，非物质文化遗产和喀斯特生态文化。相反，应该认识到，在绝大多数来黔留学生对贵州地域文化认识不够全面、认识程度不够深的情况下，应借助什么样的方式让他们感受到贵州优秀地域文化资源的影响，进而营造更好的"润物细无声"的贵州地域文化环境，以提升来黔留学生对贵州乃至中华优秀传统文化的认识。

二 了解贵州地域文化的方式

在明确上述受访留学生对贵州地域文化的认知现状和感受情况后，接下来本部分将呈现他们所喜欢或者说希望了解贵州地域文化的方式。从问卷中第6题的调查结果来看，50%以上的来黔留学生希望通过"实地走访"的方式了解贵州地域文化，而从访谈的结果来看，"实地走访"也是绝大多数受访留学生极为喜欢的了解贵州地域文化的方式：

留学生1：要是能进一步理解贵州的当地文化，能到当地亲身体验最好。因为眼睛可以看到，耳朵可以听到，找真实的现场，感受比较深刻。

留学生2：要是能进一步理解贵州的当地文化，能到当地自身体验最好。

留学生3：我想了解贵州的当地文化，想到当地去体验很好。

留学生4：我希望带我们去贵州的风景去（区）参观。

留学生5：在我看来，想了解贵州地域文化，具体是亲自去看去了解，老师上课讲课想通过PPT形式来，不能让我们亲自看到的，然后如果有机会亲自到那个点，比如想了解民族文化，有一些少数民族文化，我们是亲自去到某个地方，亲自去看他们的文化去了解他们的文化。不要是只靠老师，我们要亲自看到听到，如果没有让我们看到是怎么样，比PPT的方式更好让我们去了解。

留学生6：因为我是留学生，所以我希望和课外活动可以去，当地亲身体验和了解贵州当地文化。

留学生9：我比较希望通过跟团旅游的方式来了解贵州，在旅游的过程中，不仅可以看到美丽的自然风景，而且导游也会介绍它们的地域特色。在其他的日常生活中，我们也会开展关于贵州少数民族的课程，每个星期五都会不同的学生有关于贵州少数民族的文化介绍。

留学生10：要去体验了解贵州的地域文化，因为眼睛可以看的带（得到）。

留学生15：仔细研究并了解真相，然后去探索该地区以询问村民，并了解贵州的文化，因为如果你不进入该地区你可能无法获得所有的信息，没有完整的信息，可能会误解这座城市的文化。

留学生19：我想要去参观贵州的很多景点。

留学生20：去体验贵州各个地方的地域文化。

留学生22：最好的方式是旅游，就是自己看自己了解比较好。

留学生24：我很喜欢见到来自贵州民族地区的人，也喜欢看到他们有关民族的东西和听到他们有关民族文化的想法。

> 留学生27：我觉得我们需要跟他们住在一个地方，一个星期以上，因为如果我们在百度上看或者去玩一天我觉得我们还没有了解他们的文化，那种没有意思，我觉得我们还能做的是思考，比如说他们的家为什么要这样修建，吃饭的时候为什么拿这种菜来做饭，他们每天的活动是什么，男生做什么，女生做什么，他们的衣服有什么讲究，这样会让我们更多地了解贵州的文化。

无论是问卷调查还是个人访谈，都表明"实地走访"是来黔留学生接触和感受贵州地域文化最青睐的方式。其原因也与受访留学生所提到的"眼睛可以看到，耳朵可以听到，找真实的现场，感受比较深刻""就是自己看自己了解比较好""如果你不进入该地区你可能无法获得所有的信息，没有完整的信息，可能会误解这座城市的文化""如果我们在百度上看或者去玩一天我觉得我们还没有了解他们的文化，那种没有意思，我觉得我们还能做的是思考，比如说他们的家为什么要这样修建……他们的衣服有什么讲究，这样会让我们更多地了解贵州的文化"等不可分。而就"实地走访"的具体途径来看，受访留学生表示有"亲身体验/亲自去看""跟团旅游""带我们（来黔留学生）去参观""跟他们（当地人）住在一个地方"等。由此得出，在国际中文教育中应用贵州地域文化资源时，应用途径除了重点考虑"实地走访"外，更要充分思考这一应用途径的具体实施方式。

根据问卷中第6题的调查结果，少部分来黔留学生希望选择"教师讲解""观看演出""参加体验活动"等方式去了解贵州地域文化，而从访谈的结果来看，只有极少数的受访留学生表示，这些方式是他们所喜欢的了解方式。然而，有相当一部分的受访留学生表示"跟朋友、同学、当地人聊天"是非常有用的了解贵州地域文化的方式：

> 留学生7：我喜欢跟中国朋友聊天，他们会说很多贵州的文化还有中国的历史，这样我就了解了贵州文化。
>
> 留学生11：我经常会从中国同学的聊天之中听说到贵州的地域文化，这也是我所期望的。
>
> 留学生12：就是找一个朋友就是少数民族，跟他聊天跟他说话，想知道什么就问他。
>
> 留学生13：去找他们住在的地方，跟他们聊天想学什么，请他们教我们。
>
> 留学生14：嗯，跟朋友交流。因为我来到贵州之前我就看谷歌，因为我们没有百度，谷歌没有什么了解贵州的资料，所以只能看有更多的书和广告、杂志这些。
>
> 留学生16：跟他们聊天以后，我差不多全部都不懂，但是他们会用普通话给我讲，给我了解他们的文化。
>
> 留学生25：和少数民族聊天，不懂什么地方，就问问他们。
>
> 留学生28：我喜欢听同学跟我讲贵州文化，让我知道贵州的文化。

从问卷调查得出的数据可以发现，有13.16%的受调查者表示"教师讲解"是他们所希望的了解贵州地域文化的方式，而从访谈的情况得出有28.57%的受访者所希望的方式却是"跟朋友、同学、当地人聊天"。尽管两个数据都不足30%，但也表明除"实地走访"外，听老师讲或与朋友、同学、当地人交流是来黔留学生比较喜欢的了解贵州地域文化的方式。只是相比之下，来黔留学生更倾向于跟同学、朋友、当地人的聊天，究其原因从上述访谈的情况可以表明，和朋友、同学聊天的过程中就可以获悉贵州地域文化的相关情况，而这样的方式应该说更为轻松自如。此外，同当地人聊天则是想了解什么就可以直接问对方，诚如受访留学生所言"想知道什么就问他""不懂什么地方，就问问他们"，而这样的方式可以说更为直接明了。需要指出的是，这里的"他""他们"所指都是少数民族当地人，这无疑说明如果受访留学生对贵州地域文化的认识停留在对贵州少数民族文化的认识上，那他们对贵州地域文化的了解方式自然也就绕不过与少数民族当地人的交流。

以上访谈情况表明，28位受访留学生中有14人喜欢"实地走访"的方式，有8人喜欢"跟朋友、同学、当地人聊天"的方式。而在剩余的6人中，各有两人表示喜欢"教师讲解"（留学生18和留学生26）"网络学习"（留学生8和留学生21）的方式，例如，留学生8表示"用形象的互联网，比较直观，也能切身感受互联网信息量多，比较全面"；还有两人分别表示喜欢"教师讲解"和"观看演出"结合的方式（留学生23），以及"教师讲解"和"参加体验活动"结合的方式（留学生17），如留学生17表示"我希望老师们对我们留学生开一门关于贵州地域文化的课，这样我们能更好地了解贵州地域文化；第二就是希望通过各种各样的活动让我们留学生更了解贵州少数民族的文化"。显而易见，如果来黔留学生从内心愿意了解贵州地域文化，他们才会去思考学习或接触贵州地域文化的方式，从而才有可能支持贵州地域文化资源在国际中文教育中的应用。

三 应用贵州地域文化资源面临的困难

就"你认为在汉语国际推广中应用贵州地域文化资源面临的主要问题是什么？"，受访留学生表示，应用贵州地域文化资源主要面临着三个方面的问题：第一，缺少有关贵州地域文化的教学资源。从前一章教师问卷调查及访谈的情况来看，教学资源匮乏是目前国际中文教育中应用贵州地域文化资源面临的最主要的问题之一。在对 28 位来黔留学生的访谈中，也有 10 位受访留学生明确表示，缺少有关贵州地域文化的教学资源是难以有效应用贵州地域文化资源的主要原因之一，这可见留学生 6 和留学生 21 的回答：

留学生 6：我自己认为，在汉语国际推广中用贵州文化、地域文化面临的主要困难就是现在还没有关于贵州的文化教材，还有教学中介绍与推广还不够。

留学生 21：我觉得问题就是没有在教学中更好地推广贵州地域文化。

第二，贵州地域文化与来黔留学生的本国文化存在着差异。正如我们所知，由于不同民族和国家存在着文化差异，所以，在国际中文教育的过程中，我们需要重视跨文化交际方面的问题。这也无怪乎在前一章的教师问卷调查中，有 85.71% 的受调查者表示"贵州地域文化与学习者本国文化的差异"是国际中文教育中应用贵州地域文化需要首先考虑的因素（见图 2—21）。据此，也就不难理解为何一些受访留学生表示，贵州地域文化（特别是贵州独具特色的方言、贵州少数民族语言以及民族文化）与来黔留学生的母语、本国文化之间的差异，会是国际中文教育过程中应用贵州地域文化资源面临的又一个困难。

留学生 5：就像我刚才说的，贵州是具有少数民族，少数民族里又有自己的独特的文化，这样在国际推广中，他们有可能不太了解文化，他们也有自己的独特文化，他们有自己的表演，这个困难应该是有很多人还不了解贵州这个地方。

留学生 8：不同国家和个人对贵州地域文化的不同理解及理解程度、语言方面的障碍。

留学生 11：我认为贵州地域文化推广上主要面临的问题有

语言交流上面的问题，虽然说贵州有着清新的空气，有山有水。但因为在不同的民族会有不同的语言，在不同的地方也有不同的方言，他们交流上就会存在一些问题，难以宣传出去。

留学生17：贵州的少数民族比较多，也有不同的文化方面，这也是人们要面临的主要原因。

留学生19：因为这里的少数民族更多，有不同的文化。

留学生23：我觉得他们都用自己的语言。

留学生26：对我来说，可能是这里的文化很有特色。

留学生27：如果我们想把贵州文化用于汉语国际推广中我觉得不太公平，因为这里只有少数民族，不比汉族多，我觉得我们要把贵州的文化哪个（选）好，汉族的文化哪个（选）好，排在一起用于汉语国际推广中，这样我觉得最好。

由于受中文水平的影响，一些受访留学生很难用汉语将他们真实的想法流畅地表达出来，所以，在访谈过程中笔者通过与他们之间的英语交流，能够明白主要是因为贵州是一个多民族共居的省份，多元化的民族背景以及各具特色的语言文化会让他们觉得，在国际中文教育过程中，如何避免跨文化交际中的语言误解、文化冲突等是一件比较困难的事情。从某种程度上讲，要从贵州地域文化资源中选取出需要应用的内容，进而更好地传播贵州地域文化将会变得非常棘手。此外，还有留学生表示，如何在国际中文教育中处理好贵州地域文化与中华文化的关系也并非易事。例如，留学生27表示"我觉得我们要把贵州的文化哪个（选）好，汉族的文化哪个（选）好，排在一起用于汉语国际推广中，这样我觉得最好"。

第三，贵州地域文化的对外宣传有待进一步加强。在采访的过程中，有7位来黔留学生指出，在国际中文教育中应用贵州地域文化资源面临的问题集中表现在：贵州地域文化的对外宣传不足，以至于他们在来黔之前对贵州知之甚少，或者说，一无所知。实际上，在访谈国际中文教师的过程中，作者也从他们口中明显感觉到海外中文学习者对于贵州的了解很少，而这无疑对贵州地域文化资源在国际中文教育中的应用产生了极为不利的影响。下面，我们来看其中三位受访留学生的回答：

留学生9：有可能是沟通交流比较少，而且相比之下云南比贵州更近，从泰国飞两个小时的飞机就能到云南了。在我看来，贵州在少数民族推广方面遇到的困难主要就是宣传不到位，因为在我们泰国的机场会经常有关于成都、四川、云南等地方的介绍，可是关于贵州的很少。在国际上比较通用的交友软件脸书（Face book）会有更多关于云南、四川、成都等地方的消息，可是欢迎贵州的却寥寥无几。

留学生14：我来到中国之前不知道一个省叫贵州，还有因为我们都知道上海、北京、广东、昆明，可是不知道贵州贵阳，因为网络上没有什么多的材料也没有广告，所以我个人觉得希望有更多的广告、文字、书籍，还有音频视频、历史文化要推广。

留学生22：我觉得贵州少数民族的文化珍惜保存，就是要把他们的苗族文化保存，就是我知道有很多苗族人都已经不会说苗族话，苗语。就是要保护好，并教给年轻人，因为现在很多的年轻人都已经不太了解贵州的少数民族了。最大的问题是在国外的网站都有中国的长城，西安的兵马俑，并没有出现贵州的黄果树瀑布，就是广告、书本没有做好，还没有更多的外籍人来这里旅游了解。

如果在国外的机场、网站上都很少看到有关贵州地域文化的宣传，那么，在其他地方或平台上看到的可能性就会更少，这无疑是国际中文教育中应用贵州地域文化面临的突出问题之一。除了上述三个主要问题外,也有三位受访留学生表示,贵州经济落后、闭塞等状况也会阻碍贵州地域文化资源在国际中文教育中的应用。例如,留学生18表示"贵州经济的发展比较困难,有很多人的收入低,贵州有很多美丽的旅游景点,如果经济落后就不可以让文化得到更好推广。"

毋庸置疑,国际中文教育中贵州地域文化资源应用面临的各种问题,亟须进行具体谋划和积极应对,否则将会影响到贵州地域文化资源在国际中文教育中的应用。因此,探讨贵州地域文化资源在国际中文教育中的应用策略迫在眉睫。

四 应用贵州地域文化资源的建议和看法

在访谈中最后一个问题是"你对在汉语国际推广中应用贵州地域文化资源,持有怎样的建议和看法?",从受访留学生提出的建议和看法来看,在国际中文教育中应用贵州地域文化资源要在以下两个方面加以推进:第一,就推广内容而言,对贵州地域文化资源的应用要突出重点,需选择贵州地域特色文化;第二,就推广方式而言,除上文提到的"实地走访"外,还应让网络宣传在促进贵州地域文化资源在国际中文教育中的应用中发挥积极的作用。下面呈现的是其中具有代表性的一些建议和看法:

> 留学生5:贵州具有很多种文化,就像我去体验过去看过,代表民族文化也有很多,还有中国也有不少的红军,红色文化,代表革命,就像在遵义的遵义会址,奉(瓮)安的狗把(猴场)会议会址,做成纪念馆,如果想在汉语国际推广中这些,我们也可利用这些文化,我举(觉)得每个地区都有自己的独特的文化,比如我们想推广古老的文化它也有自己的方式,近代的文化也有独特的方式,我个人建议想推广这些文化,如果有可能自己去看,如果不能用这样的方式,像现在高

科技的发展我们可以去拍摄现场的拍照方式，网络方式去推广，其他的意见，推广东西就是贵州也有很多的东西，通过网络，通过同时，人与人之间的交流。

留学生9：关于建议的话，我就觉得可以在飞机场多制作宣传贵州地域文化的资料，还可以在脸书（Face book）上面多做一点宣传的材料。

留学生11：关于贵州国际发展中的一些建议的话，我主要觉得保护古代留下来的文化，保护好它们的特色。

留学生12：让他们多穿自己的民族衣服，因为他们的衣服有特色。

留学生14：我的建议是贵州实际上可以把少数民族文化作为主要的方式来宣传。我觉得老师在网络上公布的东西，因为在网络上更方便，现在找资料都是在网络上找，网络是最好的方式。因为网络上广告更多的话就能吸引更多的别国的人来贵州旅游，来贵州了解更多的中国文化、历史。

留学生15：解决贫困问题，提高贵州的突出特色，看看这个城市有什么好处并可以发展旅游业和农业、产业才有趣，这可能有助于城市发展可以走得更远。

留学生20：在汉语国际推广中应用贵州地域文化，让贵州文化"走出去"，是让更多的国家和民族了解和认识贵州的重要途径，我的看法应该是贵州有特点的文化和别的文化放在一起推广，如饮食习惯、风味小吃这样的资源，还有可以去文化环境。

留学生22：就是要中国政府要搞很多的活动要保护好地域文化，然后很多的广告，最应该传播出去的是黄果树瀑布和红色文化，我觉得红色文化很多人都会感兴趣的，因为它跟历史有关，黄果树在贵州是最美丽的地方，还有就是世界上第二大的瀑布，红色文化在苏联都已经消失了，我还是苏联的孩子，我去这个地方感兴趣，还有贵州的绿茶，这三个点我觉得值得推广。因为说起绿茶很多人会想到贵州省。

留学生 27：贵州的很多少数民族就是这里的特色，很多外国人会来这里感受，有生活就有文化，有文化就有民族，有民族就有国家，如果他们来这里的话他们能学到很多文化，因为这里有很多民族。还有就是这里的交通不太方便，如果方便的话就更好了。我有幸去了一个苗寨，觉得他们那里的人都很善良，因为他们都用微笑欢迎我们，对我们很好，我自己去我觉得很好，如果把这些个别的文化个别的民族用于汉语国际推广中，我觉得这样最好。

综上所述，具有代表性的建议一致提出应推广贵州地域特色文化，正如一些留学生所说"贵州具有很多种文化，就像我去体验过去看过，代表民族文化也有很多，还有中国也有不少的红军、红色文化，代表革命，就像在遵义的遵义会址，奉（瓮）安的狗把（猴场）会议会址，做成纪念馆""贵州实际上可以把少数民族文化作为主要的方式来宣传""我的看法应该是贵州有特点的文化和别的文化放在一起推广，如饮食习惯、风味小吃这样的资源""……最应该传播出去的是黄果树瀑布和红色文化，我觉得红色文化很多人都会感兴趣的，因为它跟历史有关，黄果树在贵州是最美丽的地方"。因为贵州地域文化资源丰富多彩，所以不少受访留学生建议基于"网络宣传"的适用性，提出"如果有可能自己去看，如果不能用这样的方式，像现在高科技的发展我们可以去拍摄现场的拍照方式，网络方式去推广""可以在 Face book 上面多做一点宣传的材料""网络上广告更多的话就能吸引更多的别国的人来贵州旅游，来贵州了解更多的中国文化、历史"。这些皆表达了来黔留学生对应用贵州地域文化资源的具体建议和期盼。

第四章

国际中文教育中应用贵州地域文化资源存在的问题及对策

第一节 贵州地域文化认识方面存在的问题

基于"汉语国际推广中贵州地域文化资源应用现状调查问卷"和"关于来黔留学生对贵州地域文化学习需求的调查问卷",笔者分别就49名国际中文教师和304名来黔留学生关于贵州地域文化的认识情况进行了调查。此外,笔者还通过对8名国际中文教师和28名来黔留学生的深度访谈,进一步明确了国际中文教师对于贵州地域文化的基本认识情况,以及不少来黔留学生对于贵州地域文化的某些认识误区。可以说,他们对于贵州地域文化的认识不仅体现出他们有关贵州地域文化知识储备的情况,也反映出他们在贵州地域文化认识方面存在的一些问题。认识现状决定应用效果,国际中文教师和来黔留学生对于贵州地域文化认识方面存在的问题不利于贵州地域文化资源在国际中文教育中的有效应用。因此,通过对这些问题的分析,厘清问题背后的原因,为国际中文教育中贵州地域文化资源应用对策的制定提供参考依据是很有必要的。

一 对贵州地域文化整体认知度不高

从问卷调查和访谈的情况来看,国际中文教师和来黔留学生就贵州地域文化资源构成的认识大致相同。他们都认为贵州地域文化资源主要由世居少数民族文化、喀斯特生态文化和文化遗产所构成。然而，根据《中国地域文化通览（贵州卷）》，贵州地域文化由喀斯特生态文化、夜郎文化、世居少数民族文化、移民文化、黔中王学、沙滩文化、傩文化和文化遗产八大文化资源所构成。即便笔者在"汉语国际推广中贵州地域文化资源应用现状调查问卷"中，将这八大文化要素罗列在有关贵州地域文化资源构成的选项中，但受调查教师的选择还是集中在世居少数民族文化、喀斯特生态文化和文化遗产上。根据图2—4统计的数据显示，受调查教师对贵州地域文化资源构成的选择情况为：世居少数民族文化占89.80%，喀斯特生态文化占85.71%，夜郎文化占67.35%，文化遗产占75.51%，傩文化占42.86%，黔中王学占36.73%，移民文化占20.41%，以及沙滩文化占18.37%。显而易见，占比在50%以上的就只有世居少数民族文化、喀斯特生态文化和文化遗产，且前两个文化要素的占比还达到85%以上。相比之下，其他5个文化要素的占比都在50%以上，甚至排在最后两位的文化要素的占比仅在20%左右。

鉴于教师对贵州地域文化的认识现状，并考虑到来黔留学生还会受来黔时间不长、汉语水平不高等因素的影响，极有可能不选择夜郎文化、移民文化、黔中王学、沙滩文化等作为贵州地域文化资源的构成部分，因此，笔者在设计"关于来黔留学生对贵州地域文化学习需求的调查问卷"（第3题"你认为以下哪些属于贵州地域文化资源"）时，不仅未将教师问卷中排序靠后的移民文化和沙滩文化罗列进去，还将其他构成要素呈现为具体的表现形式，例如，傩文化就呈现为戏剧艺术（傩戏）。然而，受调查留学生的选择依旧锁定在世居少数民族文化和喀斯特生态文化上（详见表3—3）。此外，从对国际中文教师、来黔留学生的访谈中，也可以发现受访者普遍认同贵州地域文化资源主要由世居少数民族文化和喀斯特生态文化所构成。结合这些调查情况，我们不难得知国际中文教师和来黔留学生对贵州地域文化整体认知度不高。

之所以会出现国际中文教师和来黔留学生对贵州地域文化认识不全面、认识不清的情况，仔细思考会发现，这与贵州地域文化的以下三个显著特点密不可分：一是贵州地域文化资源丰富，以《中国地域文化通览（贵州卷）》中有关贵州地域文化的划分为例，贵州地域文化涉及 8 个构成资源，而每个构成资源下又包含若干个子文化资源，这需要受众花较长时间了解，否则较难抓住其实质和精髓；二是有些内容受众面较窄，以黔中王学、移民文化和沙滩文化为例，一般为专家、学者、科研人员等所关注。暂且不谈那些没有相关学习经历和来黔生活背景的留学生、海外中文学习者，就绝大多数国际中文教师乃至很多贵州本地人而言，对这类贵州地域文化资源都不甚了解；三是有些地域文化资源之间相互交替，你中有我、我中有你，彼此之间相互影响，较难划分界限。例如，侗族大歌既属于少数民族文化，也属于文化遗产，但由于"侗族"二字却难免让人将其视为少数民族文化而非文化遗产。

二　关于贵州地域文化的认识误区

从问卷调查和访谈的情况来看，尽管部分国际中文教师对于贵州地域文化的知识储备不够、认识不全，但并未出现认识上的误区。相比之下，不少来黔留学生对贵州地域文化却存在认识误区，这主要表现在：他们普遍认为贵州地域文化的主要构成资源就是少数民族文化，甚至还有不少人认为，贵州地域文化就是指贵州少数民族文化。

根据第三章第三节的分析，受访的 28 位来黔留学生对贵州地域文化的认识，主要是停留在少数民族文化认识层面上，且有不少人会片面地认为，贵州本地人主要是少数民族，因此，贵州少数民族文化可看作是贵州地域文化。例如，受访留学生 9 表示"贵州的地域文化主要是指少数民族文化,因为贵州的少数民族占比较多",受访留学生 12 表示"贵州的人都有自己的语言,因为他们都是少数民族",受访留学生 16 表示"贵州大概有七八个少数民族,哪个少数民族都有自己的文化,有自己的语言"等。为什么会出现这些认识?不可否认,这一方面与我们在向全国各地甚至世界各国的人们宣传贵州、展示贵州时,更多的是展示贵州的少数民族文化不可分,例如,2018 年央视春晚贵州分会场,侗族大歌《蝉之歌》以清泉般的声音让世界听见贵州黔东南;另一方面,也与贵州是一个多民族共居的省份有关。贵州全省共有 56 个民族成分,其中世居少数民族就有苗族、布依族、侗族、土家族、彝族、仡佬族、水族等 17 个民族,因此,少数民族文化是贵州地域文化中非常珍贵的部分。然而,如果过分强调少数民族文化在贵州地域文化中的重要性,这会让外界对贵州地域文化的认知产生误区,上述来黔留学生的访谈结果便是一个明证。

显然,如果国际中文教师和来黔留学生对于贵州地域文化的认识存在认识不全、认识误区的问题,势必会影响到贵州地域文化资源在国际中文教育中的有效应用。根据《中国地域文化通览(贵州卷)》中有关贵州地域文化的界定,本书提出贵州地域文化资源在国际中文教育中的应用涉及喀斯特生态文化、世居少数民族文化、文化遗产、夜郎文化、沙滩文化、移民文化、傩文化和黔中王学等资源。然而,从国际中文教师和来黔留学生对上述贵州地域文化资源的认识来看,他们较少地关注后 5 类资源的应用,而这些资源在贵州地域文化构成中也具有重要的作用。我们有理由相信,即使目前它们不能在国际中文教育中得到有效地应用,但通过不断完善国际中文教师、来黔留学生等对它们的认识,未来在应用中大家也会给予它们更多的关注。从此意义上说,应对国际中文教师和来黔留学生认识不足的方面进行更多的宣传,才会有利于丰富国际中文教育中应用的贵州地域文化资源。

第二节 从贵州地域文化资源应用方式看存在的问题

贵州地域文化丰富多彩，为贵州地域文化资源在国际中文教育中的应用奠定了坚实的基础。就贵州地域文化资源的应用方式而言，笔者在"汉语国际推广中贵州地域文化资源应用现状调查问卷"（第7题："在您看来，学习者可以通过下列哪些渠道了解贵州地域文化"）中罗列了"图书资料、网络媒体、实地旅游、社会实践活动、其他渠道"5个选项，调查结果表明，被选频次最高的是"实地旅游"，随后依次是"网络媒体""图书资料""社会实践活动"（见图2—6）。同时，笔者借助问题12"您有在中文教学中讲授贵州地域文化的经历吗？"（见图2—9）、问题13"您有在中华文化国际交流活动中应用贵州地域文化的经历吗？"（见图2—13）以及教师访谈中的第2个问题"您在中文教学活动（中华文化国际交流活动）中有没有讲授（应用）贵州地域文化（资源）的经历？"，明确国际中文教师已经应用的方式主要涉及"教师讲解"，而希望应用的方式则包括"建设贵州地域文化教学资源""举办贵州地域文化展""实地走访贵州"等。

除了调查国际中文教师的情况外，笔者在"关于来黔留学生对贵州地域文化学习需求的调查问卷"（第6题："你希望通过以下哪些方式了解贵州地域文化"）中罗列了"教师讲解、观看演出、听专题讲座、参加体验活动、阅读书籍、网络学习、实地走访"等7种应用方式，并通过问卷中第7题至第13题就上述应用方式的需求及提供情况进行了调查。调查情况显示，"实地走访"是来黔留学生最希望的应用方式，其次就是"参加体验活动"和"观看演出"（详见表3—15）。此外，笔者还通过访谈中的第2个问题"假设你想了解贵州地域文化，那你希望通过怎样的方式了解贵州地域文化?",再次明确来黔留学生最希望应用的方式是"实地走访",其次就是"跟朋友、同学、当地人聊天"也是他们非常青睐的了解贵州地域文化的方式。

从教师访谈中,我们不难发现目前在国际中文教育中应用贵州地域文化资源的方式主要涉及"教师讲解"。可从实际需求调查情况来看,尽管作者在两份问卷中涉及了5—7种应用方式,但"实地走访"毋庸置疑是国际中文教师、来黔留学生首选的应用方式,此外,也涉及"建设贵州地域文化教学资源""举办贵州地域文化展""参加体验活动""观看演出"及"跟朋友、同学、当地人聊天"。由此可见,尚待突破的问题主要涉及以下几个方面。

一 应用方式比较单一

从目前国际中文教育中贵州地域文化资源应用方式的现状看,大部分国际中文教师主要通过在中文教学中讲授贵州地域文化的方式,让来黔留学生、海外中文学习者了解、学习贵州地域文化,而其他方式则较少利用。一方面,由于受传统教育行为惯性的影响,绝大多数国际中文教师会对教师讲授的方式有着较大的依赖性。但不可否认的是,不少国际中文教师对应用什么样的方式来推广贵州地域文化还是有着自己的想法,例如,受访的Y老师就提出希望通过展览和讲座的形式在海外推广贵州地域文化。然而,受实施条件所限、制度规范约束等因素的影响,很多教师不得不综合考量具体的情况,最终还是会选取教师讲授这一方式作为主要的应用方式,这从问卷调查中有近70%的教师都表示"有在中文教学中讲授贵州地域文化的经历"(见图2—9)找到佐证。另一方面,尽管"听专题讲座""阅读书籍""网络学习"等也是常用的教育或者学习方式,但是,贵州地域文化教学资源开发的普遍不足(见图2—20),会使得绝大多数的国际中文教师在国际中文教育过程中尽量避免或少用这些方式,因此,这也无怪乎受访教师普遍希望加强贵州地域文化教学资源的建设及教材的编订工作。再有就是，在课堂环境之外，大多数来黔留学生可以通过互联网、车站、机场等公共平台获取有关贵州地域文化的信息，可从访谈的情况来看，这些平台并未在贵州地域文化资源应用中发挥积极的作用。例如，来黔留学生9表示"贵州在少数民族（文化）推广方面遇到的困难主要就是宣传不到位，因为在我们泰国的机场会经常有关于成都、四川、云南等地方的介绍，可是关于贵州的很少。在国际上比较通用的交友软件脸书（Face book）会有更多关于云南、四川成都等地方的消息，可是欢迎贵州的却寥寥无几"。基于以上分析，笔者认为国际中文教育中贵州地域文化资源应用方式存在着比较单一的现状。

二　较难满足学习者的基本需求

由上述分析可知，"教师讲解"是目前国际中文教育中国际中文教师应用贵州地域文化资源的主要方式。然而，无论是两份问卷调查的结果，还是国际中文教师及来黔留学生访谈的结果，皆表明"教师讲解"并不是国际中文教师，尤其是来黔留学生所希望应用的方式。除此之外，教学中常用的其他方式（"听专题讲座""阅读书籍"和"网络学习"）也不是绝大多数来黔留学生所期待的应用方式。显然，如果上述几种常见的应用方式都被排斥在外，那可以说，在国际中文教育中要提供有效的贵州地域文化资源应用方式并非易事。就以国际中文教师及来黔留学生首选的"实地走访/旅游"为例，如果要有效地应用这种方式，那就需要对走访流程、服务设计、成本费用等因素有所考虑。

比起教师讲解、阅读书籍、网络学习等常规方式，实地走访可以让学习者更为直观、快捷地获得有关贵州地域文化的第一手资料以及文化体验，因此，也无怪乎它会成为国际中文教师及来黔留学生的首选。然而，如果要让来黔留学生得到较为完整合理的走访流程、提高他们文化体验的满意度，那就需要做好贵州地域文化体验服务要素的设计。难能可贵的是，近些年随着贵州旅游业的迅猛发展，贵州地域文化体验服务设计方面也取得了长足的进步，得以让贵州美丽的苗乡侗寨、多姿多彩的民族风情等展现在世人面前。但毋庸置疑的是，如果要通过实地走访的方式向来黔留学生、国外人士传达特定的贵州地域文化内涵，除了要选取具有特色的地域文化资源进行有效设计外，还需考虑到实地走访的成本是比较高的。近几年来，贵州一些高校主要依托"知行贵州"丝绸之路青年交流活动、"感知中国"社会实践与文化体验活动、"汉语桥"线上团组交流活动等，通过"线上+线下"实地走访方式带领留学生、海外中文学习者、中国文化爱好者体验贵州地域文化，而这些活动的成功举办得益于中国—东盟教育交流周组委会、国家留学基金管理委员会、教育部中外语言交流合作中心等相关部门的支持与助力。

第三节　从贵州地域文化应用内容看存在的问题

除了采用合理的应用方式外，选择合适的应用内容也是至关重要的。为了解国际中文教师在国际中文教育工作中有关贵州地域文化应用内容的情况，笔者通过教师访谈中的第 2 个问题"您在中文教学活动（中华文化国际交流活动）中有没有讲授（应用）贵州地域文化（资源）的经历？"，了解到不少受访教师并没有专门讲授贵州地域文化的经历，通常都是在讲述我国多元地域文化的过程中才会涉及贵州地域文化的内容，且主要集中在贵州世居少数民族文化、喀斯特生态文化和文化遗产上。而根据"关于来黔留学生对贵州地域文化学习需求的调查问卷"中第 14 题—第 24 题（每题中第 3 小题）统计的情况，可以得知贵州地域文化提供比例较高的是少数民族文化和黔中王学。此外，为了明确国际中文教师和来黔留学生希望应用的贵州地域文化资源，笔者通过"汉语国际推广中贵州地域文化资源应用现状调查问卷"中第 19 题"在您看来,以下哪些贵州地域文化应突出应用到汉语国际推广教学资源中"以及"关于来黔留学生对贵州地域文化学习需求的调查问卷"中第 14 题—第 24 题(每题中第 1 小题和第 2 小题)统计的情况,明确文化遗产、喀斯特生态文化和世居少数民族文化都属于高期待的需求内容。

由上述统计可以得知,不管是国际中文教师已应用的,还是国际中文教师及来黔留学生所期待应用的内容都主要围绕世居少数民族文化、喀斯特生态文化、文化遗产而展开。可以说,作为贵州亮丽的名片,这三项内容在国际中文教育中的应用面较大,关注度也很高,不仅让很多国际中文教师看好它们的应用前景,也让来黔留学生对它们抱有较大的学习需求。但从某种意义上讲,这也表明目前国际中文教育中应用贵州地域文化资源存在以下有待解决的问题。

一　应用内容不够丰富

如前所述,本书参考《中国地域文化通览(贵州卷)》将贵州地域文化资源的应用内容分为 8 类。然而,国际中文教师对贵州地域文化资源的应用主要围绕贵州世居少数民族文化、喀斯特生态文化和文化遗产而展开,而从来黔留学生对贵州地域文化的需求现状来看,这 3 项内容也占据着主导地位。相比之下,大家对夜郎文化、沙滩文化、移民文化、傩文化和黔中王学这 5 项内容的应用面较小,关注度也较低。之所以会出现这样的应用和需求现状,这在很大程度上与贵州"风景""民族风情"在全国乃至世界面前的"曝光率"不可分。

"走遍大地神州,醉美多彩贵州。"贵州多姿多彩的少数民族民俗风情、独具特色的喀斯特地貌美景以及令人惊叹的世界文化遗产备受世人瞩目。2016 年,贵州被《纽约时报》评为世界上 52 个值得旅游的地方之一。此外,贵州是联合国世文会确定的全球十大旅游首选地之一、世界乡文保护基金会授予的全球18个生态文化保护圈之一等。因此,这也不难看出贵州世居少数民族文化、喀斯特生态文化和文化遗产能够成为国际中文教师、来黔留学生重点选择的应用内容。然而,根据"关于来黔留学生对贵州地域文化学习需求的调查问卷"中第14题—第24题(每题中第3小题)调查的情况来看,受调查者所在学校就本书提及的8类贵州地域文化资源的提供比例均未超过35%。仅以占比最高的"少数民族文化(服饰、工艺等)"来说,其提供比例也只是达到34.21%(见表3—10)。大家首选应用的少数民族文化尚且如此,其他贵州地域文化资源的提供情况就更不容乐观。此外,还出现同一类贵州地域文化资源的不同构成内容存在提供情况的差异化,例如,文化遗产(民族节日活动)的提供比例是28.62%(见表3—11),而文化遗产(民族村寨资源)的提供比例却只有18.42%(见表3—13)。

显而易见,即便是应用面较大、关注度较高的贵州世居少数民族文化,其提供比例也不足35%,其他7类贵州地域文化资源的提供比例就更小,甚至还出现关注度较高的文化遗产的某些内容提供比例低于20%的情况。这些现状已表明当前国际中文教育中贵州地域文化资源应用内容不够丰富,某些涉及面较小,较难满足来黔留学生对贵州地域文化的学习需求。此外,从贵州地域文化资源的提供现状,不仅可以看出来黔留学生关注和了解贵州地域文化的概况,也从很大程度上可以反映不少来黔留学生对贵州地域文化存在认识误区的原因。因此,在国际中文教育中,需要重视贵州地域文化资源的应用内容的完善度,尤其来黔留学生需求较大的贵州地域文化,且与他们的现实生活联系紧密,并极具贵州地域特色的文化。

二 贵州地域文化教学资源相当匮乏

在调查中,笔者发现贵州地域文化教学资源的匮乏是影响国际中文教育中应用贵州地域文化的主要障碍。

在教学过程中，因为贵州地域文化教材、教学视频等教学资源的匮乏，不少国际中文教师需要依据教材中出现的中华文化的实际情况，植入与贵州地域文化相关的内容。诚如受访者 M 老师所言：

> 在我的中文教学经历中，没有专门讲授过贵州地域文化，但是在讲授中国的多元地域文化或者在一些阅读教材（课文）的讲解过程中的确涉及过相关的内容。比如，因为桂林山水是中外闻名的旅游胜地，很多对外汉语教材都会提到桂林山水，以此为例说明中国南方山水秀丽的特点，每次讲到此，我都会提及其实贵州也有类似的卡斯塔（喀斯特）地貌的山水，不仅不比桂林的逊色，而且在地下岩洞类景点方面比桂林更出色，非常值得游览。

在贵州地域文化教学资源相对匮乏的情况下，M 老师努力挖掘教材中与贵州地域文化相匹配的题材去介绍喀斯特生态文化，这不仅可以加深学习者对贵州地域文化的认识和了解，也可以弥补教材中有关贵州地域文化题材缺失的不足。应该引起注意的是，如果贵州地域文化资源的应用内容总是以这样的方式植入，这对学习者尤其是来黔留学生还是施以了不公平的对待。相反，如果教材中涉及的就是贵州世居少数民族文化、喀斯特生态文化及文化遗产等内容，并辅以背景知识、图片、习题等，那无疑会有助于学习者特别是来黔留学生更好地学习贵州地域文化。然而，从"汉语国际推广中贵州地域文化资源应用现状调查问卷"中第 10 题统计的情况来看，目前学校对基于贵州地域文化开发汉语课程资源的重视程度还远远不够（见图 2—8），这也就不难理解近 90% 的受调查者会表示，贵州地域文化教学资源的匮乏是影响国际中文教育中应用贵州地域文化资源的重要因素（见图 2—20）。

三 贵州地域文化知识储备不够

贵州地域文化能否满足来黔留学生、海外中文学习者的学习需求，与国际中文教师有着非常紧密的关系。如果国际中文教师面对的是来黔留学生，免不了会在中文教学的过程中讲授有关贵州地域文化的知识；如果他们面对的是海外中文学习者，或多或少地也会在中文教学的过程中应用贵州地域文化资源。因此，国际中文教师所具有的贵州地域文化知识将对贵州地域文化资源的有效应用产生着极为重要的影响。然而，就本研究调查的情况来看，不少国际中文教师有关贵州地域文化知识的储备还有待进一步提升。

如前所述，绝大多数受调查教师对贵州地域文化的认识主要停留在世居少数民族文化、喀斯特生态文化和文化遗产上。从某种意义上讲，这已表明他们有关贵州地域文化知识的储备还不够。此外，根据"汉语国际推广中贵州地域文化资源应用现状调查问卷"的统计结果，发现有4.08%受调查教师表示"不了解贵州地域文化的生存状况"（见图2—5），仅有占比22.45%受调查教师认可自己"在中文教学中讲授贵州地域文化的效果很好"（见图2—9），且仅有占比20.41%受调查教师认可自己"在中华文化国际交流活动中应用贵州地域文化资源的效果很好"（见图2—13）……事实上，以上统计情况已凸显出相当一部分国际中文教师在贵州地域文化知识储备方面的不足，这从一定程度上影响了贵州地域文化在国际中文教育中的深入应用。

第四节 国际中文教育中应用贵州地域文化资源的对策建议

贵州是一个地域文化资源丰富的省份，地域文化的多彩是一个客观存在的事实，地域文化的保护与传承、地域文化的推广与应用等需要兼顾。提升贵州地域文化资源在国际中文教育中的应用效果，不仅有助于促进贵州地区的国际中文教育工作，也对推动贵州地域文化的保护与传承起着关键性的作用。然而，从以上分析来看，当前贵州地域文化资源在国际中文教育中的应用还不能很好地满足来黔留学生的学习需求，这与外界对贵州地域文化的整体认知度不高、贵州地域文化资源应用方式单一、贵州地域文化资源应用内容不够丰富、贵州地域文化教学资源相当匮乏、国际中文教师有关贵州地域文化知识储备不够等密不可分。针对这些制约因素，作者认为应从以下五个方面采取针对性措施，全面提升贵州地域文化资源在国际中文教育中的有效应用。

一　增强文化自信谋发展的意识

习近平总书记在二十大报告中提出，要推进文化自信自强，铸就社会主义文化新辉煌。"传承中华优秀传统文化，满足人民日益增长的精神文化需求，巩固全党全国各族人民团结奋斗的共同思想基础，不断提升国家文化软实力和中华文化影响力。"[①] 贵州地域文化作为中华优秀传统文化的重要组成部分，喀斯特生态文化、夜郎文化、世居少数民族文化、移民文化、黔中王学、沙滩文化、傩文化和文化遗产等文化因子汇聚到一起，共同构成"多彩贵州"文化，筑起当代贵州人独有的文化内涵和精神图景，这也为当代贵州人建立足够的文化自信提供了重要支撑。因此，增强文化自信可以提升我们对贵州地域文化的整体认知度，进而推动贵州地域文化和国际中文教育的协调发展，铸就贵州地域文化的新辉煌。在国际中文教育的过程中，如何增强文化自信谋发展的意识，这需要我们正确认识以下三层关系：

一是国际中文教育与贵州地域文化的关系。从前两章调查的情

---

① 习近平：《高举中国特色社会主义伟大旗帜　为全面建设社会主义现代化国家而团结奋斗——在中国共产党第二十次全国代表大会上的报告》，人民出版社 2022 年版，第 43 页。

况来看，来黔留学生普遍存在着强烈了解贵州地域文化的需求，而国际中文教师也期盼能在国际中文教育中有效地应用、传播贵州地域文化。可以说，贵州地域文化传播是国际中文教育的需要，而国际中文教育也为展示贵州文化形象、彰显贵州文化身份、提升贵州地域文化的国际影响力提供了平台优势。从此意义上说，二者是相互联系、互为条件的关系，也就说明我们在对待贵州地域文化资源应用于国际中文教育这一问题时，要提升我们对贵州地域文化的整体认知度，进而才能充分认识到贵州地域文化为我们增强文化自信提供了深厚土壤，而国际中文教育是涵养我们文化自信的重要源泉，这两者共同推动我们以文化自信促进国际中文教育与贵州地域文化传播协同发展的意识。

二是贵州地域文化诸构成资源的关系。基于《中国地域文化通览（贵州卷）》对贵州地域文化资源构成的划分，我们明确了贵州地域文化具有丰富多元、混杂共生的鲜明特色。因此，我们要增强文化自信就必须对这一特色有一个清晰明确的整体把握，要不然，就可能在文化自信、应用贵州地域文化的旗帜下出现不理性的认识。这种情况是存在的，例如，不少受调查者认同贵州地域文化就是贵州世居少数民族文化，甚至还出现一些受调查者对贵州地域文化生存现状完全不了解的情况，这又何谈去正确对待贵州地域文化诸构成资源之间的关系？如果说要提升我们对贵州地域文化的整体认知度，真正地做到增强和提升文化自信，我们的着眼点和目标就应该放在具有文化自信的文化主体上。显然，这里讲的文化主体就是由各文化要素共筑的"多彩贵州"文化，而不仅仅是贵州世居少数民族文化或者喀斯特生态文化。可以说，离开了丰富多彩的文化因子、多种多样的文化形态，就无所谓独特的、具有唯一性的贵州地域文化。因此，在国际中文教育的过程中，要增强和提升文化自信谋发展的意识，就要理性地对待贵州地域文化诸构成资源的关系。

三是贵州地域文化如何"引进来"与"走出去"的关系。从"引进来"的层面而言，贵州是多民族移民省份，历代移民所带来的各种文化因子在不断的认同和转化之中落地生根，形成了贵州地域文化中最有价值的成果。可以说，在《中国地域文化通览（贵州卷）》中所出现的 8 类贵州地域文化资源都应是当代贵州人引以为豪的贵州地域文化成果，是贵州地域文化在国际中文教育中站稳脚跟的根基。因此，在用文化自信引领贵州地域文化"走出去"的过程中，势必需要在国际中文教育中应用这些优质的贵州地域文化成果。然而，从调查的情况来看，贵州地域文化的整体凝聚力还不够，除了喀斯特生态文化、世居少数民族文化和文化遗产外，绝大多数受调查者对其他贵州地域文化资源的认同度不高，自然对它们要"走出去"的自信心不强。因此，我们需要增强文化自信谋发展的意识，对于不同的地域文化资源要有兼收并蓄的心态，这样对于贵州地域文化的发展才能掌握全局观和整体观，也才更有利于贵州地域文化资源在国际中文教育中的有效应用。

二 选择契合文化内容的应用方式

由于贵州地域文化丰富多彩，所以，我们需要采用积极有效的方式才能在不断彰显贵州地域文化特色的过程中推动贵州省国际中文教育的进程。从我们调查的情况来看，国际中文教育中应用贵州地域文化资源存在的主要的问题之一，就是应用方式单一。毋庸置疑，应用方式只有与文化内容紧密契合，才可能让来黔留学生、海外中文学习者、中华文化爱好者有强烈的需求感，也才更容易为国际中文教师所接受、践行。因此，在国际中文教育的过程中，本书建议应用那些与文化内容相契合的"高期待""高依赖"应用方式。

根据"汉语国际推广中贵州地域文化资源应用现状调查问卷"及教师访谈的情况，目前国际中文教师在国际中文教育中应用贵州地域文化资源的主要方式为"教师讲解",然而,对来黔留学生调查情况的梳理,却让我们发现他们"高期待"的应用方式却是"实地走访""参加体验活动""观看视频"。整合来黔留学生"高期待"的应用方式,并结合他们"高期待、高(较高)依赖"的文化内容(文化遗产、喀斯特生态文化和世居少数民族文化),我们不难发现这两者之间是相契合的。对此,笔者可以引用四个实例对此加以说明:

  第一个实例是日本佐贺县知事山口祥义走访贵州。2019年11月,日本佐贺县知事山口祥义一行到访贵州,对贵州大数据产业发展、自然风光、少数民族文化等赞赏有加。① 走访过程中,山口祥义对贵州的自然风光屡次赞不绝口,并提及在日本很受欢迎的电视节目《不可思议的发现》播出了关于贵州的视频,让日本民众通过节目了解到梵净山是世界文化遗产,是非常美丽、令人向往的旅游胜地。此外,他还希望日本民众能够到贵州实地旅游,亲身感受贵州丰富多彩的少数民族文化。

  第二个实例是贵州师范大学驻俄罗斯楚瓦什国立师范大学汉语中心成功举办了"我为贵州代言"的体验活动。② 2018年4月,贵州师范大学驻俄罗斯楚瓦什国立师范大学汉语中心任职的Y老师及在俄学习的学生组织了"我为贵州代言"的体验活动。在活动前期,他们收集整理并翻译了黄果树大瀑布、梵净山、荔波小七孔、青岩古镇、茅台酒、都匀毛尖茶、大方皱椒、江口萝卜猪等二十余处贵州风景名胜与特产的宣传介绍,发放给40余名当地中文学习者,并在中文课堂上向这些学习者讲授这些相关的景点与美食。在活动中期,这些学习者用中文录制了关于宣传贵州的视频,并在活动结束后,纷纷表

---

① http：//wsb.guizhou.gov.cn/xwzx/wsdt/201911/t20191114_21952029.html.
② https：//sfl.gznu.edu.cn/info/1023/6445.htm.

示想要亲身体验"多彩"的贵州,领略贵州的大美风光与美食。

第三个实例是贵州少数民族音乐文化摄影展在美国罗彻斯特举办。① 2019 年 11 月,贵州师范学院 H 老师分别在美国罗彻斯特奥本山图书馆和美华中心展出了近百幅与贵州苗族、侗族、壮族、水族、瑶族等少数民族音乐文化相关的图片。同时,现场还以多媒体的形式播放了贵州少数民族器乐及歌舞表演的视频。这次展演采用视听结合的方式,呈现了贵州少数民族音乐文化及贵州少数民族的生活,让美国民众感受到了贵州少数民族音乐文化的独特魅力。

第四个实例是贵州师范大学承办"汉语桥"线上团组交流活动"生态中国—贵州站"(中俄双语)线上冬令营。② 2021 年 11 月至 12 月期间,由教育部中外语言合作交流中心主办、贵州师范大学承办的"汉语桥"线上团组交流活动"生态中国—贵州站"(中俄双语)线上冬令营成功举办。此次冬令营采用"实时授课、线上活动、视频课程"结合的方式,通过学员在线参加"美丽中国—生态贵州""寻美黔山秀水""走进贵州地质博物馆""探寻生态致富密码""原生态民族文化"五个主题相关的语言类课程学习、文化类课程体验,增进白俄罗斯青年对"中国推进生态文明建设,努力打造青山常在、绿水长流、空气常新的美丽中国"现状的认识和了解。

由上述四个实例可知,日本佐贺县知事山口祥义通过"实地走访"的方式了解到文化遗产(梵净山)的情况;楚瓦什国立师范大学汉语中心任职的 Y 老师借助"参加体验活动"的方式,让俄罗斯汉语学习者亲身体验了"为多彩贵州代言"的过程;贵州师范

---

① http://news.gznc.edu.cn/info/1005/33469.htm.
② https://xhpfmapi.xinhuaxmt.com/vh512/share/10426093? channel = weixin.

学院赴美 H 老师采用视听结合的方式，让美国民众观看到贵州少数民族音乐文化的图片、表演视频；贵州师范大学通过承办"生态中国—贵州站"（中俄双语）线上冬令营活动，加深白俄罗斯青年对"生态贵州"现状的认识和了解，进而领略贵州人民在开创百姓富生态美的多彩贵州新未来上的新业绩。

尽管第一个、第三个实例与国际中文教育没有直接的联系，但同第二个、第四个实例一样，能让我们从中受到三点启示：一是贵州地域文化资源的应用方式与应用内容之间需要有契合性。二是基于文化内容，可以组合应用两种及以上的方式。例如，在第一个实例中，山口祥义希望日本民众通过电视节目《不可思议的发现》了解到梵净山，然后再到贵州实地走访；第二个实例中，Y 老师先在课堂教学中讲授了贵州风景名胜与特产，随后，再让学习者参加体验活动；在第三个实例中，H 老师则选用了图片展示和表演视频组合的方式。在第四个实例中，采用"实时授课、线上活动、视频课程"结合的方式。由此，我们可以获得第三点启示：无论是哪一种组合方式，贵州地域文化资源的应用方式都没有严格的界定和统一，国际中文教师需要根据文化内容对应用方式进行合理的选择和构建。

三　应用优质丰富的贵州地域文化资源

在国际中文教育的过程中，如何应用优质丰富的贵州地域文化资源，既关系到来黔留学生、海外中文学习者的需求能否得到很好的满足，也与国际中文教师对贵州地域文化的认知程度、推广意愿、教学态度以及应用效果等不可分。朱瑞平、张春燕（2016）提出，在选择恰当的文化内容进行海外传播时，需将四个原则纳入考量的范围：一是"代表性原则"，即所选内容应最能体现中华文化的基本面貌和主要特征；二是"现代性原则"，是指必须充分考虑到内容的现代意义和价值；三是"普遍性原则"，是指所选内容应带有普遍意义；四是"供需结合原则"，就是文化传播者的主观意愿和受众的实际需求相结合的原则。下面，我们将结合这四个原则提出如何选出优质丰富的贵州地域文化资源，进而促进贵州地域文化资源在国际中文教育中的有效应用。

根据"代表性原则"，并非所有的贵州地域文化资源都是有价值的，都最能体现贵州地域文化的基本面貌和主要特征。因此，这就需要对贵州地域文化资源进行甄别，选取"代表性"的贵州地域文化资源为国际中文教育工作服务。本书通过调查发现，对绝大多数国际中文教师和来黔留学生而言，与"代表性原则"相吻合的贵州地域文化资源应用内容主要涉及：世居少数民族文化、喀斯特生态文化和文化遗产。然而，根据《中国地域文化通览（贵州卷）》所载的划分标准，除了这三项内容外，其他五项内容也极具贵州地域文化的基本特征。因此，如果立足于"代表性原则"，喀斯特生态文化、夜郎文化、世居少数民族文化、移民文化、黔中王学、沙滩文化、傩文化和文化遗产共同构成了优质丰富的贵州地域文化资源，理应在国际中文教育中得到充分应用及推广。

根据"现代性原则"，需要充分考虑贵州地域文化的现代意义和价值。贵州地域文化资源丰富多彩，如何将优质丰富的贵州地域文化资源及其现实价值有机结合起来，进而为当下贵州地区的国际中文教育提供精神文化资源，这将具有非常重要的现实意义。图2—17展示的结果表明，近90%的受调查者认为，在国际中文教育中应用贵州地域文化资源的目的在于传承和发展贵州地域文化，亦可理解为在贵州地域文化的历史与现实之间要搭建起沟通的桥梁。自"多彩贵州"文化品牌推出以后，前面提及的8项文化内容都成为"多彩贵州"的有效载体，不仅呈现了历史赋予贵州地域文化的厚重，也实现了贵州地域文化的创造性转化。以古夜郎品牌与创意旅游为例，有学者就提出"用本土的古夜郎文化和现代意识将自然山水同历史有机地结合起来，将优越的气候资源同厚重的文化整合起来，打造出贵州省又一张不可复制的旅游文化名片（吴道军，2011）"。

根据"普遍性原则"，所选的贵州地域文化资源应具有普遍意义。在本书第一章中，我们提出贵州地域文化主要呈现出两大特色：一是贵州地域文化中，有很多优质的文化具有"和谐"或"和合"的理念，这与中华文化的核心价值理念是一致的。二是在很多优质的贵州地域文化资源中，都能找到类似于儒家精英文化的代表，足以让我们感受到贵州地域文化与中华文化的血脉相连、息息相通。例如，阳明文化所倡导的"知行合一"被视为贵州地域文化的核心底蕴，不仅彰显了贵州文化和人文精神的历史性、地域性等特点，也展现了贵州人的自强精神、人格理想、和谐追求等精神意蕴。既然贵州地域文化由前面提及的8类资源所构成，这也让我们完全有理由相信这些优质丰富的地域文化具有普遍意义。

根据"供需结合原则"，需要结合国际中文教师的主观意愿和来黔留学生的实际需求选取优质丰富的贵州地域文化资源。也就是说，在国际中文教育中应用贵州地域文化资源，不能仅从前面三个原则出发，还必须考虑国际中文教师的推广意愿，并要聆听来黔留学生的实际需求，进而才能提高应用贵州地域文化资源的有效性。图2—16显示，占85.71%的受调查教师支持且愿意在国际中文教育中应用贵州地域文化资源，而他们希望应用的文化内容主要涉及世居少数民族文化、喀斯特生态文化和移民文化（见图2—11）。同样地，来黔留学生也视这三项文化内容为"高期待、高（较高）依赖"的实际需求（见表3—15）。当然，如果只是在尊重国际中文教师意愿、来黔留学生需求的基础上进行选择，那也只是应用到了优质的贵州地域文化资源。无论是从应用内容的丰富性考虑，还是从其他5项文化内容的代表性、现代性及普遍性来看，理应进一步挖掘、整合和发挥这些优质地域文化资源的价值优势，激发大家对于它们的认同感和需求感，让它们在国际中文教育中得到有效应用及推广。

四　开发贵州地域文化教学资源

开发适应国际中文教育需要的贵州地域文化教学资源是我们的一个设想，主要是为了促进贵州地域文化与国际中文教育的协同和平衡发展，为贵州地区的相关教育部门及机构提供决策参考。开发贵州地域文化教学资源主要涉及教材的制定、课程的设置及地域文化数据库的建设。对此，笔者结合本书调查的实际情况，以来黔留学生为教学对象，提出以下见解和建议：

首先，关于贵州地域文化教材的制定。贵州地域文化教材是来黔留学生、海外学习者和国际中文教师教学的重要内容和手段，也是必不可少的教学资源。编写适应国际中文教育需要的国际汉语教材需要有创新，因此，这是重要并有一定难度的任务。除了要遵循国家教育委员会制定的基本原则，还需要召集国内对国际中文教育、贵州地域文化进行研究的专家和学者，以及从事国际中文教学、贵州地域文化推广的一线教师及工作人员研究贵州地域文化与国际中文教育之间的联系，并通过对来黔留学生学习过程的跟踪走访，了解他们学习贵州地域文化的实际情况，制定适合国际中文教育的贵州地域文化教材。但值得深入思考的一点是，由于贵州地域文化资源丰富、形态多样，如何挖掘优质丰富的贵州地域文化资源助力国际中文教育、如何处理贵州地域文化与学习者本国文化之间的差异等问题，为教材内容的制定带来很大的困难。针对这个问题，我们认为虽然教材不能把所有的贵州地域文化内容囊括在内，但是可以根据本文的调查发现，率先将国际中文教师有较强应用意愿，且来黔留学生也"高期待、高（较高）依赖"的3类文化资源进行归类，然后，再补充与其他5类地域文化资源相关的内容，并编辑成册。随着教学的推进，来黔留学生不仅能够系统地学习到他们普遍感兴趣的3类文化内容，而且也可以在日常生活中，逐渐了解到其他5类文化资源，使他们对贵州地域文化有一个整体的认知度，从而更有利于贵州地域文化资源在国际中文教育中的应用。

其次，基于培养目标、培养方案进行贵州地域文化课程的设置。将培养对贵州地域文化理解和对优质贵州地域文化认同作为教育目标，并在多种专业（例如，语言类、教育类、管理类等）内根据学科专业性质和特点，制定相应的培养规格，设置实用的课程以及合理分配教学资源，充分满足贵州地域文化教学的实际的阶段性需求，针对不同阶段的学习者的汉语水平，设置不同程度的文化教学要求。具体来说，课程的设置应从初级汉语水平的来黔留学生开始，让他们在学习贵州地域文化的同时又巩固汉语，有利于语言知识学习与文化知识学习的平衡发展。除此之外，可以开设有关某一类贵州地域文化资源（例如，贵州少数民族文化）的选修课，让学习者在课余时间选择性地进行有关文化的课程，有利于促进他们对贵州地域文化的认同感，营造学习贵州地域文化的氛围和环境。为了延续课内教学效果，开展与贵州地域文化相关的课外学习活动也很必要。例如，在贵州高校里，了解贵州地域文化的教师可以帮助组织文化社团或者协会，开展贵州地域文化的学习和宣传活动，吸引来黔留学生参与。这不仅可以活跃和丰富来黔留学生的校园文化生活，而且使贵州地域文化资源在来黔留学生中传播。

最后，要注重贵州地域文化数据库建设与贵州地域文化传承的有机整合。在国际中文教育中应用贵州地域文化资源，不仅是为了推动贵州省国际中文教育工作的持续发展，也是对贵州地域文化的传承和发展，实现中华文化与地域文化的多元共生。近年来，贵州大数据产业已在全省乃至全国范围内蓬勃发展。贵州省推动大数据与旅游、健康、金融、文化等服务业融合应用，不断取得新突破。例如，贵州毕节百里杜鹃景区建立智慧旅游服务平台，实现旅游信息感知采集、旅游信息共享服务，提升游客体验感、安全感和满意度。由于贵州地域文化资源丰富，所以，在国际中文教育背景下，我们需要借助贵州大数据技术，加强贵州地域文化数据库的建设，探讨并揭示国际中文教育、文化资源建设、文化传承及信息技术之间的内在关系。由此，贵州地域文化数据库建设需要关注本土"文化土壤"，能够在传播中华文化与主流文化的基础上，体现和发展贵州地域文化的特色和价值，以满足国际中文教育与来黔留学生的实际需要和期待。具体来说，要为国际中文教师、来黔留学生乃至海外中文学习者搭建贵州地域文化数据库展示平台，便于他们能够通过 Web、手机、iPad、大屏终端等设备快速、有效地获取数据库中的资源内容，如，苗族史诗的文章、黄果树瀑布的图片、话剧《王阳明》的视频、侗族大歌的音频等。毋庸置疑，贵州地域文化数据库可以从各个层面充分体现贵州地域文化的优秀成果，促进贵州地域文化传承与国际中文教育的充分整合，进而形成对外宣传的强大合力，让优质丰富的贵州地域文化走向世界。

五　加强教师队伍建设

国际中文教学师资匮乏是国际中文教育面临的主要问题之一。近十年来，来黔留学生人数增长近百倍，以致贵州各高校对国际中文教师的需求量在逐步增大。然而，目前贵州各高校专职从事国际中文教育的教师并不多，有很多都是来自所在高校文学院、外国语学院的兼职教师。也正因如此，就专职从事国际中文教育的时间而言（见图2—3），受调查者中工作在 5 年以上的教师占比还不到 20%，这也就意味着绝大多数国际中文教师的工作经验不足、阅历不够。因此，加强贵州地区国际中文教师队伍的建设是十分有必要的。

为了能够促进贵州地域文化资源在国际中文教育中的有效应用，国际中文教师不仅需要了解贵州地域文化的基本知识，还需具备文化阐释和传播的基本能力。针对贵州地域文化课程来说，必须由熟悉贵州地域文化，且汉语和英语交际能力都很好的教师来承担,以便可以用汉语,还能使用英语向来黔留学生阐释贵州地域文化知识,因为这将直接影响来黔留学生贵州地域文化意识的形成,所以,对师资队伍的配置和教师的专业发展有更高的要求。此外,一线国际中文教师长期进行教学实践,对教学内容、来黔留学生的情况更为了解,除了统一开发的贵州地域文化教学资源外,要鼓励他们开发贵州地域文化教学资源的积极性和创造性,逐渐形成一套优质的贵州地域文化生成性资源体系。最后,通过本土化贵州地域文化数据库的建立,一方面可以推进国际中文教师进行微课设计与应用,进而创新贵州地域文化教学形式;另一方面,国际中文教师可以结合来黔留学生的特征和自身教学经验,充分利用数据库资源,主动设计灵活多样的贵州地域文化教学形式,以提高来黔留学生对贵州地域文化的学习兴趣和关注度。总之,合格的国际中文教师是应用贵州地域文化的有力保障,因此,从以上几个方面加强国际中文教师队伍的建设是非常重要的。

六 设立贵州地域文化研究所

为了挖掘、整理、开发、应用好贵州地域文化资源,特别是在新时代国际中文教育事业中应用好贵州地域文化资源,地方政府应该设立贵州地域文化研究所。贵州地域文化研究所可以挂靠在省级教育行政部门,也可以挂靠在贵州省的高校。地域文化研究所要深入研究贵州地域文化的历史、现状、发展和特点,梳理贵州地域文化的时代价值包括在国际中文教育中的应用价值,把跨越时空、富有魅力、具有当代价值的贵州地域文化精神弘扬出来。要加强地域文化研究队伍建设,把从事地域文化研究的学者组织起来,加强培训和培养,打造一支热爱地域文化研究、具有相当理论功底和学术研究水平的专业化队伍。要举办各种地域文化国际学术会议,为从事地域文化研究的学者搭建不同层次的学术交流平台,探讨地域文化研究进展和心得体会,从而凝聚地域文化研究力量,提升地域文化研究水平，促进地域文化研究在广阔平台上繁荣发展。地域文化研究所也可以和相关机构、相关专家合作，编写涉及贵州地域文化资源的国际中文教材，或者在国际中文教材中加大贵州地域文化的比重，加强对中文学习者的地域文化教育，促进贵州地域文化的国际传播。可以出版地域文化相关的数字国际中文教育资源，制作地域文化相关的数字国际中文教育软件 App，增强中文学习者的学习兴趣。研究所还可以组织开展针对国际中文学习者和留学生的地域文化讲座、活动，营造地域文化潜移默化的良好氛围。地方政府要在政策、经费、人才等方面加大对贵州地域文化研究所建设的支持力度，做好地域文化传承包括地域文化国际传播的顶层设计，协调推进地域文化传承以及地域文化资源在国际中文教育事业中的传播，提升贵州地域文化的影响力，促进国际中文教育事业的发展。

第 五 章

研究结论

第一节 主要研究结论

本研究在国际中文教育的视角下，以贵州地域文化资源的应用聚焦于国际中文教师和来黔留学生，审视贵州地域文化资源在国际中文教育中的应用现状，分析来黔留学生对贵州地域文化的需求情况，进而探讨国际中文教育中应用贵州地域文化资源存在的问题及对策。通过研究发现：

第一，有关贵州地域文化资源在国际中文教育中应用现状的调查显示：其一，无论从整体认知度还是应用的重要性排序来看，为数较多的国际中文教师认为贵州世居少数民族文化的应用价值和重要性均居于首位，其次是贵州喀斯特生态文化，贵州文化遗产列为第三，而对其他贵州地域文化资源的知晓度较低，这是贵州地域文化资源距离人们生活的现实所决定的，大多数国际中文教师对此有比较明确的意识。其二，从贵州地域文化资源在中文教学中的应用情况来看，尽管教师在中文教学中讲授贵州地域文化的占比为65.31%，但仅有22.45%的教师认为讲授的效果很好，这既有贵州地域文化教学资源匮乏的原因，也有部分国际中文教师不清楚贵州地域文化资源相关构成的问题。其三，从贵州地域文化资源在中华文化国际交流活动中的应用情况来看，有53.06%的教师提出所在高校举行过贵州地域文化活动，但同时也有44.9%的教师表示未曾在中华文化国际交流活动中应用过贵州地域文化资源,且仅有20.41%的教师认为应用贵州地域文化活动的效果是理想的。显然,贵州地域文化活动在国际中文教育中的应用力度及推广方式仍显不足。其四,从国际中文教育中应用贵州地域文化资源的必要性和可行性来看,85.71%的教师表示支持且愿意应用,没有人反对应用,原因在于:基于贵州地域文化开展国际中文教育有助于"传承和发展贵州地域文化""促进贵州的对外友好交流""开发贵州地域文化课程资源"以及"促进学习者对贵州地域文化的认识"。除此之外,贵州大数据信息产业、贵州的自然生态优势、贵州教育的国际交流与合作等因素也为贵州地域文化资源在国际中文教育中的应用提供了现实性和可能性。其五,从国际中文教育中应用贵州地域文化资源面临的困难来看,主要是教学资源匮乏和经费投入有限。此外,贵州地域文化与学习者本国文化的差异、如何选取适合运用于国际中文教育中的贵州地域文化资源、学习者对贵州地域文化是否存在学习需求等也是需要考虑到的潜在困难。

第二,有关来黔留学生对贵州地域文化的需求调查显示:首先,绝大多数来黔留学生对贵州地域文化资源的构成知晓度低,甚至还有人误认为贵州地域文化就是贵州世居少数民族文化,这需要引起我们的重视并采取有效的措施去引导他们正确地看待贵州地域文化。其次,就希望通过何种方式了解贵州地域文化,我们提供了"教师讲解""观看演出""听专题讲座""参加体验活动""阅读书籍""网络学习""实地走访"这7种学习方式;而就希望应用的贵州地域文化资源,我们提供了"喀斯特生态文化""少数民族文化""文化遗产""夜郎文化""沙滩文化""移民文化""傩文化""黔中王学"这8类资源。然后,我们基于魅力质量理论及其Kano模型,同时通过访谈发现,来黔留学生对上述学习方式及学习内容存在着不同的需求状况,主要表现在以下三个方面:(1)学习方式中的"实地走访"和学习内容中的"文化遗产"属于"高依赖、高期待"的需求,其中"高依赖"是指必须得到满足的需求,而"高期待"是指最希望得到满足的需求。由此可见,在国际中文教育的过程中,"实地走访"的方式及与"文化遗产"相关的学习内容是不可或缺的。(2)学习方式中的"参加体验活动"和学习内容中的"喀斯特生态文化""少数民族文化"都属于"较高依赖、高期待"的需求,故也是理应要满足的。(3)其他 5 种学习方式和学习内容都属于"较高/低依赖、较高期待"的需求,如果不提供时其满意度下降程度的影响也不会太大。也就是说,从优先满足序列来看,这些需求的满足可考虑是在"高/较高依赖、高期待"的需求之后。

第三,国际中文教育中应用贵州地域文化资源存在的主要问题是国际中文教师和来黔留学生对贵州地域文化整体认知度不高,甚至部分来黔留学生还出现认识上的误区;贵州地域文化的应用方式比较单一,且较难满足学习者的基本需求;贵州地域文化资源的应用内容不够丰富,这与贵州地域文化教学资源相当匮乏、不少国际中文教师有关贵州地域文化知识的储备不够有着密切的联系。解决这些问题,一是应该树立对贵州地域文化的自豪感和自信心,增强文化自信谋发展的意识,捋顺国际中文教育与贵州地域文化资源的关系、贵州地域文化诸构成资源的关系,以及贵州地域文化如何"引进来"与"走出去"的关系。二是应该深入了解贵州地域文化资源的构成情况,根据不同的地域文化资源,选择切合实际的应用方式或构建适合的组合方式。三是应该把"代表性原则""现代性原则""普遍性原则""供需结合原则"联系在一起地展示"喀斯特生态文化""少数民族文化""文化遗产""夜郎文化""沙滩文化""移民文化""傩文化""黔中王学"是国际中文教育中需应用的优质丰富的贵州地域文化资源。四是应该开发贵州地域文化教学资源,包括制定贵州地域文化教材、根据培养目标和培养方案设置贵州地域文化课程,以及积极建立贵州地域文化数据库来传承、推广贵州地域文化。五是应该通过加强师资队伍的配置、贵州地域文化数据库的运用、教学手段及教学方法的改革等，共同助推教师队伍的建设，从根本上保证贵州地域文化资源在国际中文教育中的有效应用。六是应该设立贵州地域文化研究所，加强对贵州地域文化资源的挖掘、整理和开发，促进贵州地域文化资源与国际中文教育的融合发展。

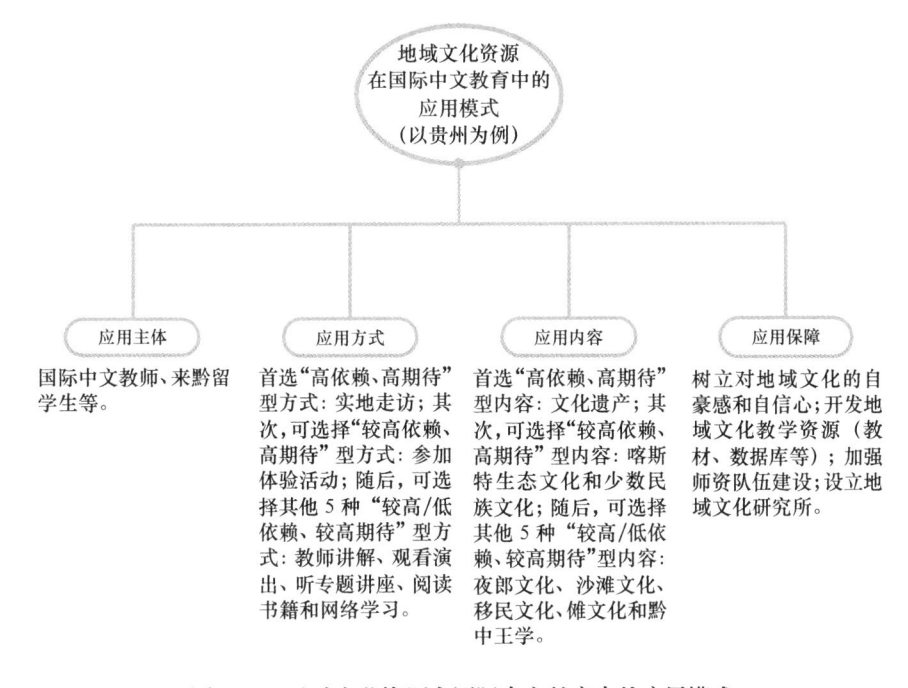

基于上述主要研究结论，本书构建了地域文化资源在国际中文教育中的应用模式，详见下图：

```
                    地域文化资源
                  在国际中文教育中的
                      应用模式
                    （以贵州为例）
    ┌─────────────┬─────────────┬─────────────┐
  应用主体      应用方式      应用内容      应用保障
国际中文教师、  首选"高依赖、  首选"高依赖、  树立对地域文化的自
来黔留学生等。 高期待"型方式： 高期待"型内容： 豪感和自信心；开发地
               实地走访；其   文化遗产；其   域文化教学资源（教
               次，可选择"较高 次，可选择"较高 材、数据库等）；加强
               依赖、高期待"型 依赖、高期待"型 师资队伍建设；设立地
               方式：参加体验 内容：喀斯特生 域文化研究所。
               活动；随后，可 态文化和少数民
               选择其他5种"较 族文化；随后，
               高/低依赖、较高 可选择其他5种
               期待"型方式：教 "较高/低依赖、
               师讲解、观看演 较高期待"型内
               出、听专题讲座、 容：夜郎文化、
               阅读书籍和网络 沙滩文化、移民
               学习。          文化、傩文化和
                              黔中王学。
```

图 5—1　地域文化资源在国际中文教育中的应用模式

第二节　研究启示

近年来，伴随贵州交通条件的不断改善，旅游业持续的"井喷式"增长，贵州丰富多彩的地域文化资源逐渐展现在世人面前。国

际中文教育关涉中华文化传播，贵州地域文化是中华文化的重要组成部分，因此，贵州省国际中文教育工作应整合贵州地域文化力量，进一步地实现资源配置方式的多元化，促进国际中文教育的健康发展，并推动贵州地域文化的传承发展。因此，本书围绕国际中文教育中贵州地域文化资源的应用展开了研究，并从中得到以下研究启示：

第一，国际中文教育视角下的贵州地域文化研究不仅能为当前贵州乃至其他省市地域文化的传承发展研究提供一个良好的借鉴，也为应用地域文化资源促进国际中文教育事业的发展提供有益的参考。贵州地域文化资源丰富及其独特的吸引力，是推动文化旅游业成为贵州重要支柱产业的动因之一，因此，诸多有关贵州文化旅游业发展、经济发展的研究都会有维护贵州地域文化传承发展这样一种趋势和倾向。然而，本书通过对贵州地域文化资源在国际中文教育中应用现状的调查发现，当前贵州省国际中文教育工作可以直接与贵州地域文化的传承发展接轨，即在增强贵州文化软实力的国际影响力时，也要关注贵州地域文化的传承发展。虽然地域文化的传承发展得到国家的支持和提倡，但在基层实施时并未达到一种与社会协同共生的有效发展，尤其是在目前一些地域文化正在逐渐消亡的情况下，地域文化的传承发展亟须在实施方面具有更完善的保障。而这在很大程度上取决于地域文化广泛运用于人们文化、社会生活的需求得到强化和改善，否则会由于缺乏社会需求，难以使地域文化的传承获得重视，并真正有效地发展下去。因此，这启发我们应将研究视野从地区拓展到国际化层面，并提升到全球命运共同体高度，并认识到加强和促进学术领域内有关来华留学生、海外中文学习者对地域文化的需求调查以及相关研究是非常重要的，只有通过理论研究和实证研究，才能更好地为地域文化的传承发展提供研究思路和有效举措，同时也为应用我国各省市的地域文化资源促进国际中文教育的稳步发展提供参考与借鉴。

第二，要关注地域文化资源在国际中文教育中所发挥的作用。从本书有关来黔留学生对贵州地域文化的需求调查来看，"少数民族文化""喀斯特生态文化""文化遗产"是来黔留学生"高/较高依赖、高期待"应用的地域文化资源。从尊重来黔留学生学习需求的角度，需要以这三类地域文化资源作为主要参数进行学习内容的设计。然而，从访谈的情况来看，不少来黔留学生对贵州地域文化的认识主要停留在少数民族文化上，而这已从另外一个方面提示我们，在国际中文教育中应用贵州地域文化资源时，除了要考虑学习者主要需求的文化内容外，还需要对其他文化内容进行科学的设计。我们认为，可以把贵州地域文化中的各项资源视为一个"生态系统"，它是由"少数民族文化""喀斯特生态文化""文化遗产""夜郎文化""沙滩文化""移民文化""傩文化""黔中王学"这8类资源所构成。因此，教师在中文教学或文化活动设计时，要充分注意到地域文化资源所具有的不同角色及其所发挥的独特作用，不仅要体现学习者所"高/较高依赖、高期待"文化资源的突出核心和重点位置，也要兼顾其他文化资源作为局部需求所应有的作用。唯有如此，才能让学习者更好地认识和了解贵州地域文化，进而在国际中文教育中拓展贵州地域文化宣传力度。

第三，国际中文教育中应当充分重视地域文化数据库的建设。在国际中文教育中应用优质丰富的地域文化资源，必然会涉及许多亟待进行深入研究的具体问题。从本研究结果来看，贵州地域文化教学资源极度匮乏是国际中文教育中应用贵州地域文化资源存在的主要问题之一，因此，如何借助大数据、移动互联网等新技术建设地域文化数据库是极其重要的。由于这一数据库不仅要帮助国际中文教师、来黔留学生、海外中文学习者更容易地获取所需地域文化资源，也要促进贵州地域文化资源的使用率和影响力，满足国际中文教育工作的需求，所以，建议应从以下几个方面去着手：应组织编写贵州地域文化校本教材，并在此基础上，拟定适应贵州地域文化推广的数据库建设理论与方法、数据库选材原则等；借助第三方网站应用来实现贵州地域文化资源和服务的推送、与学习者的交流等；建立数据库建设的质量保障体系等。

第三节　研究不足

由于受研究时间、资源条件等因素的影响，本研究存在以下不足之处：

首先，就国际中文教育的受众而言，本研究所调查的受众数量不够、受众类型有待扩展。具体表现在：参加本次问卷调查的来黔留学生仅有304人，访谈人数也只有28人；此外，考虑到海外中文学习者不在贵州地域环境内，极有可能不熟悉贵州地域文化，因此，本研究只选择了来黔留学生作为调查对象，并未涵盖海外中文学习者。尽管本研究的调查数量及类型从一定程度上保证了研究的信度，但研究结论是否适用于海外中文学习者还有待进一步研究验证。

其次，本研究依据Kano模型设计了"关于来黔留学生对贵州地域文化学习需求的调查问卷"，以了解受调查者对贵州地域文化学习方式、学习内容的需求状况。然而，由于贵州地域文化表现形式多种多样，所以，本书只是罗列了8类主体文化资源，而对每类文化资源所涵盖的各个文化因子并未全部呈现出来。此外，学习方式上也只罗列了7种常见类型，以至于访谈中有部分来黔留学生提出了其他所需求的学习方式，即"跟朋友、同学、当地人聊天"而不是本书所罗列的"教师讲解"。再加上，问卷中第7题—第24题中的"双向"问题都由5分选项所构成，会让少数对贵州地域文化不甚了解的来黔留学生，提供的选择结果出现偏差。这些不可避免地让本书的分析广度和深度受到了一定的影响，并在某种程度上也影响到了研究的效度。

第四节 研究展望

  本研究是为数不多的关注国际中文教育中应用贵州地域文化资源的研究成果之一。在研究内容上，主要以贵州地域文化资源在国际中文教育中的应用现状分析、来黔留学生对贵州地域文化的需求调查分析、国际中文教育中应用贵州地域文化存在的现实问题及对策研究为核心；在研究的空间范围上，主要以贵州大学、贵州财经大学、贵州师范大学、贵州医科大学、铜仁学院这五所贵州高校及其承办的孔子学院、汉语中心为主。研究结果表明，尽管来黔留学生对贵州地域文化存在着较大的学习需求，但上述高校及机构的国际中文教师在应用贵州地域文化资源的过程中还存在着不少亟待解决的问题。因此，如果后续研究能够继续深入地探讨国际中文教育中应用地域文化资源的其他问题，这无疑会为地域文化资源在国际中文教育中的有效应用带来福祉。笔者认为未来的研究可在以下两个方面着力：

  第一，在研究视角方面，以往研究一般将主体文化作为国际中文教育的理想状态。通过本研究，笔者认为地域文化资源可视为各省市国际中文教育绩效的重要因素，这既可以避免主体文化和地域文化和谐不分的理论局限，又可以使各省市国际中文教育的实践导向更为鲜明。此外，以往研究一般把地域文化探讨局限在地理学、文化学层面，而本研究的结果表明，将有关地域文化传承发展的相关思考整合进国际中文教育之中，这不仅有助于探索一条科学保护和传承地域文化的有效路径，也会有助于提升我国文化软实力的国际影响力。因此，未来研究不仅可以关注地域文化视角下各省市国际中文教育工作的绩效分析与评估问题，也可以关注国际中文教育视角下地域文化的传承与发展问题。

  第二，未来研究可采用本研究的调查方法了解海外中文学习者对地域文化的学习需求。在开展国际中文教育的过程中，我们既要积极寻找来华的地域文化热爱者，也要避免流失海外的潜在受众。本研究基于魅力质量理论及其 Kano 模型，发现不同母语背景、不同国籍、不同汉语水平、不同年龄、不同性别的来黔留学生，对于贵州地域文化的认识也不尽相同，所以，了解学习者的个人情况与学习需求是非常重要的。未来研究不应局限于某一地区的留学生，应扩大调查范围至海外中文学习者，尤其是随着海外中文学习需求的快速增长，未来应重视海外中文学习者的地域文化学习需求调查，才能更好地定位地域文化在不同国家所具有的推广需求。

附 录 一

汉语国际推广中贵州地域文化资源应用现状调查问卷[①]

尊敬的老师：

您好！本问卷旨在调查贵州地域文化资源在汉语国际推广中的应用现状，调查所得数据仅用于研究所用。请根据您的实际情况进行作答，非常感谢您的支持与配合！

填写说明：

1. 调查对象为从事汉语国际推广的教师，主要包括在贵州从事汉语国际推广的教师、在贵州高校承办的海外孔子学院及汉语中心任职的教师、在海外从事汉语国际推广的贵州籍教师。

2. 来黔留学生、海外中文学习者在问卷中统一表述为"学习者"。

3. 问卷中的"汉语国际推广"是指推动汉语走向世界各国的中文教学和中华文化国际交流活动，既包括国内的，也包括海外的。

4. 问卷中的"贵州地域文化资源"主要包括贵州的喀斯特生态文化、世居少数民族文化、文化遗产等。

[①] 由于本研究收集数据的时段是在"2019 年国际中文教育大会"召开之前，因此，问卷及访谈中采用的表述是"汉语国际推广"而不是"国际中文教育"。

5. 备选答案中如出现"其他……＿＿＿＿＿＿＿＿",可根据您的实际情况在横线上填写答案。

1. 您的性别：［单选题］ ＊
○男　　　○女

2. 您的文化程度：［单选题］ ＊
○专科以下
○专科
○大学本科
○硕士研究生

3. 您从事汉语国际推广工作的时间：［单选题］ ＊
○2 年及以下
○3—5 年
○6—10 年
○11 年及以上

4. 您在贵州生活的时间：［单选题］ ＊
○2 年及以下
○3—5 年
○6—10 年
○11 年及以上

5. 您从事汉语国际推广工作的地点：［单选题］ ＊
○高校
○孔子学院（课堂）
○汉语中心
○其他地点＿＿＿＿＿＿＿＿＿＿

6. 在您看来，贵州地域文化资源有：［多选题］ ＊
□喀斯特生态文化
□世居少数民族文化

□文化遗产

□夜郎文化

□沙滩文化

□移民文化

□傩文化

□黔中王学

7. 在您看来，学习者可以通过下列哪些渠道了解贵州地域文化：［多选题］ *

□图书资料

□网络媒体

□实地旅游

□社会实践活动

□其他渠道_____

8. 在您看来，当前贵州地域文化资源的生存状况是：［单选题］ *

○流失严重，有些甚至面临濒危

○和以前相比，没多大变化

○已得到很好地传承和保护

○不了解

9. 您对下列哪些传承贵州地域文化的方式感兴趣：［多选题］ *

□借助中文教学和中华文化国际交流活动

□通过民间艺人言传身教

□成立一些文化传承组织

□借助政府的扶持和帮助

10. 您所在的学校有没有基于贵州地域文化开发汉语课程资源：［单选题］ *

○有

○没有

○不清楚

11. 您所在的学校有没有举行过与贵州地域文化有关的活动：[单选题] *

○有

○没有

○不清楚

12. 您有在中文教学中讲授贵州地域文化的经历吗？如有，其效果是：[单选题] *

○有，效果很好

○有，效果一般

○有，效果不好

○没有

13. 您有在中华文化国际交流活动中应用贵州地域文化资源的经历吗？如有，其效果是：[单选题] *

○有，效果很好

○有，效果一般

○有，效果不好

○没有

14. 在您看来，收集贵州地域文化课程资源的途径有：[多选题] *

□田野调查

□书籍资料

□网络资源

□培训课程

□其他途径_____

15. 您对在汉语国际推广中应用贵州地域文化资源持有的态度是：[单选题] *

○既不支持也不反对应用

○支持且愿意应用

○支持但不愿意应用

○反对应用

16. 您认为基于贵州地域文化开展汉语国际推广工作的目的是：[多选题] *

□开发贵州地域文化课程资源

□传承和发展贵州地域文化

□促进学习者对贵州地域文化的认识

□促进贵州的对外友好交流

□其他目的_____

17. 您认为在汉语国际推广中应用贵州地域文化资源所面临的主要困难有：[多选题] *

□教学资源匮乏

□经费投入有限

□学习者不支持

□教师不愿意

□其他困难_____

18. 在您看来，基于贵州地域文化资源促进汉语国际推广的可行性有：[多选题] *

□贵州大数据信息产业可以为地域文化教材开发、地域文化资源分配等提供良好的技术支撑

□贵州的自然生态优势会让越来越多的留学生选择到贵州学习

□贵州脱贫攻坚需要一条应用贵州地域文化资源促发展的路径

□贵州教育的国际交流与合作与贵州地域文化资源的有效应用不可分

□其他可行性_____

19. 在您看来，以下哪些贵州地域文化资源应突出应用到汉语国际推广教育资源中：[多选题] *

□喀斯特生态文化

□世居少数民族文化

□文化遗产

□夜郎文化

□沙滩文化

□移民文化

□傩文化

□黔中王学

20. 您认为在汉语国际推广中应用贵州地域文化资源，应考虑下列哪些因素：[多选题] *

□学习者对贵州地域文化的学习需求

□贵州地域文化与学习者本国文化的差异

□适合运用在汉语国际推广中的贵州地域文化资源

□应用贵州地域文化资源对促进贵州汉语国际推广工作的作用

□其他因素_____

21. 您认为在汉语国际推广中应用贵州地域文化的主体是：[多选题] *

□孔子学院（课堂）、汉语中心的汉语教师

□贵州高校的汉语教师

□来黔留学生

□其他主体_____

22. 您认为在汉语国际推广中，贵州地域文化可以通过下列哪些途径得到传播：[多选题] *

□让学习者阅读有关贵州地域文化的书籍

□借助传统节日活动（如，侗族吃新节）传播贵州地域文化

□邀请专家学者开展有关贵州地域文化的专题讲座

□在汉语课堂上播放有关贵州地域文化的视频

□其他途径＿＿＿＿＿＿＿＿

23. 您认为在汉语国际推广中应用贵州地域文化资源有下列哪些作用：[多选题] *

□有助于促进贵州地域文化的传承与发展

□有助于推动贵州经济的发展

□有助于树立汉语教师的文化自信

□有助于提升学习者的学习兴趣

□其他作用＿＿＿＿＿＿＿＿

附录二

国际中文教师访谈材料[①]

访谈提纲

访谈时间：

访谈地点：

访谈对象：　　　（＿＿岁，从事汉语国际教育工作＿＿年）

访谈内容：

（1）在您看来，贵州地域文化是指什么？包括哪些主要资源？

（2）您在中文教学活动（中华文化国际交流活动）中有没有讲授（应用）贵州地域文化（资源）的经历？如有，其效果是怎样的？如没有，是什么原因引起的？

（3）您认为在汉语国际推广中应用贵州地域文化资源面临的机遇和挑战分别是什么？

（4）您对在汉语国际推广中应用贵州地域文化资源，还持有怎样的建议和看法？

[①] 由于本研究收集数据的时段是在"2019年国际中文教育大会"召开之前，因此，问卷及访谈中采用的表述是"汉语国际推广"而不是"国际中文教育"。

示例1　S老师访谈语料

采访者：S老师，您方不方便讲一下您今年多少岁？从事汉语国际教育多少年？

S老师：我今年43岁，汉国教就从2003年开始接触的，到现在也有16年的时间了。刚开始是在师大文学院，是当时的中文系。当时有少量的自费留学生，由于学生数量比较少，当时采取的也就是一对一或者一对二的教学模式。亚洲的学生比较少，带了韩国、美国、英国、法国学生，并且学习时间都比较长，有些学了4年到5年的时间。2010年到2011年，我攻读博士之前到韩国的岭南大学去教中文教学，当时是因为岭南大学在国内很多高校找师资，来到我们学校，学校这边也推荐了我。在韩国期间，在中国语言文化学部教了一年的汉语，回来之后我们这边也渐渐形成系统，人数也逐渐增多。直到2017年，留学生从文学院分到了国教院，很快也有了奖学金生，每个班也出现了十几个到20个人，这个阶段我也一直没有中断过，带的课程有听力、口语、写作，还有中国文化等。在川大读博士时，读的是比较文学专业，汉语国际教育这一方面属于是跨专业，但一直在坚持在做。时间长了，也就与国家汉办这边有了一定的联络与交往。除了做中文教学之外，还跟着一起做了汉语国际面试的证书方面，还有做这方面面试的考官。

采访者：S老师，在您看来，贵州地域文化是指什么？

S老师：说到贵州的地域文化，首先，贵州的传统民族文化是比较重要的，也就是少数民族文化，比如苗族、侗族、布依族之类的文化肯定是贵州的特色。其次，有很多是外来因素导致的，但是它是在贵州这片土地上发展起来的文化。比如说屯堡文化，它是南京那边传过来的，还有遵义的沙滩文化。也就是说，外来的文化和贵州本土文化交融起来，共同发展的。

采访者：S老师，您是否有过和学生介绍贵州地域文化的经历？

S老师：一般给学生介绍中国文化，介绍到地方文化的时候会介绍到贵州的地域文化，但是也不会说是单独的去介绍贵州，而是作为中国文化的一部分去介绍。大部分学生是很感兴趣的，因为他们觉得这是了解中国文化的一个渠道，一个办法，但是有少部分同学会觉得贵州这一地区是比较封闭，比较落后的地方，更想去了解北京，上海这样的发达城市，但是总体说来，大多数同学还是非常感兴趣的，因为它对于其他人来说比较新鲜。

采访者：那您认为贵州地域文化在推广过程中会面临什么样的机遇或挑战呢？

S老师：我认为首先是机遇很大，最重要的因素其实是本土文化，它有别于其他的地方，比如北京、上海等中部、东部地区的文化它根本不一样，我们可以把人类学和民族学的东西融进去，而这就是贵州特色。其实真正的汉语国际教育的开端是从上个世纪八九十年代，从美国和法国来的一些学者，他们来到贵州大学，最主要的目的其实并不是为了学习汉语，而是为了人类学和民族学，但是他们的汉语不通，就需要借助于汉语的学习，而在这个学习的过程中，他们当时就可以走村入户去做田野调查，到农村里面去，在这个过程中，他们一方面汉语提高了，另外一方面，人类学和民族学的成果也出来了。因为我们在中文教学这一方面和北京、上海这些地方比，我们绝对是没有优势的，如果我们能够把这种劣势变为优势的话，我们就可以融入我们本土的地域特色的东西，使得我们在教学中有一个本土特色就是人类学和民族学融合起来的话，这样一来，我们就跟其他省份和发达地区完全不同的途径。如果是想学人类学，或者是民族学的，就可以直接往贵州走，就没有必要再往北京、上海这些地方走，可以吸引住更多的学生，也可以说是机遇与挑战并存，甚至说是机遇更大于挑战。

采访者：在您这么多年的教育生涯中，您觉得留学生最感兴趣的贵州地域文化是什么呢？

S老师：学生最感兴趣的还是少数民族，因为少数民族说起来云南和广西也有，这也是发展的一种先例，这几年云南大学的汉语国际教育也做得非常的好，广西民大以及广西师大这方面也做得很好，因为它们的民族学加进去了，它们融进去之后，学生就会很感兴趣，特别是对学生介绍民族风情，比较带有平时所接触到的文化，有着很大的差别，差异性特别大。越是差异性大的东西，给人的冲击越大，而人也会也感兴趣，而这种东西，如果他带回到他的国家，那么，同样也是带给了他同样国家的人民，冲击非常大，如果老师给他们讲众所周知的问题，对他们来说没有太大的影响，以及冲击。所以我说民族这一块，它的影响是非常大的，比如说民族的服装，民族的首饰，民族的舞蹈，特别是苗族的刺绣、蜡染这些学生就特别感兴趣。

采访者：S老师，最后还想问一个问题，就是您对于推广贵州地域文化有什么样的建议或意见吗？

S老师：我个人认为我们可以系统地把这些贵州的地域文化做成一种教学的材料，比如说可以编成一本教材，同时建立数据库，也就是关于贵州民族文化做中文教学这一块的运用。今后针对性的，不管是师大还是贵大财大凯里学院等等，凡是有对外教育，中文教学这个专业都可以用这些教材，然后在教学当中可以系统化地输出，造成一定的影响之后，我们对外招生的也可以作为我们，自己的一个特色。因为他们留学生来的时候，既然知道有这么一个特色，他们报名之前就一定对这些东西比较感兴趣，他们来到目的也就是抱着学习地域文化，这样一个非常明确的目的，我们在教学过程中能够灌输这样的知识，他的教学效果肯定会很好。但是我们几个人是做不了的，比如说我们可以和学校或者是教育厅或是贵州省的教育口有这样一个共识，有这样一个理念，特别是教育厅，能有一个比较扶持的政策，做起来就很有意思。也就是在教学中适当地把这些东西融进去，这样的话也就会有他自己的特点，教学效果也会提高，或者说是我们也可以做联合培养。关于地域文化，不仅仅是贵州，乃至很多地方做得都不是很好，因为它们主要是以语言类教学为主，但是文化没有很好地传输，其实中国的传统文化会有很多的，但其实是有地域的、民族的它们没有细分，因此，在教学过程中比较笼统。

示例 2　Y 老师访谈语料

采访者：Y 老师，在您看来，贵州地域文化是指什么？主要包括了哪些内容呢？

Y 老师：我本身是山东人，来贵州之前对贵州的了解也仅限于书本上的知识。来到贵州以后，主要生活在贵阳地区，也没有深入到贵州其他地区，所以对地域文化的了解说实话是有限的，在我看来贵州的地域文化主要是指少数民族文化：各个少数民族的服饰、节日、饮食、风俗等。再者就是王阳明先生的阳明文化，说实话，只听说过，是与哲学相关的，在日本相当受推崇，其余的知之甚少。

采访者：Y 老师，那您有在中文教学中讲授贵州地域文化的经历吗？或者，是在中华文化国际交流活动中应用贵州地域文化的经历？

Y 老师：有过，我曾经在 2017 年举办过一届贵州风情展，以贵州地区的特产和少数民族服饰为主要内容，着重介绍的也是从网上摘抄下来的少数民族如布依、苗、侗等的服饰文化和民俗。

采访者：那您觉得效果怎么样？

Y 老师：效果还是不错的，特别是少数民族的服饰色彩艳丽，头饰也很多样化，吸引了大批参观者。他们希望多多做一些这种形式的展览和讲座，但后期受制于距离太远等因素并没有延续这项活动，但如果有专家的指导和学校、政府等相关部门的支持的话，贵州文化展等活动起码在俄罗斯楚瓦什地区还是会相当受欢迎的。

采访者：Y老师，那您认为在汉语国际推广中应用贵州地域文化面临的机遇和挑战分别会是什么？

Y老师：就机遇来说，我学习的是俄语，教授汉语的地点也是在俄罗斯，我从俄罗斯的角度切入谈一下我的看法。现在中俄两国关系处于蜜月期，俄罗斯人现在普遍对中国和中国文化很有好感，也很感兴趣。贵州对他们来说，相对还是一个神秘的地方，特别是贵州地区少数民族的文化，对他们还是相当具有吸引力的。如果政府等相当部门有专项投入的话，相信成果还是会很丰硕的。

采访者：那挑战方面，您能也谈一下吗？

Y老师：好的。贵州地区了解区域文化的顶级专家很多，但致力于在俄罗斯推广贵州区域文化的专家数量还不是很多。政府这些年对于跟俄罗斯相关地区，特别是相对落后地区的关注度在我看来相对是不够的。我们一些老师在俄罗斯相关地区已经打开了小部分的局面，但没有后续的支持和投入的话，前期的工作的影响力很快就会散去。大约是受制于经济不景气，俄罗斯人，特别是经济落后地区的俄罗斯居民是想了解中国文化、贵州文化，但他们本身是不愿意投入太多的，尤其是资金方面，他们现在已经形成了一种惯性思维，中国政府买单的话，他们是很愿意学习、了解，但由他们自己买单的话，他们是不愿意的。而且中俄两国国民性格和文化的差异还是很大的。这就要求我们的工作要把控好度。

采访者：Y老师，谢谢您！最后，还想问下您对汉语国际推广中应用贵州地域文化的建议和看法？

Y老师：我的建议是贵州文化现在要积极地"走出去"，走到国外的各个角落，让外国人知道地大物博的中国有贵州这么一片神奇的土地，这里有丰富的物质和人文资源。现在在俄罗斯某些地区，甚至可以说是绝大部分地区，当提到贵州的时候，他们的第一反应是广州，是不是广州的另外一种说法？可见他们对贵州几乎是没有了解的。而且我个人觉得"走出去"这一战略必须是长期的，这不是一个一蹴而就的事情，这是一个需要时间的过程。这么多年了，给俄罗斯人留下印象的也无非是北京、上海、广州这几个大城市。在有孔院的地方，情况会好一些，它们会借助各种力量，大力推广自己的学校、自己学校所在的省份。但我们学校在俄罗斯现在没有一所孔院，只有一个合建的汉语中心。汉语中心从规模、教师人数等方面暂时还是无法比拟孔院的。我建议以汉语中心为基地，相关部门加大长期的投入，而且要调动文化、旅游等各个相关部门一起努力，这样才能扩大贵州的影响力。

示例 3　M 老师访谈语料

采访者：M 老师，打搅您了！由于您在国外，我只好通过微信视频通话与您联系。谢谢您的支持。

M 老师：不客气。我很高兴接受您的采访（笑），您问吧！

采访者：M 老师，您在澳大利亚，从事国际中文教学工作有多长时间了？

M 老师：有 13 年的时间了。

采访者：那您有在中文教学中讲授贵州地域文化的经历吗？或者说，有没有组织学生开展过有关贵州地域文化的活动？

M 老师：在我的中文教学经历中，没有专门讲授过贵州地域文化，但是在讲授中国的多元地域文化或者在一些阅读教材（课文）的讲解过程中的确涉及过相关的内容。比如，因为桂林山水是中外闻名的旅游胜地，很多对外汉语教材都会提到桂林山水，以此为例说明中国南方山水秀丽的特点，每次讲到此我都会提及其实贵州也有类似的喀斯特地貌的山水，不仅不比桂林的逊色，而且在地下岩洞类景点某些方面比桂林更出色，非常值得游览。再比如，讲到各地菜色，大家都知道川菜，知道川菜辣，所以我就会补充辣还不一样，川菜讲究麻辣，而贵州菜讲究酸辣。学生就一下来了兴趣，到底麻辣跟酸辣有什么不同？为什么会有这种不同？这样既学了语言"麻"和"酸"，也学了文化。

采访者：那您觉得这样讲的效果怎么样呢？

M老师：这些贵州地域文化的植入非常成功，学生经常显示出浓厚的兴趣，也开始对贵州有了一定的认识。这些讲授不仅会让学生对中国有更宽泛的了解，也建立板块式的概念，比如在讲解中把中国分为黄河流域、江南、西南三省、闽南等板块，因为地域的接近，板块内的很多城市在很多方面都有相似处，从古到今形成了有特色的板块文化，而每个板块几乎都有代表性的大城市或旅游景点被国外所熟悉，比如西安、上海、成都、桂林、广州等，所以对外汉语的教材或者教师几乎都是一再围绕这些大家熟悉的地方举例讲解，使得像贵州这样的地方变得比较冷门和陌生，所以借用板块概念，在提到相接近的有名的城市的文化时，顺带提到贵州，是我会经常使用的策略，但在提到贵州跟大城市的相似处的同时又补充进贵州的特色，从而把学生的注意力进一步拉向贵州。

采访者：M老师，我觉得您的学生一定很喜欢听您讲课，因为很有趣。

M老师：谢谢夸奖（笑）。

采访者：M老师，您可以给贵州地域文化下一个定义吗？

M老师：在我看来，贵州地域文化主要指贵州本地有特色的文化形态，比如喀斯特地形地貌，苗族、侗族等原生态少数民族的族群文化（包括与之相关的蜡染工艺、吊脚楼建筑等）以及一些历史文化遗迹，如娄山关、赤水河和遵义会议会址等。不好意思，我的家乡在贵州遵义（笑）。

采访者：M老师，很多人都熟知遵义红色文化的（笑）。那您觉得，贵州地域文化在汉语国际推广中加以应用，会遇到什么样的机遇和挑战呢？

M老师：客观而言，贵州由于历史上交通不便等原因不为人深入和熟知，很多的特色又跟附近省份城市类似从而被掩盖，比如常识里大家都觉得贵州山水不敌桂林，小吃不如成都，少数民族文化不如云南，红色旅游都不如井冈山，所以在对外汉语的教材以及文化传播中很少被触及。这可能就是一直以来在中文教学中应用贵州地域文化最大的挑战。但是随着交通的提升，网络的普及，特别是厌倦都市和现代文明的现代人对于原生态文化的迫切回归心理，贵州应该有可能迎来应用自己的特质文化推广汉语发展的契机。

采访者：是的，M老师。那您觉得，在推广贵州地域文化的过程中，有没有什么特别需要注意的问题呢？

M老师：有。首先就是要多挖掘真正的"贵州特色"并尽量突出，这不仅是板块地域的特色，更是属于贵州自己独一无二的东西。比如，多说岩洞，而并不只是喀斯特地貌，因为老外都觉得喀斯特是云南的特色，因为谷歌是这么说的。再比如多说苗族怎么有特色，而不只是少数民族。另外就是，要强调贵州的原生态，自然和文化的原生态，在目前各大城市都面临环境污染的窘境下，让大家看到贵州由于特殊的地域和发展经历成为全国甚至世界上为数不多的"净土"。贵州的蓝天白云会是中国地图上最抢眼的一笔，不会再被忽略，会成为旅游以及国际交换学习的最佳目的地。比如我就会在塔斯马尼亚大学选择交换学习的合作方时提到贵州，因为空气和自然环境已经让贵州在汉语国际推广的过程中显示出了优越性。

采访者：好的，M老师，谢谢您的建议。

M老师：我还补充一点。就是可以把有贵州地域文化特色的元素做成中文教学的教材，比如做"跟我游贵州"的系列对话视频，每集15分钟短对话，聊一个特色文化点，比如岩洞、苗寨、会址……帮学生练习听力口语，也可做同题的精读、泛读教材，推广教材到全国以及海外的对外中文教学中使用。呵呵（笑），说到这儿我还真有编教材的打算，这是个好题材，如果贵州政府、文化部肯出资或者我能申请到什么项目的话真的可以一做。如果知道有什么渠道可以申请的话请告知一下，呵呵（笑）。

附 录 三

关于来黔留学生对贵州地域文化
学习需求的调查问卷[①]

亲爱的同学：

你好！本问卷旨在了解来黔留学生对贵州地域文化的学习需求情况，调查内容仅用于研究分析所用，无对错之分，请根据你的实际情况进行填写。感谢你的支持与配合！

Questionnaire on the Learning Demand of Guizhou's Regional Culture for International Students in Guizhou

Dear students：

Hello！This questionnaire is for the purpose of knowing about the learning demand of Guizhou's regional culture for international students in Guizhou. The questions will be used only for research. There is no right or wrong to your answers. Please fill out this questionnaire according to your own actual conditions. Thank you for your support and cooperation！

---

① 由于本研究收集数据的时段是在"2019 年国际中文教育大会"召开之前,因此,问卷及访谈中采用的表述是"汉语国际推广"而不是"国际中文教育"。

基本信息 [矩阵文本题] *

主修专业（Major）：	_____
国籍（Nationality）：	_____
母语（Native Language）：	_____
性别（Gender）：	_____

1. 你学习汉语的时间（How long have you been studying Chinese?）：[单选题] *

○A. 2 年以下（Less than 2 years）

○B. 3—5 年（3—5 years）

○C. 6—10 年（6—10 years）

○D. 11 年以上（More than 10 years）

2. 你在贵州生活的时间（How long have you been living in Guizhou Province?）：[单选题] *

○A. 1 年以下（Less than 1 year）

○B. 2—3 年（2—3 years）

○C. 4—5 年（4—5 years）

○D. 6 年以上（More than 6 years）

3. 你认为以下哪些属于贵州地域文化资源（Which are the regional culture elements of Guizhou?）：[多选题] * [You can choose more than one answer.]

□A. 语言（例如，苗语、贵阳话）——Language（e.g. Miao language/Guiyang dialect）

□B. 饮食（例如，酸汤鱼、油茶、丝娃娃）——Food（e.g. Fish in Sour Soup/You Cha, also known as Oil-tea camellia/Si Wawa, also known as Guiyang Spring Rolls）

□C. 传统工艺（例如，刺绣、蜡染）——Traditional handicraft（e.g. Embroidery/Batik）

□D. 民居建筑（例如，风雨桥、吊脚楼）——Residential buildings and architecture（e.g. Wind-rain Bridge/Diaojiaolou, special dwellings of Tujia or Miao People）

□E. 传统民族节日活动（例如，吃新节、三月三）——Traditional ethnic festivals（e.g. Harvest Festival for Gelao Nationality/Sanyuesan Festival）

□F. 戏剧艺术（例如，安顺地戏、傩戏）——Traditional Chinese operas（e.g. Anshun Opera/Nuo Opera）

□G. 名胜古迹（例如，黄果树瀑布、青岩古镇）——Scenic spots and historical sites（e.g. Huangguoshu Waterfalls/Qingyan Ancient Town）

4. 在你看来，来黔留学生了解贵州地域文化（In your opinion, is it necessary for international students in Guizhou to know about its regional culture?）：[单选题] *

○A. 有必要（Yes）　　　○B. 没有必要（No）

5. 假设你想了解贵州地域文化，那你想了解的原因是（Assuming that you want to know about Guizhou's regional culture, then what is the reason?）：[单选题] *

○A. 有助于提升自己的文化素养（It can help me to improve my cultural literacy.）

○B. 觉得贵州地域文化很有趣（I find Guizhou's regional culture interesting.）

○C. 对学习汉语很有帮助（It is helpful for me to study Chinese.）

○D. 有助于在贵州更好地生活（It can make my life here easier and more convenient）

○E. 其他原因 Other reason（s）_____

6. 你希望通过以下哪些方式了解贵州地域文化（In which way do you want to know about Guizhou's regional culture?）：［单选题］ *

○A. 教师讲解（General teaching）

○B. 观看视频（Videos）

○C. 听专题讲座（Lectures）

○D. 参加体验活动（Experiential activities）

○E. 阅读书籍（Reading）

○F. 网络学习（E-learning）

○G. 实地走访（Field trips/visits）

7.（1）如果教师在课堂上讲授关于贵州地域文化的知识，你会觉得（If your teacher teaches some knowledge about Guizhou's regional culture, what's your opinion?）：［单选题］ *

○A. 喜欢（I like it.）

○B. 理应如此（It should be required.）

○C. 无所谓（I don't care about it.）

○D. 勉强接受（It can be accepted.）

○E. 不喜欢（I dislike it.）

（2）如果不能提供这样的讲授，你会觉得（If such instruction can't be provided, what's your opinion?）：［单选题］ *

○A. 不喜欢（I dislike it.）

○B. 勉强接受（It can be accepted.）

○C. 无所谓（I don't care about it.）

○D. 理应如此（It should be required.）

○E. 喜欢（I like it.）

（3）你校教师有没有类似这样的讲授（Do teachers in your university have such kind of instruction?）：［单选题］ *

○A. 有（Yes.）

○B. 没有（No.）

○C. 不清楚（I don't know.）

8.（1）如果教师在课堂上播放有关贵州地域文化的视频，你会觉得（If your teacher lets you watch video about Guizhou's regional culture, what's your opinion?）：［单选题］ *

○A. 喜欢（I like it.）

○B. 理应如此（It should be required.）

○C. 无所谓（I don't care about it.）

○D. 勉强接受（It can be accepted.）

○E. 不喜欢（I dislike it.）

（2）如果不能提供这样的安排，你会觉得（If such arrangement cannot be provided, what's your opinion?）：［单选题］ *

○A. 不喜欢（I dislike it.）

○B. 勉强接受（It can be accepted.）

○C. 无所谓（I don't care about it.）

○D. 理应如此（It should be required.）

○E. 喜欢（I like it.）

（3）你校教师有没有类似这样的安排（Do teachers in your university have such kind of arrangement?）：［单选题］ *

○A. 有（Yes.）

○B. 没有（No.）

○C. 不清楚（I don't know.）

9.（1）如果留学生受邀去听有关贵州地域文化的专题讲座，你会觉得（If international students are invited to attend a lecture on the topic of of Guizhou's regional culture, what's your opinion?）：［单选题］ *

○A. 喜欢（I like it.）

○B. 理应如此（It should be required.）

○C. 无所谓（I don't care about it.）

○D. 勉强接受（It can be accepted.）

○E. 不喜欢（I dislike it.）

（2）如果不能提供这样的安排，你会觉得（If such arrangement cannot be provided, what's your opinion?）：[单选题] *

○A. 不喜欢（I dislike it.）

○B. 勉强接受（It can be accepted.）

○C. 无所谓（I don't care about it.）

○D. 理应如此（It should be required.）

○E. 喜欢（I like it.）

（3）你校有没有类似这样的安排（Does your university have this kind of arrangement?）：[单选题] *

○A. 有（Yes.）

○B. 没有（No.）

○C. 不清楚（I don't know.）

10.（1）如果留学生受邀去参加有关贵州地域文化的体验活动，你会觉得（If international students are invited to join an experiential activity on Guizhou's regional culture, what's your opinion?）：[单选题] *

○A. 喜欢（I like it.）

○B. 理应如此（It should be required.）

○C. 无所谓（I don't care about it.）

○D. 勉强接受（It can be accepted.）

○E. 不喜欢（I dislike it.）

（2）如果不能提供这样的安排，你会觉得（If such arrangement cannot be provided, what's your opinion?）：[单选题] *

○A. 不喜欢（I dislike it.）

○B. 勉强接受（It can be accepted.）

○C. 无所谓（I don't care about it.）

○D. 理应如此（It should be required.）

○E. 喜欢（I like it.）

（3）你校有没有类似这样的安排（Does your university have this kind of arrangement?）：［单选题］ *

○A. 有（Yes.）

○B. 没有（No.）

○C. 不清楚（I don't know.）

11.（1）如果教师要求留学生阅读有关贵州地域文化的书籍，你会觉得（If your teacher asks international students to read books about Guizhou's regional culture, what's your opinion?）：［单选题］ *

○A. 喜欢（I like it.）

○B. 理应如此（It should be required.）

○C. 无所谓（I don't care about it.）

○D. 勉强接受（It can be accepted.）

○E. 不喜欢（I dislike it.）

（2）如果教师没有这样的要求，你会觉得（If your teacher doesn't have such requirement, what's your opinion?）：［单选题］ *

○A. 不喜欢（I dislike it.）

○B. 勉强接受（It can be accepted.）

○C. 无所谓（I don't care about it.）

○D. 理应如此（It should be required.）

○E. 喜欢（I like it.）

（3）你校教师有没有类似这样的要求（Do teachers in your university have such kind of requirement?）：［单选题］ *

○A. 有（Yes.）

○B. 没有（No.）

○C. 不清楚（I don't know.）

12. （1）如果教师让留学生在网上了解有关贵州地域文化的知识，你会觉得（If your teacher asks international students to learn about Guizhou's regional culture online, what's your opinion?）：[单选题] *

　　○A. 喜欢（I like it.）

　　○B. 理应如此（It should be required.）

　　○C. 无所谓（I don't care about it.）

　　○D. 勉强接受（It can be accepted.）

　　○E. 不喜欢（I dislike it.）

（2）如果教师没有这样的要求，你会觉得（If your teacher doesn't have such requirement, what's your opinion?）：[单选题] *

　　○A. 不喜欢（I dislike it.）

　　○B. 勉强接受（It can be accepted.）

　　○C. 无所谓（I don't care about it.）

　　○D. 理应如此（It should be required.）

　　○E. 喜欢（I like it.）

（3）你校教师有没有类似这样的要求（Do teachers in your university have such kind of requirement?）：[单选题] *

　　○A. 有（Yes.）

　　○B. 没有（No.）

　　○C. 不清楚（I don't know.）

13. （1）如果你校让留学生通过实地走访了解贵州地域文化，你会觉得（If your university lets international students to learn about Guizhou's regional culture through field trips, what's your opinion?）：[单选题] *

　　○A. 喜欢（I like it.）

　　○B. 理应如此（It should be required.）

　　○C. 无所谓（I don't care about it.）

　　○D. 勉强接受（It can be accepted.）

○E. 不喜欢（I dislike it.）

（2）如果不能提供这样的安排，你会觉得（If such arrangement cannot be provided, what's your opinion?）：[单选题] *

○A. 不喜欢（I dislike it.）

○B. 勉强接受（It can be accepted.）

○C. 无所谓（I don't care about it.）

○D. 理应如此（It should be required.）

○E. 喜欢（I like it.）

（3）你校有没有类似这样的安排（Does your university have this kind of arrangement?）：[单选题] *

○A. 有（Yes.）

○B. 没有（No.）

○C. 不清楚（I don't know.）

14.（1）如果组织留学生参观贵州喀斯特地貌景点（例如，黄果树瀑布），你会觉得（If international students are organized to visit Guizhou's karst scenic spot, e.g. Huangguoshu Waterfalls, what's your opinion?）：[单选题] *

○A. 喜欢（I like it.）

○B. 理应如此（It should be required.）

○C. 无所谓（I don't care about it.）

○D. 勉强接受（It can be accepted.）

○E. 不喜欢（I dislike it.）

（2）如果不能提供这样的安排，你会觉得（If such arrangement cannot be provided, what's your opinion?）：[单选题] *

○A. 不喜欢（I dislike it.）

○B. 勉强接受（It can be accepted.）

○C. 无所谓（I don't care about it.）

○D. 理应如此（It should be required.）

○E. 喜欢（I like it.）

（3）你校有没有类似这样的安排（Does your university have this kind of arrangement?）：［单选题］ *

○A. 有（Yes.）

○B. 没有（No.）

○C. 不清楚（I don't know.）

15.（1）如果教师要求留学生阅读《贵州民居》等与喀斯特生态文化有关的书籍，你会觉得（If your teacher asks international students to read books about Karst ecological culture, e.g. *Residential Buildings in Guizhou*, what's your opinion?）：［单选题］ *

○A. 喜欢（I like it.）

○B. 理应如此（It should be required.）

○C. 无所谓（I don't care about it.）

○D. 勉强接受（It can be accepted.）

○E. 不喜欢（I dislike it.）

（2）如果教师没有这样的要求，你会觉得（If your teacher doesn't have such requirement, what's your opinion?）：［单选题］ *

○A. 不喜欢（I dislike it.）

○B. 勉强接受（It can be accepted.）

○C. 无所谓（I don't care about it.）

○D. 理应如此（It should be required.）

○E. 喜欢（I like it.）

（3）你校教师有没有类似这样的要求（Do teachers in your university have such kind of requirement?）：［单选题］ *

○A. 有（Yes.）

○B. 没有（No.）

○C. 不清楚（I don't know.）

16. (1) 如果教师向留学生介绍贵州少数民族服饰、传统工艺等，你会觉得（If your teacher tells international students Guizhou's ethnic culture such as dress and traditional handicraft, what's your opinion?）：［单选题］ *

○A. 喜欢（I like it.）

○B. 理应如此（It should be required.）

○C. 无所谓（I don't care about it.）

○D. 勉强接受（It can be accepted.）

○E. 不喜欢（I dislike it.）

(2) 如果不能提供这样的介绍，你会觉得（If such introduction cannot be provided, what's your opinion?）：［单选题］ *

○A. 不喜欢（I dislike it.）

○B. 勉强接受（It can be accepted.）

○C. 无所谓（I don't care about it.）

○D. 理应如此（It should be required.）

○E. 喜欢（I like it.）

(3) 你校教师有没有类似这样的介绍（Do teachers in your university have such kind of introduction?）：［单选题］ *

○A. 有（Yes.）

○B. 没有（No.）

○C. 不清楚（I don't know.）

17. (1) 如果留学生受邀参加"苗寨美食品鉴"活动，你会觉得（If international students are invited to join an activity called Tasting Miao Ethnic Food, what's your opinion?）：［单选题］ *

○A. 喜欢（I like it.）

○B. 理应如此（It should be required.）

○C. 无所谓（I don't care about it.）

○D. 勉强接受（It can be accepted.）

○E. 不喜欢（I dislike it.）

（2）如果不能提供这样的安排，你会觉得（If such arrangement cannot be provided, what's your opinion?）：[单选题] *

○A. 不喜欢（I dislike it.）

○B. 勉强接受（It can be accepted.）

○C. 无所谓（I don't care about it.）

○D. 理应如此（It should be required.）

○E. 喜欢（I like it.）

（3）你校有没有类似这样的安排（Does your university have this kind of arrangement?）：[单选题] *

○A. 有（Yes.）

○B. 没有（No.）

○C. 不清楚（I don't know.）

18.（1）如果组织留学生参加传统民族节日活动（例如，三月三），你会觉得（If international students are invited to celebrate the traditional ethnic festivals, e.g. Sanyuesan Festival, what's your opinion?）：[单选题] *

○A. 喜欢（I like it.）

○B. 理应如此（It should be required.）

○C. 无所谓（I don't care about it.）

○D. 勉强接受（It can be accepted.）

○E. 不喜欢（I dislike it.）

（2）如果不能提供这样的安排，你会觉得（If such arrangement cannot be provided, what's your opinion?）：[单选题] *

○A. 不喜欢（I dislike it.）

○B. 勉强接受（It can be accepted.）

○C. 无所谓（I don't care about it.）

○D. 理应如此（It should be required.）

○E. 喜欢（I like it.）

（3）你校有没有类似这样的安排（Does your university have this kind of arrangement?）：［单选题］ *

○A. 有（Yes.）

○B. 没有（No.）

○C. 不清楚（I don't know.）

19.（1）如果留学生受邀去听以"贵州民族村寨资源的可持续利用"为主题的讲座，你认为（If international students are invited to attend a lecture on the topic of Sustainable Utilization of Resources in Ethnic Villages in Guizhou, what's your opinion?）：［单选题］ *

○A. 喜欢（I like it.）

○B. 理应如此（It should be required.）

○C. 无所谓（I don't care about it.）

○D. 勉强接受（It can be accepted.）

○E. 不喜欢（I dislike it.）

（2）如果不能提供这样的安排，你会觉得（If such arrangement cannot be provided, what's your opinion?）：［单选题］ *

○A. 不喜欢（I dislike it.）

○B. 勉强接受（It can be accepted.）

○C. 无所谓（I don't care about it.）

○D. 理应如此（It should be required.）

○E. 喜欢（I like it.）

（3）你校有没有类似这样的安排（Does your university have this kind of arrangement?）：［单选题］ *

○A. 有（Yes.）

○B. 没有（No.）

○C. 不清楚（I don't know.）

20. (1) 如果教师向留学生介绍夜郎民族特有的葬俗，你会觉得（If the teacher introduces the unique burial custom of the Yelang People to international students, what's your opinion?）：［单选题］ *

○A. 喜欢（I like it.）

○B. 理应如此（It should be required.）

○C. 无所谓（I don't care about it.）

○D. 勉强接受（It can be accepted.）

○E. 不喜欢（I dislike it.）

(2) 如果不能提供这样的介绍，你会觉得（If such introduction cannot be provided, what's your opinion?）：［单选题］ *

○A. 不喜欢（I dislike it.）

○B. 勉强接受（It can be accepted.）

○C. 无所谓（I don't care about it.）

○D. 理应如此（It should be required.）

○E. 喜欢（I like it.）

(3) 你校教师有没有类似这样的介绍（Do teachers in your university have such kind of introduction?）：［单选题］ *

○A. 有（Yes.）

○B. 没有（No.）

○C. 不清楚（I don't know.）

21. (1) 如果组织留学生参观遵义沙滩文化遗址，你会觉得（If international students are invited to visit Zunyi Beach Cultural Relics, what's your opinion?）：［单选题］ *

○A. 喜欢（I like it.）

○B. 理应如此（It should be required.）

○C. 无所谓（I don't care about it.）

○D. 勉强接受（It can be accepted.）

○E. 不喜欢（I dislike it.）

（2）如果不能提供这样的安排，你会觉得（If such arrangement cannot be provided, what's your opinion?）：[单选题] *

○A. 不喜欢（I dislike it.）

○B. 勉强接受（It can be accepted.）

○C. 无所谓（I don't care about it.）

○D. 理应如此（It should be required.）

○E. 喜欢（I like it.）

（3）你校有没有类似这样的安排（Does your university have this kind of arrangement?）：[单选题] *

○A. 有（Yes.）

○B. 没有（No.）

○C. 不清楚（I don't know.）

22.（1）如果组织留学生参观屯堡文化博物馆，你会觉得（If international students are invited to visit Tunpu Cultural Museum, what's your opinion?）：[单选题] *

○A. 喜欢（I like it.）

○B. 理应如此（It should be required.）

○C. 无所谓（I don't care about it.）

○D. 勉强接受（It can be accepted.）

○E. 不喜欢（I dislike it.）

（2）如果不能提供这样的安排，你会觉得（If such arrangement cannot be provided, what's your opinion?）：[单选题] *

○A. 不喜欢（I dislike it.）

○B. 勉强接受（It can be accepted.）

○C. 无所谓（I don't care about it.）

○D. 理应如此（It should be required.）

○E. 喜欢（I like it.）

（3）你校有没有类似这样的安排（Does your university have this kind of arrangement?）：［单选题］ *

○A. 有（Yes.）

○B. 没有（No.）

○C. 不清楚（I don't know.）

23.（1）如果教师让留学生在网上学习如何做傩戏面具，你会觉得（If your teacher asks international students to learn how to make Nuo opera mask online, what's your opinion?）：［单选题］ *

○A. 喜欢（I like it.）

○B. 理应如此（It should be required.）

○C. 无所谓（I don't care about it.）

○D. 勉强接受（It can be accepted.）

○E. 不喜欢（I dislike it.）

（2）如果教师没有这样的要求，你会觉得（If your teacher doesn't have such requirement, what's your opinion?）：［单选题］ *

○A. 不喜欢（I dislike it.）

○B. 勉强接受（It can be accepted.）

○C. 无所谓（I don't care about it.）

○D. 理应如此（It should be required.）

○E. 喜欢（I like it.）

（3）你校教师有没有类似这样的要求（Do teachers in your university have such kind of requirement?）：［单选题］ *

○A. 有（Yes.）

○B. 没有（No.）

○C. 不清楚（I don't know.）

24.（1）如果学校组织留学生去观看大型历史人物话剧《王阳明》，你认为（If your university organizes international students to watch *Wang Yangming* — an opera describing a famous historical figure, what's your opinion?)：［单选题］ *

　　○A. 喜欢（I like it.）

　　○B. 理应如此（It should be required.）

　　○C. 无所谓（I don't care about it.）

　　○D. 勉强接受（It can be accepted.）

　　○E. 不喜欢（I dislike it.）

（2）如果不能提供这样的安排，你会觉得（If such arrangement cannot be provided, what's your opinion?)：［单选题］ *

　　○A. 不喜欢（I dislike it.）

　　○B. 勉强接受（It can be accepted.）

　　○C. 无所谓（I don't care about it.）

　　○D. 理应如此（It should be required.）

　　○E. 喜欢（I like it.）

（3）你校有没有类似这样的安排（Does your university have this kind of arrangement?）：［单选题］ *

　　○A. 有（Yes.）

　　○B. 没有（No.）

　　○C. 不清楚（I don't know.）

附录四

来黔留学生访谈材料[①]

访谈提纲

访谈时间：
访谈地点：
访谈对象：
主修专业_____　　　国籍_____
学习汉语的时长_____　来黔生活的时长_____
访谈内容：

（1）在你看来，贵州地域文化是指什么？包括哪些主要构成资源？

（2）假设你想了解贵州地域文化，那你希望通过怎样的方式了解贵州地域文化？为什么？

（3）你认为在汉语国际推广中应用贵州地域文化资源面临的主要困难是什么？

（4）你对在汉语国际推广中应用贵州地域文化资源，持有怎样的建议和看法？

---

① 由于本研究收集数据的时段是在"2019年国际中文教育大会"召开之前，因此，问卷及访谈中采用的表述是"汉语国际推广"而不是"国际中文教育"。

示例1　来黔蒙古留学生的访谈语料

采访者：在你看来，贵州地域文化是指什么？包括哪些主要内容？

学生5：贵州省简称黔或者贵，位于中国西部，贵州是民族居住最多的一个省份，其中18个是少数民族，有18个少数民族，就有浓郁的民族风情，所以被称为"多彩贵州"，贵州地处云贵高原是中国著名的矿产资源大省，贵州有很多国家级风景名胜，国家自然保护区，国家生态博物馆，国家非物质文化遗产，贵州省气候宜人，所以被称为冬无严寒，夏无酷暑。

采访者：假设你想了解贵州地域文化，那你希望通过怎样的方式了解贵州地域文化？为什么？

学生5：在我看来，想了解贵州地域文化，具体是亲自去看去了解，老师上课讲课想通过PPT形式来，不能让我们亲自看到的，然后如果有机会亲自到那个点，比如想了解民族文化，有一些少数民族文化我们是亲自去到某个地方，亲自去看他们的文化去了解他们的文化。不要是只靠老师，我们要亲自看到听到，如果没有让我们看到是怎么样，比PPT的方式更好让我们去了解。

采访者：你认为在汉语国际推广中应用贵州地域文化面临的主要困难是什么？

学生5：就像我刚才说的，贵州是具有少数民族，少数民族里又有自己的独特的文化，这样在国际推广中，他们有可能不太了解文化，他们也有自己的独特文化，他们有自己的表演，这个困难应该是有很多人还不了解贵州这个地方。

采访者：你对在汉语国际推广中应用贵州地域文化，持有怎样的建议和看法？

学生5：这个刚才我也说了，主要是我们想推广哪一种文化，贵州具有很多种文化，就像我去体验过去看过，代表民族文化也有很多，还有中国也有不少的红军，红色文化，代表革命，就像在遵义的遵义会址，奉（瓮）安的狗把（猴场）会议会址，做成纪念馆，如果想在汉语国际中推广这些，我们也可利用这些文化，我举（觉）得每个地区都有自己的独特的文化，比如我们想推广古老的文化它也有自己的方式，近代的文化也有独特的方式，我个人建议想推广这些文化，如果有可能自己去看，如果不能用这样的方式，像现在高科技的发展我们可以去拍摄现场的拍照方式，网络方式去推广，其他的意见，推广东西就是贵州也有很多的东西，通过网络，通过同时，人与人之间的交流。

示例2　来黔泰国留学生的访谈语料

采访者：在你看来，贵州地域文化是指什么？包括哪些主要内容？

学生9：首先在我看来，贵州的地域文化主要是指少数民族文化，因为贵州的少数民族占比较多。特别是苗族、布依族、侗族，它们的文化特色比较浓郁，保存比较完善，而且在班上的同学也经常说苗族的文化。虽然我没有去过，但是我有这样的打算，准备去旅游，去了解当地少数民族文化。其次是贵州的喀斯特地貌，虽然我们国家也有，但是比起中国来说是相当少的。贵州的喀斯特地貌主要以山地的形式表现，其中比较著名的就是黄果树瀑布。还有就是茅台酒的酒文化，之前也有去过遵义看遵义的茅台酒制作过程，而且我们国家也有卖茅台酒，比较出名。

采访者：假设你想了解贵州地域文化，那你希望通过怎样的方式了解贵州地域文化？为什么？

学生9：我比较希望通过跟团旅游的方式来了解贵州，在旅游的过程中，不仅可以看到美丽的自然风景，而且导游也会介绍它们的地域特色。在其他的日常生活中，我们也会开展关于贵州少数民族的课程，每个星期五都会有不同的学生关于贵州少数民族的文化介绍。

采访者：你认为在汉语国际推广中应用贵州地域文化面临的主要困难是什么？

学生9：有可能是沟通交流比较少，而且相比之下云南比贵州更近，从泰国飞两个小时的飞机就能到云南了。在我看来，贵州在少数民族推广方面遇到的困难主要就是宣传不到位，因为在我们泰国的机场会经常有关于四川、云南等地方的介绍，可是关于贵州的很少。在国际上比较通用的交友软件Face book会有更多关于云南、四川等地方的消息，可是欢迎贵州的却寥寥无几。

采访者：你对在汉语国际推广中应用贵州地域文化，持有怎样的建议和看法？

学生9：关于建议的话，我就觉得可以在飞机场多制作宣传贵州地域文化的资料，还可以在Face book上面多做一点宣传的材料。

示例3　来黔美国留学生的访谈语料

采访者：在你看来，贵州地域文化是指什么？包括哪些主要内容？

学生14：我之前来过中国好多地方，可是我来到中国之前，就知道一个汉族，其他的有什么民族我都不了解，不知道，但是我来到贵州以后，我知道中国有几个少数民族，一个最大的是汉族，还有几个少数民族，比如苗族、侗族、水族等等，所以我来到贵州以后，我感觉到这里有各种的民族文化，还有特别特别好是他们的少数民族的服装，还有我去过几个城市，可是贵州省和贵阳我感觉山和水比较多，平原比较少。

采访者：贵州省是中国唯一一个没有平原的省，所以说叫作山地，刚才你说到了贵州的地域文化有两个方面，实际上第一个是贵州的少数民族文化，包括一个是它的少数民族的种类非常多，第二个是它民族文化保存得非常好，它多姿多彩的民族服装。第二个问题你说的是，贵州的地域文化是山地，因为贵州属于云贵高原，然后它的山地文化也非常缺失，因为山地导致贵州省的整个文化很多是依赖于山，靠山吃饭，比如说少数民族，少数民族有一些建筑，它都是这样。你去看过苗族的建筑没有？

学生14：看过，我去过凯里那边，他们的建筑就是木头。

采访者：那叫依山而建，用山上的木头来建的房子。

学生14：嗯，对。

采访者：然后在山上住呢，木制的房子可以防潮，因为贵州喜欢下雨，木头房子就不会潮湿了。第二个问题假设你想了解贵州地域文化，那你希望通过怎样的方式了解贵州地域文化？为什么？

学生14：我经常跟中国朋友聊天，还有老师们讲的时候也说了很多贵州的文化还有中国的好多历史等，我们这样就理解了中国文化。

采访者：你希望通过与人之间的交流，不管你和中国的朋友还是和同学老师都是这种交流的方式，来了解贵州地域文化？

学生14：嗯，跟朋友交流。因为我来到贵州之前我就看谷歌，因为我们没有百度，谷歌没有什么了解贵州的资料，所以只能看有更多的书和广告、杂志这些。

采访者：你认为在汉语国际推广中应用贵州地域文化面临的主要困难是什么？

学生14：我来到中国之前不知道一个省叫贵州，还有因为我们都知道上海、北京、广东、昆明，可是不知道贵州贵阳，因为网络上没有这么多的材料也没有广告，所以我个人觉得希望有更多的广告、文字、书籍，还有音频视频、历史文化要推广。

采访者：你对在汉语国际推广中应用贵州地域文化，持有怎样的建议和看法？

学生14：因为贵州的传统文化还有我觉得中国的少数民族文化就比较适合，我的建议是贵州实际上可以把少数民族文化作为主要的方式来宣传。我觉得老师在网络上公布的东西，因为在网络上更方便，现在找资料都是在网络上找，网络是最好的方式。因为网络上广告更多的话就能吸引更多的别国的人来贵州旅游来贵州了解更多的中国文化，历史。

采访者：你去没去过贵州的其他地方？

学生14：贵州凯里和铜仁。

示例4　来黔吉尔吉斯斯坦留学生的访谈语料

采访者：在你看来，贵州地域文化是指什么？包括哪些主要内容？

学生22：我觉得红色文化，还有苗族文化、侗族文化，属于水席文化，还有历史文化，还有黔菜文化，就是贵州的菜比较多。

采访者：就是贵州的地域文化你刚刚说了几点就是你说了红色文化，贵州的这些旅游景点啊，包括历史上。

学生22：对，就是遵义会址，它就是唤起了中国的红色文化的记忆。

采访者：而且这是一方面，你提到了苗族、侗族这些贵州的少数民族。

学生22：贵州有很多少数民族，大概56个民族嘛，然后最多的是苗族、侗族、仡佬族、布依族。

采访者：刚刚你说的第三个是什么？

学生22：第三个是水席夜郎。

采访者：假设你想了解贵州地域文化，那你希望通过怎样的方式了解贵州地域文化？为什么？

学生22：最好的方式是旅游，就是自己看自己了解比较好。

采访者：就是自己去实地体验比较好。

学生22：还有第二个，就是关于贵州的文化的材料报告比较少，书比较少。在网上有一部分，小小的部分，就是你想更多地了解历史，就是很少。

采访者：在你的国家你有关注过贵州吗？

学生22：没有。

采访者：你认为在汉语国际推广中应用贵州地域文化面临的主要困难是什么？

学生22：我觉得贵州少数民族的文化珍惜保存，就是要把他们的苗族文化保存，就是我知道有很多苗族人都已经不会说苗族话，苗语。就是要保护好，并教给年轻人，因为现在很多的年轻人都已经不太了解贵州的少数民族了。最大的问题是在国外的网站都有中国的长城，西安的兵马俑，并没有出现贵州的黄果树瀑布，就是广告、书本没有做好，还没有更多的外籍人来这里旅游了解。

采访者：你对在汉语国际推广中应用贵州地域文化，持有怎样的建议和看法？

学生22：就是我刚刚说的，就是要中国政府要搞很多的活动要保护好地域文化，然后很多的广告，最应该传播出去的是黄果树瀑布，和红色文化，我觉得红色文化很多人都会感兴趣的，因为它跟历史有关，黄果树在贵州是最美丽的地方，还有就是世界上第二大的瀑布，红色文化在苏联都已经消失了，我还是苏联的孩子，我去这个地方感兴趣，还有贵州的绿茶，这三个点我觉得值得推广。因为说起绿茶很多人不会想到贵州省。

参考文献

Aronin L., & Singleton, D., "Affordances and the Diversity of Multilingualism", *International Journal of the Sociology of Language*, 2010.

Aronin, L., "The Concept of Affordances in Applied Linguistics and Multilingualism", In M. Pawlak & L. Aronin (eds.), *Essential Topics in Applied Linguistics and Multilingualism, Second Language Learning and Teaching*, Switzerland: Springer International Publishing, 2014.

Aronin, L., & Singleton, D., "Affordances Theory in Multilingualism Studies", *Studies in Second Language Learning and Teaching*, 2 (3), 2008.

Aronin, L., & Singleton, D., *Multilingualism*, Amsterdam: John Benjamins, 2012.

Berger, C., Blauth, R., Boger, D., Bolster, C., Burchill, G., Du Mouchel, W., Pouliot, F., Richter, R., Rubinoff, A., Shen, D., Timko, M., & Walden, D., "Kano's Method for Understanding Customer-defined Quality", *Japanese Soc Qual Contr*, 2 (4), 1993.

Burns, A. C., & Bush, R. F., *Marketing Research*, New York: Pearson Publishing, 2010.

Chu, R., "Stated-importance Versus Derived-importance Customer Satisfaction Measurement", *The Journal of Services Marketing*, 16 (4), 2002.

Coleman, Lance B. , *The Customer-Driven Organization*: *Employing the Kano Model*, CRC Press, Taylor & Francis Group, 2014.

Gibson, J. J. , "The Theory of Affordances", In R. Shaw & J. Bransford (Eds.), *Perceiving, Acting, and Knowing*: *Toward an Ecological Psychology*, Hillsdale, NJ: Erlbaum, 1977.

Gibson, J. J. , *The Ecological Approach to Visual Perception*, Hillsdale: Erlbaum, 1979/1986.

Grigoroudis, E. , & Spyridaki, O. , "Derived vs. Stated Importance in Customer Satisfaction Surveys", *Operational Research*, 3 (3), 2003.

Južnik Rotar, L. , & Kozar, M. , "Exploring the Mechanisms for Implementing a Risk Management Process: Overall Approach and Practical Example", *Management*, 17 (64), 2012.

Južnik Rotar, L. , & Kozar, M. , "The Use of the Kano Model to Enhance Customer Satisfaction", *Organizacija*, 50 (4), 2017.

Kano, N. , Seracu, N. , Takahashi, F. , & Tsuji, S. , "Attractive Quality and Must-be Quality", *Hinshitsu*: *The Journal of Japanese Society for Quality Control*, 14, 1984.

Kyttä, M. , "Affordances of Children's Environment in the Context of Cities, Small Towns, Suburbs and Rural Villages in Finland and Belarus", *Journal of Environmental Psychology*, 22 (1 – 2), 2002.

Lilien, G. L. , Kotler, P. , & Moorthy, K. S. , *Marketing Models*, New Jersey: Prentice Hall, Upper Saddle River, 1992.

McGrenere, J. W. Ho. , *Affordances*: *Clarifying and Evolving a Concept*, Monteal: Graphics Interface, 2000.

Taifa, I. W. , & Desai, D. A. , "User Requirements Customization and Attractive Quality Creation for Design Improvement Attributes", *International Journal for Quality Research*, 11 (1), 2017.

［英］马林诺夫斯基：《文化论》，费孝通等译，中国民间文艺出版

社 1987 年版。

［英］特瑞·伊格尔顿：《文化的观念》，方杰译，南京大学出版社 2006 年版。

白欲晓：《"地域文化"内涵及划分标准探析》，《江苏社会科学》2011 年第 1 期。

毕继万：《跨文化交际与第二语言教学》，北京语言大学出版社 2009 年版。

毕继万：《中国文化介绍在对外汉语教学中的作用》，世界汉语教学学会《第一届国际汉语教学讨论会论文选》，世界汉语教学学会 1985 年版。

卜海艳：《河南省汉语国际推广应根植中原文化》，《新闻爱好者》2010 年第 13 期。

蔡绿：《文化依附矛盾与跨文化交际能力——也谈对外汉语教师素质》，《黑龙江高教研究》2006 年第 4 期。

蔡武、郑通涛：《加强汉语国际推广工作的若干思考》，《光明日报》2018 年 12 月 23 日第 12 版。

常峻：《民俗文化与对外汉语教学》，《上海大学学报》（社会科学版）2002 年第 1 期。

陈绂：《浅析嵌有数字的成语——兼谈对外汉语教学中的文化内容》，《语言文字应用》2009 年第 4 期。

陈光磊：《从"文化测试"说到"文化大纲"》，《世界汉语教学》1994 年第 1 期。

陈申：《语言文化教学策略研究》，北京语言文化大学出版社 2001 年版。

陈曦、梁芷铭：《新媒体环境下国际汉语教材数字化开发的思考》，《传媒》2014 年第 20 期。

陈永莉：《试论汉语国际推广的文化战略定位》，《北京社会科学》2008 年第 4 期。

程书秋：《地方文化语境的综合利用与对外汉语教学》，《黑龙江高教研究》2008年第12期。

崔希亮：《汉语国际教育与中国文化走出去》，《语言文字应用》2012年第2期。

崔晓霞：《中国—东盟对外汉语网络教育平台的构建与发展战略构想》，《中国远程教育》2012年第1期。

邓时忠：《论对外汉语教学中文化因素的导入》，《西南民族学院学报》（哲学社会科学版）1992年第6期。

丁启阵：《论汉语方言与对外汉语教学的关系》，《语言教学与研究》2003年第6期。

董学峰：《国家语言战略背景下的汉语国际推广研究》，东北师范大学，2016年。

樊荣：《语言推广与文化融合问题研究》，东北师范大学，2012年。

樊小玲：《汉语教科书话语实践的功能维度与中国形象的传播》，《现代传播》（中国传媒大学学报）2019年第10期第41卷。

范慧琴：《国际汉语教师传播能力的构成及培养》，《现代传播》（中国传媒大学学报）2019年第5期第35卷。

范同寿：《贵州人文精神是贵州地域文化的灵魂》，《当代贵州》2016年第14期。

高剑华：《对外汉语教学中的跨文化意识》，《教育科学》2007年第5期。

高立平：《对外汉语教学中的文化意识》，《南京社会科学》2002年第2期。

顾久、袁行霈、陈进玉：《中国地域文化通览（贵州卷）》，中华书局2014年版。

顾久等：《习近平总书记：增强文化自信贵州很有优势》，《贵阳文史》2015年第1期。

郭薇、于萌：《数字媒介推动汉语国际传播的策略研究》，《传媒》

2018 年第 2 期。

国家语言文字工作委员会：《中国语言文字事业发展报告（2018）》，商务印书馆 2018 年版。

何芳：《论对外汉语国别化教材的文化尊重问题》，《黑龙江高教研究》2014 年第 5 期。

侯磊：《论汉语国际教育中中国文化教学资源的整合与建设》，《当代教育科学》2013 年第 21 期。

胡明扬：《对外汉语教学中的文化因素》，《语言教学与研究》1993 年第 4 期。

胡明扬：《西方语言学著作选读》，中国人民大学出版社 1988 年版。

胡彦如、张成霞、张舒玉、贾海波：《西方语言学著作选读》，《教育文化论坛》2016 年第 5 期第 8 卷。

黄涤明：《黔贵文化》，辽宁教育出版社 1998 年版。

黄晓春：《关于汉语国际推广教学资源研究与开发的初步探讨——汉语国际推广教学资源建设研讨会综述》，《长江学术》2008 年第 3 期。

黄意武：《论地域文化与国家文化软实力的互动关系》，《重庆社会科学》2018 年第 1 期。

柯彼德：《汉语国际化的若干问题》，《语言教学与研究》2020 年第 3 期。

黎亮：《"和合"文化与汉语国际推广》，《云南师范大学学报》（对外汉语教学与研究版）2009 年第 6 期第 7 卷。

李春梅、宋珉映：《再论对外汉语教学中文化导入的重点及原则》，《西南民族大学学报》（人文社科版）2009 年第 12 期第 30 卷。

李春雨、陈婕：《北京文化与汉语国际推广》，《北京师范大学学报》（社会科学版）2007 年第 6 期。

李丹青：《浅谈对外汉语教学中的交际文化教学》，《内蒙古师范大学学报》（教育科学版）2012 年第 3 期第 25 卷。

李枫:《对外汉语教学文化因素处理的阶段性划分》,《语言教学与研究》2010年第4期。

李昊:《汉语国际传播视角下的跨文化交际能力及其培养》,《现代传播》(中国传媒大学学报)2012年第7期第34卷。

李宏亮:《中国少数民族文化与对外汉语教学》,《贵州民族研究》2014年第3期第35卷。

李钧、王曰美:《汉语国际教育:中华文化精神的源流、继承与传播》,北京语言大学出版社2015年版。

李坤:《弘扬民族特色文化 构筑贵州精神高地 文化强省》,《当代贵州》2016年第18期。

李连伟、邢欣:《西方英语文化对中国人言语行为的影响——以汉语跨文化语用变体为例兼谈汉语国际推广》,《社会科学家》2016年第8期。

李裴:《增强文化自信 让贵州人文精神开花结果》,《当代贵州》2016年第36期。

李盛兵、吴坚:《汉语高效率国际推广研究》,科学出版社2013年版。

李盛龙、薛丽娥:《论"多彩贵州"品牌发展的问题及对策》,《贵州社会科学》2016年第7期。

李现乐:《语言资源与语言经济研究》,《经济问题》2010年第9期。

李晓鹏、沈铁、刘爽:《对外汉语教学中地域文化渗透的社会意义》,《黑龙江高教研究》2017年第2期。

李晓琪:《汉语作为第二语言教学的跨文化交际研究》,商务印书馆2019年版。

李秀金:《试谈区域文化的区域经济效果》,《求实》2006年第2期。

李英勤:《傅玉书对贵州地域文化的传播及影响述评》,《黔南民族师范学院学报》2018年第1期第38卷。

李宇明：《语言的文化职能的规划》，《民族翻译》2014年第3期。

梁吉平、杨艺：《贵州地域文化在对外汉语教学中的应用研究》，《教育文化论坛》2018年第6期第10卷。

梁宇：《国际中文教材国家形象自塑的二元表达》，《云南师范大学学报》（哲学社会科学版）2022年第3期。

林国立：《构建对外汉语教学的文化因素体系——研制文化大纲之我见》，《语言教学与研究》1997年第1期。

林任风、彭晓媛：《汉语国际教育游戏需求调查与分析——以初级阶段文化教学为例》，《广西师范大学学报》（哲学社会科学版）2015年第5期第51卷。

林欣薇：《汉字文化学与对外汉字教学述论》，《海外华文教育》2018年第5期。

林许洋：《对外汉语文化教学与体育文化融合的研究——对外汉语教材中体育元素呈现方式的探析》，《广州体育学院学报》2016年第2期第36卷。

刘畅、孟庆国：《汉语国际推广视角下的中医药文化传播研究——以中医成语为例》，《汉字文化》2019年第4期。

刘吉昌、聂开吉：《贵州文化自信发展路径之思考——以做大做强"多彩贵州"文化品牌为例》，《贵州民族大学学报》（哲学社会科学版）2018年第6期。

刘军：《汉语国际推广中的文化教学研究》，《海外华文教育》2013年第1期。

刘雯：《美国堪萨斯大学孔子学院远程互动式教学模式研究》，华中师范大学，2016年。

刘香君：《对外汉语教材"文化话题"选择与中华文化走出去》，《广西民族大学学报》（哲学社会科学版）2018年第3期第40卷。

刘筱杉：《论"一带一路"倡议下汉语国际推广中的文化自信问

题》,《西北民族大学学报》(哲学社会科学版) 2018 年第 5 期。

刘新有、史正涛、唐永红:《地域文化演进机制与发展趋势研究》,《广西社会科学》2007 年第 11 期。

刘学蔚:《在文化间性视角下再议对外汉语文化教学》,《湖北社会科学》2016 年第 5 期。

刘珣:《对外汉语教育学引论》,北京语言大学出版社 2000 年版。

刘宇:《论中华文化中地域文化多样性的基本特征》,《江汉论坛》2009 年第 9 期。

卢达威、洪炜:《汉语国际教育信息化的发展与展望》,《语言教学与研究》2013 年第 6 期。

卢华岩:《试论对外汉语教学中的词语文化内涵》,《北京师范大学学报》(人文社会科学版) 2002 年第 6 期。

鲁六:《河南省汉语国际推广策略探究》,《郑州大学学报》(哲学社会科学版) 2018 年第 2 期第 51 卷。

陆俭明:《汉语国际教育与中华文化国际传播》,《同济大学学报》(社会科学版) 2015 年第 2 期第 26 卷。

陆俭明:《试论中华文化的传播》,《学术交流》2019 年第 4 期。

路柳:《关于地域文化研究的几个问题——第一次十四省市区地域文化与经济社会发展研讨会综述》,《山东社会科学》2004 年第 12 期。

吕必松:《谈谈对外汉语教学的性质和特点》,《语言教学与研究》1983 年第 2 期。

吕蔚、杨燕燕:《对外汉语高级阶段文化因素研究——以〈发展汉语·高级综合Ⅱ〉为例》,《华南师范大学学报》(社会科学版) 2014 年第 2 期。

马箭飞:《国际中文教育:有力促进中外人文交流、文化交融、民心相通》,《中国新闻发布》(实务版) 2023 年第 6 期。

孟斌斌:《文化视角下的对外汉语汉字教学》,《文艺评论》2015 年第 12 期。

孟子敏：《交际文化与对外汉语教学》，《语言教学与研究》1992 年第 1 期。

聂学慧：《汉语国际推广形势下教师的跨文化教学能力》，《河北大学学报》（哲学社会科学版）2012 年第 5 期第 37 卷。

聂学慧：《汉语国际推广背景下中国文化的定位与选择——以美国孔子学院为例》，《河北学刊》2013 年第 4 期第 33 卷。

宁继鸣、王海兰：《汉语国际推广的公共产品属性分析》，《东岳论丛》2009 年第 5 期第 30 卷。

彭验雅、刘雍：《贵州民族文化品牌创建刍议——以多彩贵州为例》，《贵州民族研究》2018 年第 10 期第 39 卷。

亓华：《汉语国际教育跨文化交流理论与实践》，北京师范大学出版社 2016 年版。

亓华：《汉语国际推广与文化观念的转型》，《北京师范大学学报》（社会科学版）2007 年第 4 期。

亓华：《中国对外汉语教学界文化研究 20 年述评》，《北京师范大学学报》（社会科学版）2003 年第 6 期。

阮静：《论对外汉语教学研究中的文化视野问题》，《中央民族大学学报》（哲学社会科学版）2012 年第 1 期第 39 卷。

阮静：《中国的"世界文化遗产"与对外汉语文化教学》，《中国高教研究》2011 年第 10 期。

邵亦鹏：《加强海外基础教育体系中文教学资源建设》，《国际汉语教学研究》，2023 年第 3 期。

沈荭、袁继锋：《汉语国际推广的地域性研究》，《重庆大学学报》（社会科学版）2009 年第 2 期第 15 卷。

施慧敏：《对外汉语教学与汉语国际推广的关系》，厦门大学日本研究所，《汉语国际推广专题研究论文集》，厦门大学日本研究所 2012 年版。

司书景:《国际汉语教育中多模态民俗文化教学模式构建——以胶东面塑课为例》,《鲁东大学学报》(哲学社会科学版)2013年第6期第30卷。

宋海燕:《汉语国际推广战略下的文化认同与中华文化传播》,《中州学刊》2015年第11期。

苏翔:《地方文化与对外汉语文化教学——以江苏徐州地方文化为例》,《江苏师范大学学报》(教育科学版)2014年第S2期第5卷。

孙宜学:《汉语国际教育与中外文化交流》,上海三联书店2017年版。

唐智芳:《汉语国际推广与中国文化传播》,《湖南大学学报》(社会科学版)2013年第2期第27卷。

田鑫:《试论汉语教学如何更好地为中华文化走出去战略服务——以提升汉语教材中的文化含量为例》,《中国文化研究》2016年第2期。

屠玉麟等:《独特的文化摇篮——喀斯特与贵州文化》,贵州教育出版社2000年版。

万筱铭:《"一带一路"进程中汉语国际推广问题探究》,《江西社会科学》2017年第4期第37卷。

万业馨:《谈对外汉字教学研究中的几个问题》,《国际汉语教学研究》2019年第4期。

王国安、要英:《汉语国际推广与中国文化》,学林出版社2008年版。

王鸿儒:《纵横夜郎文化》,贵州民族出版社2007年版。

王建勤:《汉语国际推广的语言标准建设与竞争策略》,《语言教学与研究》2008年第1期。

王建勤等:《全球文化竞争背景下的汉语国际传播研究》,商务印书馆2015年版。

王魁京:《对外汉语教学与跨文化问题的多面性》,《北京师范大学学报》(社会科学版)1994年第6期。

王熙:《对外汉语教学中的中国文化建构》,《教育学报》2012年第3期第8卷。

王曦:《"一带一路"视域下方言资源价值发掘——以闽南方言为例》,《东南学术》2017年第4期。

王祥:《试论地域、地域文化与文学》,《社会科学辑刊》2004年第4期。

王学松:《对外汉语教学中文化教学的层次》,《北京师范大学学报》1993年第6期。

王宇:《基于国内网络的国际汉语教学资源整合问题探析》,《图书馆学研究》2015年第6期。

王悦欣、张彤:《对外汉语教学中地域文化的导入——以河北为例》,《河北学刊》2011年第6期第31卷。

王钟华:《建立语言与文化相结合的教学体系——关于对外汉语教学中语言与文化关系问题的思考》,《世界汉语教学》1991年第1期。

魏春木、卞觉非:《基础汉语教学阶段文化导入内容初探》,《世界汉语教学》1992年第2期。

魏礼庆:《来华留学事业与中国国家战略:机遇与挑战并存》,《中国教育报》2015年11月26日。

魏岩军、王建勤、朱雯静、闻亭:《影响汉语学习者跨文化认同的个体及社会心理因素》,《语言文字应用》2015年第2期。

吴道军:《"夜郎历史与贵州地域文化研究"座谈会综述》,《贵阳市委党校学报》2011年第3期。

吴慧、程邦雄:《关于汉语国际推广的几点思考》,《理论月刊》2013年第1期。

吴慧:《汉语国际推广跨学科研究述评》,《海外华文教育》2012年第 1 期。

吴秀菊：《贵州地域文化背景下的对外汉语教学探究》，《西部素质教育》2016 年第 16 期第 2 卷。

吴应辉：《国际中文教育新动态、新领域与新方法》，《河南大学学报》（社会科学版）2022 年第 2 期。

吴应辉等：《北京市汉语国际推广现状及战略》，中央民族大学出版社 2012 年版。

习近平：《高举中国特色社会主义伟大旗帜　为全面建设社会主义现代化国家而团结奋斗——在中国共产党第二十次全国代表大会上的报告》，人民出版社 2022 年版。

习近平：《决胜全面建成小康社会　夺取新时代中国特色社会主义伟大胜利——在中国共产党第十九次全国代表大会上的报告》，人民出版社 2017 年版。

谢玲玲：《以中国文化传承为核心的汉语教学模式——以美国堪萨斯中南部教育服务中心为例》，《大学教育科学》2012 年第 3 期。

邢福义：《文化语言学》，湖北教育出版社 2000 年版。

熊康宁等：《喀斯特文化与生态建筑艺术》，贵州人民出版社 2005 年版。

熊文华：《非语言交际理论在对外汉语教学中的指导作用》，《语言教学与研究》1986 年第 1 期。

徐志韫：《在中国留学的美国学生因社会文化背景的差异而产生的一些问题（及解决的初步建议）》，世界汉语教学学会《第一届国际汉语教学讨论会论文选》，世界汉语教学学会 1985 年版。

许桂灵：《简评〈中国地域文化通览·贵州卷〉》，《地理研究》2015 年第 5 期第 34 卷。

许嘉璐：《什么是文化——一个不能不思考的问题》，《中国社会报》2006 年 6 月 2 日第 2 版。

许嘉璐：《语言与文化》，《中国教育报》2000 年 10 月 17 日第 7 版。

许迎春：《安徽地域文化融入汉语国际教育的实践与思考——以安徽师范大学为例》，《安徽广播电视大学学报》2019年第4期。

阎军、史艳岚：《对外汉语教学中的文化传播思考》，《兰州大学学报》1995年第4期。

杨恬：《跨文化适应与对外汉语教学研究》，四川大学出版社2015年版。

杨武：《对打造贵州发展软实力的思考》，《理论与当代》2012年第3期。

杨怡：《对外汉语教学中的文化导入——从TIC谈起》，《厦门大学学报》（哲学社会科学版）1996年第4期。

殷晓峰：《地域文化对区域经济发展的作用机理与效应评价》，东北师范大学，2011年。

应学凤：《汉语国际推广背景下对外汉语教材数字出版转型探析》，《中国出版》2012年第19期。

喻健：《文化产业背景下"多彩贵州"文化品牌的内涵研究》，《贵州民族大学学报》（哲学社会科学版）2014年第5期。

张宝林、崔希亮：《"全球汉语中介语语料库建设和研究"的设计理念》，《语言教学与研究》2013年第5期。

张成霞、陈妮婧：《开一扇中外文化交融共赏的世界之窗——基于贵州大学培养外国留学生中华文化情结的实践》，《教育文化论坛》2018年第4期第10卷。

张岱年、方克立：《中国文化概论（第2版）》，北京师范大学出版社2004年版。

张德瑞、孔雪梅：《汉语文化国际传播实践与推进策略研究》，暨南大学出版社2017年版。

张德鑫：《关于汉字文化研究与汉字教学的几点思考》，《世界汉语教学》1999年第1期。

张会、陈晨：《"互联网+"背景下的汉语国际教育与文化传播》，

《语言文字应用》2019 年第 2 期。

张利满：《汉语国际推广与中华文化传播如何落地生根》，《人民论坛·学术前沿》2017 年第 13 期。

张利满：《微信小程序在汉语国际推广领域的应用分析》，《出版广角》2018 年第 11 期。

张其昀：《遵义新志（铅印本）》，浙江大学史地研究所 1948 年版。

张淑贤：《对外汉语教学中的文化教学反思——从韩剧对文化的体现谈起》，《现代传播》（中国传媒大学学报）2015 年第 12 期第 37 卷。

张淑贤：《文化意识与对外汉语教学》，《北京大学学报》（哲学社会科学版）1999 年第 4 期。

张艳萍：《云南对外汉语教学的地域特色》，《云南师范大学学报》2005 年第 5 期。

张英：《"对外汉语文化大纲"基础研究》，《汉语学习》2009 年第 5 期。

张英：《对外汉语文化教材研究——兼论对外汉语文化教学等级大纲建设》，《汉语学习》2004 年第 1 期。

张英：《对外汉语文化因素与文化知识教学研究》，《汉语学习》2006 年第 6 期。

张幼冬：《汉语国际推广背景下的文化传播》，《现代传播》（中国传媒大学学报）2010 年第 5 期。

张占一：《试议交际文化和知识文化》，《语言教学与研究》1990 年第 3 期。

张振兴：《方言研究与对外汉语教学》，《语言教学与研究》1999 年第 4 期。

赵宏勃：《对外汉语文化教材编写思路初探》，《语言文字应用》2005 年第 S1 期。

赵金铭：《国际汉语教育中的跨文化思考》，《语言教学与研究》

2014年第6期。

赵金铭:《教学环境与汉语教材》,《世界汉语教学》2009年第2期第23卷。

赵灵山:《孔子学院——感知可信可爱可敬中国的好平台》,《教育国际交流》2023年第3期。

赵明:《对国际汉语教育中"文化"的再认识——由〈全球外语学习标准〉引发的思考》,《云南师范大学学报》(对外汉语教学与研究版)2016年第4期第14卷。

赵世举:《中国语言文化国际传播的境遇及反思》,《中国语言战略》2016年第2期。

赵炜:《近三十年对外汉语文化大纲研究述评》,《华文教学与研究》2020年第2期。

赵贤州:《建国以来对外汉语教材研究报告》,世界汉语教学学会《第二届国际汉语教学讨论会论文选》,世界汉语教学学会:世界汉语教学学会1987年版。

赵贤洲:《文化差异与文化导入论略》,《语言教学与研究》1989年第1期。

赵晓霞:《全球孔子学院达550所》,《人民日报》(海外版)2019年12月10日第3版。

郑定欧:《汉语国际推广三题》,《汉语学习》2008年第3期。

郑通涛、曾小燕:《大数据时代的汉语国别化教材研发——兼论教材实时修订功能》,《海外华文教育》2016年第3期。

郑通涛、方环海、陈荣岚:《"一带一路"视角下的教育发展研究》,世界图书出版公司2017年版。

郑通涛、方环海、陈荣岚:《"一带一路"视角下的人才培养研究》,世界图书出版公司2017年版。

郑通涛、方环海、陈荣岚:《"一带一路"视角下的文化交流与传播》,世界图书出版公司2017年版。

郑通涛、方环海、陈荣岚：《"一带一路"视角下的语言战略研究》，世界图书出版公司2017年版。

郑通涛、方环海、陈荣岚：《汉语国际传播热点透视（第1辑）》，世界图书出版公司2016年版。

郑通涛、方环海、陈荣岚：《汉语国际传播热点透视（第2辑）》，世界图书出版公司2016年版。

郑通涛、方环海、陈荣岚：《汉语国际传播热点透视（第3辑）》，世界图书出版公司2016年版。

郑通涛、方环海、陈荣岚：《汉语国际传播热点透视（第4辑）》，世界图书出版公司2016年版。

郑通涛、方环海、陈荣岚：《汉语国际传播热点透视（第5辑）》，世界图书出版公司2016年版。

郑通涛：《以"四个自信"为引领，推进汉语文化国际传播的创新发展》，《海外华文教育》2017年第6期。

郑艳群：《汉语教学资源研究的新进展与新认识》，《语言文字应用》2018年第3期。

中共中央党史和文献研究院/中央"不忘初心、牢记使命"主题教育领导小组办公室：《习近平关于"不忘初心、牢记使命"重要论述选编》，党建读物出版社/中央文献出版社2019年版。

周明朗：《他山之石，可以攻玉——评周庆生等编译的〈国外语言政策与语言规划进程〉》，《语言文字应用》2003年第2期。

周思源、林国立：《对外汉语教学与文化》，北京语言文华大学出版社1997年版。

周思源：《论对外汉语教学的文化观念》，《语言教学与研究》1992年第3期。

周小兵：《对外汉语教学中的跨文化交际》，《中山大学学报》（社会科学版）1996年第6期。

朱汉民：《地域文化研究中的两个问题》，《求索》2006年第9期。

朱瑞平、张春燕:《汉语国际教育背景下文化传播内容选择的原则》,《云南师范大学学报》(哲学社会科学版) 2016 年第 1 期。

朱瑞平:《汉语国际推广中的文化问题》,《语言文字应用》2006 年第 S1 期。

朱小健:《汉语国际推广基地建设构想》,《语言文字应用》2006 年第 S1 期。